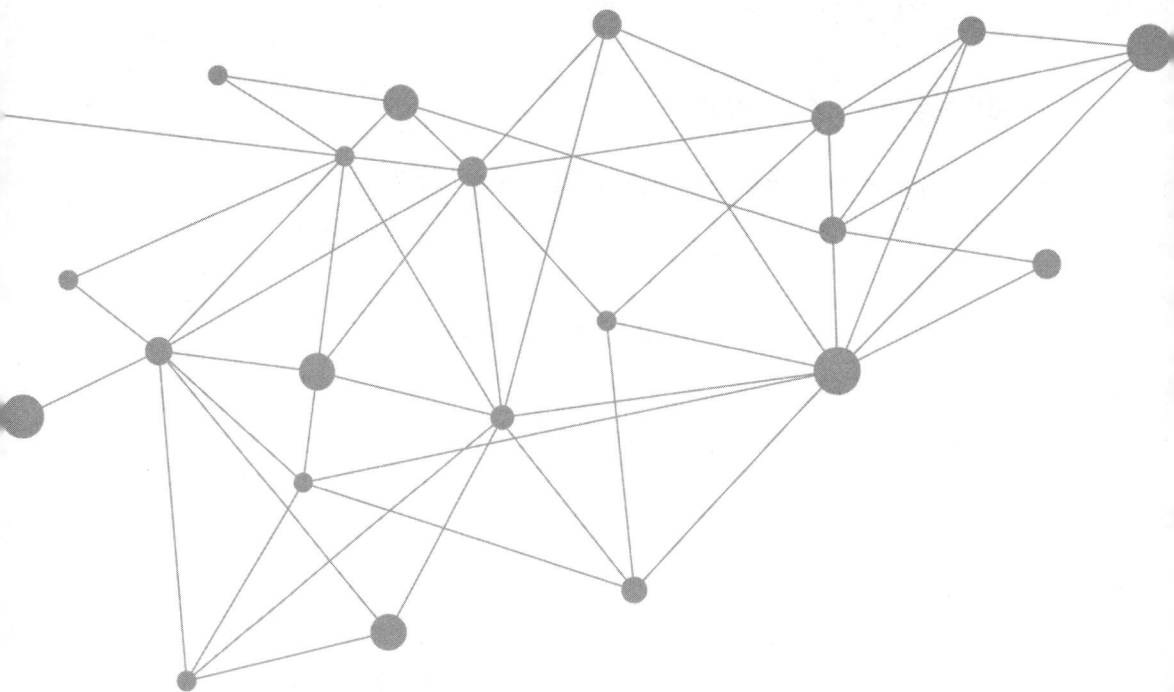

人工智能视域下的
国际竞争格局变化研究

闫寒◎著

人民日报出版社

北　京

图书在版编目（CIP）数据

人工智能视域下的国际竞争格局变化研究／闫寒著.
—北京：人民日报出版社，2023.7
  ISBN 978-7-5115-7907-2

  Ⅰ.①人… Ⅱ.①闫… Ⅲ.①人工智能—影响—国际
关系—研究 Ⅳ.①D81-39

  中国国家版本馆 CIP 数据核字（2023）第 138408 号

书　　名：人工智能视域下的国际竞争格局变化研究
　　　　　RENGONG ZHINENG SHIYUXIA DE GUOJI JINGZHENG
　　　　　GEJU BIANHUA YANJIU
作　　者：闫　寒

出 版 人：刘华新
责任编辑：杨冬絮
封面设计：人文在线

出版发行：人民日报出版社
社　　址：北京金台西路 2 号
邮政编码：100733
发行热线：（010）65369527　65369512　65369509　65369510
邮购热线：（010）65369530
编辑热线：（010）65363105
网　　址：www.peopledailypress.com
经　　销：新华书店
印　　刷：三河市龙大印装有限公司

开　　本：710mm×1000mm　　1/16
字　　数：260 千字
印　　张：17.5
印　　次：2024 年 4 月第 1 版　　2024 年 4 月第 1 次印刷

书　　号：ISBN 978-7-5115-7907-2
定　　价：88.00 元

目 录

绪　论

一、选题背景及意义

新冠疫情大流行加速全球数字化转型进程，大大拓展了人们生产生活的数字场景，进一步激发了智能化发展的需求。作为新一轮科技革命和产业变革的核心驱动力量之一，人工智能技术正推动经济社会发展迈向智能化的新阶段，日益对各国政治、经济、军事、科技等领域产生深远影响。自 1956 年人工智能概念首次提出后，其经历了漫长且不断反复的技术路线探索和应用检验过程，从概念起步到产品化商业化探索，目前已经进入广泛渗透、高速发展时期。2010 年以来，得益于网络的普及、硬件芯片的突破、传感器的大量应用和大数据的涌现，人工智能在融合计算机科学、脑科学、语言学等学科的研究成果基础上，从逻辑推理、概率统计等传统范式转变为数据驱动的新范式，迎来新一轮发展高峰。近年来，随着人工智能在各领域中赋能作用的深度和广度进一步深化，针对人工智能技术的讨论和研究发生重大转变，不是局限于如何释放技术层面的发展潜力，而是已经进一步关注其对于国家主权、经济转型、社会关系、法律秩序和伦理道德等带来的持续影响。

如果说前沿技术发展本身的不确定性通常对于国际体系和国际秩序影响难以准确预见，因而产生了"未知的未知"（Unknown Unknonwns），那么人工智能技术颠覆性潜力逐步释放，其已被视为"已知的未知"。（Known Unknowns）这一情形下，虽然可以看到人工智能技术突破与国际体系变革等因素之间的相互交织和相互作用，但尚难以预测人工智能在哪些领域能够实现重大突破，进而对于国际关系带来哪些变革性影响。因此，人工智能的广阔前景和发展潜力已经为世界各国所重视。在推动技术发展过程中，各国政府从幕后走向台前，将人工智能作为重要战略方向，对人工智能的政策布局广泛深入，顶尖科研机构、知名智库、大型科技企业，也纷纷将人工智能作为研究重点，针对人工智能的研究讨论更加丰富多元。

技术变革对国际关系影响，是国际政治研究的重要议题。一国的技术发展水平不仅是衡量国家实力的关键指标和塑造国家发展优势的重要基础，而且对先进技术的掌握能力也是国际政治中重要的权力来源，因此相对技术优势也在某种程度上体现了国家在国际体系中的地位。技术在塑造大国间关系中发挥的作用日益超越其他影响因素，深刻影响着大国间的竞合态势。作为世界历史和国际社会发展的重要驱动力，历次技术革命推动了国家实力对比的变化，直接或间接导致大国地位的兴衰起伏，进而引发国际体系的重大变革。同时，由于大国通常是技术研发创新的主要策源地，针对先进技术创新的争夺也是影响大国关系的重要议题。在当前中美竞争加剧的国际大背景下，人工智能等技术问题不断外溢到投资贸易、科技企业发展、国际人才交流、技术标准制定、国际联盟等一系列国家发展和国家安全的热点领域，日益牵动着大国之间的敏感神经。

2014 年，习近平总书记提出总体国家安全观，为中国在新形势下维护国家安全提供了重要遵循和行动指南。人工智能安全作为新的安全领域被纳入总体国家安全观。《国家安全战略（2021—2025 年）》提出，要加快提升生物安全、网络安全、数据安全、人工智能安全等领域的治理能力，对新形势下加强人工智能安全提出了明确的要求。人工智能安全的内涵不仅局限于技术层面，而且通过渗透和耦合各个领域进而对国家政治安全、经济安全、军事安全等都产生潜在的影响。随着主要大国将人工智能的应用和安全作为国家战略的重大关切，人工智能带来的诸多影响逐步传导到国际关系层面，对大国间博弈互动产生直接或间接影响，因此将人工智能发展纳入国际关系研究范畴具有理论和现实意义。

　　本研究具有一定的理论意义，有助于深化人工智能等新兴颠覆性技术演进对国际关系影响的理论认识。技术变革与气候变化、疫情大流行等问题相互关联交织对国际关系研究提出严峻挑战，如何理解数字技术带来的复杂动态国际变化以及对全球化互联的影响是国际关系学科进入第二个百年的重要研究议题。① 美国国际政治学者小约瑟夫·奈（Joseph S. Nye Jr. 等）认为，信息革命加速了国际关系中的权力分散，跨国企业、非政府组织以及个人等都将拥有在世界政治中发挥独特作用的权力。② 人工智能时代的到来标志着网络化向智能化的跃升，对国际关系影响出现了新的变化。在这个过程中，数字权力分散趋势分化，网络空间的等级化趋势显现，话语权更多向掌控网络空间具体规则制定的大国和超级科技巨头集中。互联网法学专家劳伦斯·莱斯格（Lawrence Lessig）提出"代码即规则"③，对软件、代码、算法等的掌控通常也意味着对网络空间的掌控。大国通过对智能算法和智能技术的控制，强化了特定领域规则制定的话语权，主导了数字化时代的发展逻辑和方向，因此也赢得了新的权力优势。针对人工智能对国际关系的影响进行研究，有助于丰富和深化技术发展与国际关系尤其是大国互动影响的理解和认识。当前国内外针对人工智能对国际关系影响研究刚刚起步，通常路径和视角都是将人工智能作为一个独立变量，对其在不同方面产生的影响效果进行推论分析，尚缺乏宏观层面的归纳和总结。鉴于人工智能的不确定性、模糊性、快速成长性以及社会影响显著性等鲜明特征，需要从综合性视角对人工智能时代的大国关系走向进行系统性地观察和把握。基于这种思考，本研究将尝试提出一个考察人工智能对大国关系影响的分析框架，为认识和预判人工智能视域下的大国关系变化提供一些借鉴和参考。

　　本研究具有较强的现实意义。4G、5G 等通信技术的进步推动全球逐渐构建起高速的网络基础设施，网络传输带宽快速增长，物联网技术普及

---

①Charalampos Efstathopoulos, Milija Kurki, Alistair Shepherd: *Facing Human Interconnections: Thinking International Relations Into the Future*, *International Relations*, 2020, 34（3）: pp. 267-289。

②小约瑟夫·奈、戴维·韦尔奇：《理解全球冲突与合作：理论与历史》，第 10 版，张小明译，上海，上海人民出版社，2018 年版。

③劳伦斯·莱斯格：《代码 2.0：网络空间中的法律》，北京，清华大学出版社，2007 年版。

使得工业互联网、车联网等新兴融合领域加快发展。丰富的应用场景所产生的数据资源规模正在持续攀升，海量数据资源的汇聚急需借助人工智能技术进行挖掘、分析并提炼数据价值，使之转化成推动经济社会发展的新动力。

首先，本研究有助于认识各国人工智能战略政策部署及其走向。当前，人工智能等新兴技术已经成为国家竞争的重要领域，全球主要大国高度重视人工智能发展，美国将人工智能视为国家安全和巩固全球领导地位的关键领域，陆续发布一系列人工智能战略文件、政策举措和保障措施。俄罗斯总统普京多次公开强调人工智能对于俄罗斯国家发展的战略意义。欧盟致力于加强政策协调，汇聚各成员国合力推动人工智能发展，希望能够把握技术变革带来的机遇，增强欧洲在国际竞争的战略自主。日本在"超级智能社会"的构想下，深耕智能制造、机器人等传统优势技术领域，提升本国在智能化浪潮中的竞争力。主要大国和地区人工智能发展重点与其发展现状和现实需求紧密相关，既有共性，又各有侧重和不同。本书通过分析人工智能对国际关系影响路径的研究，旨在为认识各国人工智能发展战略和深层意图提供解释。

其次，有助于预判人工智能可能带来的重大风险挑战。人类对人工智能可能引发的诸多问题，尤其是安全挑战仍未做好应对准备，人工智能带来的"双刃剑"效应越发明显。它在带来科技革命和产业升级的重要机会的同时，也引发新的安全风险。比如，从国际经济关系看，随着比较优势丧失，廉价劳动力的国际竞争优势将大大减弱，"机器替代人"的趋势将对传统的国际产业分工带来冲击，后发国家可能被锁定在产业链低端。再如，智能化武器在国际冲突中的应用及可能带来的意外风险，在大国对抗场景下引入更多不确定性因素，在国际法和国际规则尚未达成共识的情况下，这些因素可能对国际稳定带来外溢效应。这些风险挑战将在多大程度上影响大国关系及国际政治经济格局，需要进行前瞻性分析和探讨。

最后，有助于认识人工智能等新兴技术对中美竞争带来的潜在影响。当前，中美在人工智能发展领域处于全球第一梯队，也是公认的最有可能率先获得人工智能发展红利的国家。随着中美实力地位接近，两国在先进技术领域从互补走向竞争，美国为维护其领先地位，在人工智能等新兴技术方面对中国的防范遏制不断加码，对中美关系发展带来冲击，成为加剧两国紧张关系的催化剂。人工智能技术扩散形式和路径与以往新技术发展相比也表现出差异化特征，人工智能对于国际体系内行为体的互动方式的影响值得进一步深入探讨和研究。因此，客观认识人工智能在不同领域的发展趋势及其在国际关系中的体现，可以为分析理解当前中美竞争态势和走向提供一个可供借鉴的视角。

二、文献综述

通过回溯研究文献发现，探讨人工智能技术与国际关系的研究成果分布呈现出阶段性特征，与人工智能技术的阶段性发展周期基本保持同步：20世纪70年代开始研究探索，90年代末期全球人工智能发展陷入低谷，相关研究成果趋于沉寂。到21世纪，新一轮人工智能发展浪潮兴起，关于人工智能与国际关系研究的各类成果开始大量涌现。本研究文献综述以2000年为节点，2000年前的研究文献主要以专家系统等人工智能技术为基础，探讨其作为分析工具在国际关系研究中的应用路径和方法。2000年后特别是2010年以来，全球数字化发展为人工智能技术突破提供了坚固的基础，在算力、算法、数据等发展要素的驱动下，人工智能快速从实验室走向工程化，实现了大规模商用，逐步向各领域渗透落地，赋能各国数字化发展向智能化阶段升级。在这一阶段，关于本研究主题的文献呈现出爆发式增长，且关注议题更加广泛、分析视角更加多元、研究层次更加深入，这一阶段研究文献也是本研究梳理借鉴和参考评述的重点。

（一）国内外研究现状

人工智能对国际关系影响研究的探索最早起步于20世纪70年代，当时正值以专家系统为典型代表的人工智能技术分支的发展较为成熟，并开始进入政治学和国际关系学研究的视野。早期的研究主要聚焦在计算智能层面，将人工智能视为一种定量化的数据分析和模拟的工具，将其作为决策分析、行为预测等国际关系研究中的应用方法和工具。由于技术性较强，对于研究者的技术背景和技术条件都有较强的专业要求。早期关于人工智能在国际关系领域中影响的研究学者主要来自美国，他们基本都拥有数学、统计学、计算机等学科背景。这些学者对于该主题的研究探索主要来源于社会科学中的计算机应用。人工智能作为形式化建模和模型仿真的技术工具，为构建国际组织、国家等行为体的行为模式①以及国际冲突、集体安全等研究议题的仿真模拟②，提供了新颖且有效的技术手段支撑。其中，20 世纪 70 年代末两项人工智能技术的突破，对于随后其在国际关系研究中的应用至关重要。一是专家系统被证明能够用以解决不确定的现实问题。例如，在疾病诊断、信用审核等领域已经可以匹敌人类专家，专家系统商用化的成功也促进了针对人工智能的进一步研究投入。二是个人电脑的快速普及以及电脑性能的指数型提升，使得研究者能够较为便利地获取计算能力，而且标准化的推进有助于软件在不同操作系统上运行，方便研究者的使用。③

随着相关论文的增多，关于国际关系与人工智能的论文集开始出现，这些文献聚焦国家安全、国际政治等主题，集中探讨了人工智能的应用领域、方法、特征以及局限等内容。1987 年出版的《人工智能与国家安全》包含了战略情报分析、威慑战略研究、战争行为模式分析、外交决策解释与预测等人工智能技术在国际关系研究中的具体应用。④ 1991 年出版的《人工智能和国际政治》一书收录的系列论文探讨了人工智能技术在国际关系研究中的应用，这些论文基于计算机的数学建模、自然语言处理、数

①有代表性的研究成果参见 Alker, Hayward Jr, Christenen, et al: From Causal Modelling to Artificial Intelligence: the Evolution of a UN Peace-making Simulation, *Experimentation and Simulation in Political Science*, edited by J. A. Laponce and Paul Smoker, Toronto: University of Toronto Press, 2019, pp. 177-224; Paul A. Anderson, Stuart J., et al: Systems Simulation Artificial Intelligence Based Simulations of Foreign Policy Decision Making, *Behavioral Science*, 1982, 27 (2). pp. 176-193。

②Hayward Jr. Alker, James Bennett and Dwain Mefford, "Generalized Precedent Logics for Resolving Insecurity Dilemmas", *International Interactions*, 1980, 7 (2): pp. 165-206。

③Philip A. Schrodt: Artificial Intelligence and Formal Models of International Behavior, *The American Sociologist*, March 1988, 19 (1): pp. 71-85。

④Stephen J. Cimbala: *Artificial Intelligence and National Security*, Lexington Books, 1987。

据统计等手段，对外交决策、行为解释等国际政治现象进行定量分析，通过逻辑化推理对国际行为体的行为提供了理论解释。[①] 这两本文献收录的论文广泛讨论了人工智能技术作为国际关系研究的分析手段工具所适用的领域和使用方法，为后续研究提供了有价值的、可借鉴的思路。

在这一时期，关于人工智能与国际关系相结合的主流方向仍将以专家系统为代表的人工智能技术作为政策分析和辅助决策的一种分析手段和工具[②]，人工智能的计算能力也引起了博弈论研究者的关注。有研究提出，专家系统能够成为理性行为分析模型的重要补充，因其在一些复杂的案例中提供了更好的预测结果；但同时，国际关系领域本身的模糊性和不确定性也限制了这种基于知识的研究方法取得更大成功。[③] 因此，研究者们在使用人工智能系统时也较为谨慎，特别是担心在分析宏观层面问题，以及面向长时间段的系统行为预测时，对人工智能模型自适应性的要求会更高[④]。尽管如此，也出现了一些关于机器学习在国际关系中应用的研究，包括联结主义模型、规则推导、基因算法等机器学习方法来进行数据分析。[⑤] 例如，运用机器学习技术分析国际事件数据库中的信息，以此来进行经验推理和基于规则的决策，以验证对短期国际事件发生可能性的预测等。[⑥]

在现实应用方面，美国军方组织开展的研究认为，人工智能技术在利

[①]Valerie M. Hudson, edited: *Artificial Intelligence and International Politics*, Taylor & Francis: 1991, pp. 1-9。

[②]请参见 Donald A. Sylvan, Chan Steve: *Foreign Policy Decision Making: Perception Cognition, and Artificial Intelligence*, Praeger Publishers, 1984; Charles S. Taber: *POLI: An Expert System Model of U. S. Foreign Policy Belief Systems*, Amercian Political Science Review, 1992, 86 (4): pp. 888-904; D. B. Hertz: Expert Systems for the Analysis and Synthesis of Strategic Policy, *Economics and Artificial Intelligence*, Pergamon, 1987: pp. 25-30。

[③]Peter G. Bennett: Modelling Decision in International Relations: Game Theory and Beyond, *Mershon International Studies Review*, 1995, 39 (1): pp. 42。

[④]Nazli Choucri: Forecasting in International Relations: Problems and Prospects, *International Interactions*, 1974, 1 (2): pp. 69。

[⑤]Charles S. Taber, Richard J. Timpone: Beyond Simplicity: Focused Realism and Computational Modeling in International Relations, *Mershon International Studies Review*, 1996, 40 (1): pp. 41-79。

[⑥]Philip A. Schrodt: Short-term Prediction of International Behavior Using a Holland Classifier, *Mathematical and Computer Modelling*, 1989, 12 (4-5): pp. 589-600。

用海量信息支撑外交决策时具有巨大潜力，能够有效提升决策水平，因此建议拓展人工智能在决策分析中的运用空间。① 众所周知，智能化技术、机器人技术一直在军事领域中是发展重点，因此人工智能技术在武器系统中的应用也是国际关系学者关注的重点。斯德哥尔摩国际和平研究所于1987 年出版《武器与人工智能》，已经开始探讨智能化的软件技术和自动化的工程技术两大类人工智能在决策分析、武器系统中的应用前景。② 1988 年出版的《国防领域的人工智能应用》一书通过空地一体战、战略防御等具体案例展望了人工智能的应用前景。有学者认为，作为高科技产业发展的产物，人工智能将从政策战略制定、资源调配、系统设计、行为规划和执行等各个方面给国防领域带来极大改变，由此呼吁对于人工智能的理解不应停留在技术专家层面，而应得到整个国防界的重视。③ 但是，早期研究的视野和水平与当前的人工智能相关研究差异较大，这与对人工智能技术的理解和认知的不同发展阶段密不可分。这些人工智能的早期研究对国际关系的可能影响路径和场景进行了广泛探讨，积累了可供借鉴的研究经验。

21 世纪的前 10 年，互联网在全球快速普及，网络成为信息交流互动的新平台。但是在此阶段，与互联网的革命性影响相比，人工智能在数字化发展中的引领性作用尚未凸显，也并没有得到更多关注，学者们更关心个人计算机的快速普及和互联网的发展给国际关系带来的影响。

2010 年左右，以深度学习为代表的人工智能技术路径开始实现突破，技术应用水平得到实质性提升，智能化水平也逐步从计算智能走向感知智能。人工智能技术拓展了视觉、听觉等感知能力，在经济、军事、安全、社会治理等领域拥有了更加广阔的前景。尤其是互联网普及催生经济社会数字化、网络化的大发展，全球经济社会数字化基础设施不断完善，超级

---

①Russ H. Berkoff: Artificial Intelligence and Foreign Policy Decision-Making, U. S. Defense Technical Information Center, 1997, (2021-12-30), https: // apps. dtic. mil/ sti/ pdfs/ ADA340985. pdf。

②Allan M. Din edited: *Arms and Artificial Intelligence: Weapon and Arms Control Applications of Advanced Computing*, Stockholm International Peace Research Institute, Oxford University Press, 1987。

③Stephen Andriole, Gerald Hopple: *Defense Application of Artificial Intelligence: Process and Prospects*, Lexington, MA: Lexington, 1988。

网络平台快速崛起，带来了更多以前无法想象的可供研究的各类型数据资源，为人工智能应用提供了必要条件。人工智能在国际关系研究中的角色远远超出了仅作为一种研究工具，而是广泛渗透到各领域各环节，给国家间关系带来了越来越深远的影响。人工智能相关技术发展与国家社会经济发展的耦合持续深化，关注人工智能对国际关系带来影响的研究成果大量涌现。人工智能作为一项独立的、明确的研究变量，受到国内外学术界的关注。相关文献采取跨领域、多元化的研究角度，来理解和分析人工智能对国际关系不同层次、不同行为体之间的影响。本研究的文献梳理以这一时期的研究成果为重点，根据对人工智能的研究重点不同，有代表性的研究文献主要体现在以下几个方面。

1. 人工智能作为国家安全的影响变量

人工智能作为国家安全的影响变量研究文献聚焦国家安全，认为人工智能作为科技发展、军事能力、国家治理等方面的关键影响因素，决定着一国维护国家安全和稳定、社会治理的能力，而大国之间实力相对位势的变化将影响着国际格局和全球战略稳定。

第一，探讨人工智能在军事领域的应用，及其对未来战争及冲突范式变革的重大意义。庞宏亮认为，始于 20 世纪 70 年代的信息技术革命趋于终结，人工智能将日渐成为人类社会发展和军事领域的主导技术。人工智能在军事领域的创新应用，使战斗力增长日益从信息化跃迁至智能化。[①]美国国防部前官员保罗·沙瑞尔（Paul Scharre）预判，大量自主武器的应用将深刻改变未来的战争规则[②]。朱启超提出，人工智能已在战场上广泛使用，未来通过对战争观念、理论创新、教育培训等方面的作用，人工智能技术将推动新一轮军事变革。[③] 尽管人工智能技术不会在短期内直接转化为战场上的绝对优势，但是这种变化将很快到来，算法之战是认识这种

---

①庞宏亮：《21 世纪战争演变与构想：智能化战争》，上海，上海社会科学出版社，2018：1-4 页。

②Paul Scharre, *Army of None*: *Autonomous Weapons and the Future of War*, W. W. Norton & Company, 2018。

③朱启超：《人工智能推动智能化战争时代来临》，载陈定定、朱启超：《人工智能与全球治理》，北京，社会科学文献出版社，2020：202-217 页。

变化的首要一步，技术因素与组织和决策机构的匹配度将决定人工智能的实际效果。① 也有部分文献质疑短期内人工智能对军事领域带来的颠覆性影响的可能性。贾子方等从作战单元、体系结构和作战过程等维度进行分析，提出现有水平人工智能技术仅可看作是信息化作战体系的"赋能器"（enabler），人工智能并没有推动战争形态实现代际变革，在战略决策上的应用较为有限，增强大国常规威慑能力的同时，对核领域和战略稳定的影响较小。② 同时人工智能在军事领域中的应用还可能对联盟间的跨国军事行动带来挑战，技术发展的不平衡性、作战协调的复杂性和快速决策对有效性的要求都可能在盟友间产生不信任感。③

第二，考察人工智能对国家安全的综合性影响。鉴于人工智能对于国家安全影响的方式路径、发生的优先次序难以判断，相关文献从不同分析角度和分析框架将对研究结果带来显著影响，此类文献中政策研究居多。美国国防部联合人工智能中心的葛瑞格·艾伦（Greg Allen）等认为，人工智能对国家安全的战略部署、组织机构、资源分配带来重大变革性影响，未来的影响前景可与核武器相提并论。基于这种认识，他从军事优势、信息优势、经济优势三个方面，分析人工智能影响国家安全的变革性潜力。④ 蔡翠红和戴丽婷考察了人工智能等技术进步对战略稳定体系框架带来的变化，她们认为，人工智能不仅影响传统战略力量对比，自身也是新的战略稳定要素，在大国战略稳定体系中的比重不断上升。⑤ 阙天舒等提出，人工智能与国家安全存在一种结构性互动的关系，人工智能赋能实践

---

① Benjamin Jensen, Christopher Whyte, Scott Cuomo: Algorithms at War: The Promise, Peril, and Limits of Artificial Intelligence, *International Studies Review*, 2020, 22（3）: pp. 526-550。

② 贾子方、王栋：《人工智能技术对战争形态的影响及其战略意义》，载《国际政治研究》（双月刊），2020（6）：36-59 页。

③ Erik Lin-Greenberg: Allies and Artificial Intelligence: Obstacles to Operations and Decision-Making, *Texas National Security Review*, 2020, 3（2）: pp. 57-76。

④ Greg Allen, Taniel Chan: Artificial Intelligence and National Security", the Belfer Center for Science and International Affairs of Harvard Kennedy School, July 2017,（2020-08-20）, https://www. belfercenter. org/sites/default/files/files/publication/ai%20NatSec%20-%20final. pdf。

⑤ 蔡翠红、戴丽婷：《人工智能影响复合战略稳定的作用路径：基于模型的考察》，载《国际安全研究》，2022（3）：79-198 页。

应用，为国家安全提供有效的保障机制，同时人工智能应用也存在超出预期设想的可能性，对国家安全带来严重冲击。① 美国兰德公司、新美国安全中心、美国战略与国际问题研究中心等知名智库设立了专门研究项目，并发布一系列研究报告，系统分析人工智能对美国国家安全的影响，提出人工智能的发展将影响国家实力、经济发展、情报搜集、军事技术和战略理念、社会伦理和法律制度等各个方面，日渐成为塑造未来影响美国国家安全的重要变量。② 国内学者对美国智库相关研究进行了深入系统的分析解读。③

第三，关注人工智能对国家安全带来的新议题。大部分此类文献聚焦人工智能等智能化技术应用不断向国家安全不同领域渗透的规律，以及所衍生出的安全风险。《人工智能与全球安全：发展趋势、威胁和注意事项》一书（*Artificial Intelligence and Global Security：Future Trends，Threats and Considerations*）集中讨论了人工智能对全球安全的影响，收录了来自不同学科背景的学者关于技术创新扩散与危机解决、人工智能对战争规范的影响、太空安全与人工智能技术、人工智能伦理和道德困境等广泛议题的文章。学者们普遍认为，人工智能将持续扩大应用到陆地、海洋（海底）、太空以及信息空间等所有领域，对人们日常生活以及战争冲突带来挑战，

---

①阚天舒、张纪腾：《人工智能时代背景下的国家安全治理：应用范式、风险识别与路径选择》，载《国际安全研究》，2020（1）：4-38页。

②相关文献请参见：Rand Waltzman et al：Maintaining the Competitive Advantage in Artificial Intelligence and Machine learning, Rand Corporation, January 2019, (2020-10-05), https：//www. rand. org/pubs/research_ reports/RRA200-1. html; Michael C. Horowitz et al：Artificial Intelligence and International Security, the Center for a New American Security Report, July 2018, (2020-10-05), https：//www. cnas. org/publications/reports/artificial-intelligence-and-international-security; Andrew Hunter et al：Artificial Intelligence and National Security：The Importance of the AI Ecosystem, Center for Strategic and International Studies, (2020-10-05), https：//www. csis. org/events/artificial-intelligence-and-national-security-importance-ai-ecosystem; Bipartisan Policy Center：Artificial Intelligence and National Security", June 2020, (2020-10-05), https：//bipartisanpolicy. org/report/ai-national-security/。

③刘国柱、尹楠楠：《美国国家安全认知的新视阈：人工智能与国家安全》，载《国际安全研究》，2020（2）：135-155页；彭红梅、刘忠：《人工智能对国家安全的影响——基于美国四家智库的观点分析》，载《情报杂志》，2020，39（7）：36-41页；阚天舒、张纪腾：《美国人工智能战略新动向及其全球影响》，《外交评论》，2020（3）：121-154页；周琪、付随鑫：《美国人工智能的发展及政府发展战略》，载《世界经济与政治》，2020（6）：28-54页。

国际社会需要构建驾驭这一未知领域的能力。①

从人工智能发展所影响的领域和风险类型来看，孙会岩认为人工智能技术在推动经济社会发展的同时也日益嵌入政治安全领域；在技术改造自然和改变社会的过程中，带来了意识形态、民主政治、社会治理、网络空间安全等领域的应用失控和治理缺失问题，一些西方政党积极挖掘人工智能的政治功能，运用技术进行政党动员、内部治理和政治传播，大力推动政党政治的智能化转变。② 人工智能在控制恐怖信息传播、解读反恐情报、预防恐怖事件等反恐领域已有较为成功的应用案例，未来可能成为反恐力量和恐怖组织之间的角逐场。③ 李峥则认为，人工智能可能从技术滥用风险、技术竞争风险、对民众生活方式和劳动方式挑战等方面对国家安全带来风险。④ 来自牛津大学、剑桥大学等研究机构的人员表示，必须警惕恶意使用人工智能将对国家的数据安全、物理安全和政治安全带来的威胁，他们认为人工智能技术不仅会放大威胁程度，也将引入新的攻击方式。⑤ 在人工智能对维护国家安全的潜在应用方面，唐新华从人工智能的技术优势入手，分析人工智能等智能技术在战略规划与设计、风险评估与管理、数字经济宏观管理决策、社会治理的政策选择等方面的潜在应用模式和场景。⑥ 袁莎认为，互联网、人工智能等科技成为虚假信息恶意传播者利用的工具，信息技术的开放性、互动性等特征打破了信息壁垒，促进了信息

① Yvonne R. Masakowski ed：*Artificial Intelligence and Global Security：Future Trends，Threats and Considerations*，Emerald Publishing，2020。

② 孙会岩：《人工智能时代政党的政治安全：风险、治理与启示》，载《太平洋学报》，2019（9）：13-22 页。

③ 博瑜、陈定定：《人工智能在反恐活动中的应用、影响及风险》，载《国际展望》，2018（4）：119-137 页。

④ 李峥：《总体国家安全观视角下的人工智能与国家安全》，载《当代世界》，2018（10）：18-21 页。

⑤ Miles Brundage, Shahar Avin et al：The Malicious Use of Artificial Intelligence：Forecasting, Prevention, and Mitigation, February 2018，（2020-08-15）［2018-02-33］，http：//n0. sinaimg. cn/tech/7d78cbe7/20180223/maliciousaireport. pdf。

⑥ 唐新华：《智能决策在国家治理现代化中的应用探析》，载《当代世界》，2020（3）：73-78 页。

流动，也为虚假信息泛滥创造了条件，对国家安全带来研究挑战。①

算法也是相关研究关注的重点，人工智能的发展驱动了深度造假（deepfakes）技术在社交媒体上的应用，导致"后真相时代"（post-truth）到来，成为冲击国家安全的新风险隐患。② 算法的政治风险，会在基于算法自主决策系统的辅助政治决策领域和基于算法的政治传播领域之中。③ 封帅等认为，深度学习算法在国家战略行为各环节的应用，将引发传统的战略行为模式的内生性变革，可以为行为者提供系统的战略评估和精准的战略决策，保证了更高效的战略动员与执行。④

2. 人工智能作为国际体系的变革动力

人工智能作为国际体系的变革动力类文献选取更为宏观的研究视角，采用相对长期的研究视距，从国际关系层面，考察人工智能对于当前及未来国际关系的影响机制和影响路径，进而关注人工智能与国际体系层面变革趋势的关系。这种研究思路是将人工智能技术潜力的全面释放作为能够推动国际体系出现系统性变革的核心自变量，以人工智能技术为突破口，搭建起科学技术与国际关系之间的解释桥梁。⑤ 相关研究的关注点和侧重点也各有不同。

第一，人工智能对于国际体系影响的路径分析。技术变革与国际格局以及国际体系的因果关系始终是国际关系学者关心的重要研究内容，有学者认为，除了国内政治外，国际体系的结构在一国对于技术的采用和发展过程中，也发挥着至关重要的作用，一国在国际体系中感受到的竞争压力

①袁莎：《总体国家安全观视阈下的虚假信息研究》，载《国际安全研究》，2022（3）：32-56页。

②Robert Chesney, Danielle Citron：Deepfakes and the New Disinformation War—The Coming Age of Post-Truth Geopolitics, *Foreign Affairs*, 2019, 98（1）：pp. 147-155.

③汝绪华：《算法政治：风险、发生逻辑与治理》，载《厦门大学学报（哲学社会科学版）》，2018，250（6）：27-38页。

④封帅、周亦奇：《人工智能时代国家战略行为的模式变迁——走向数据与算法的竞争》，载《国际展望》，2018（4）：34-59页。

⑤封帅：《建构人工智能国际关系研究的中国视角》，载《国际关系研究》，2021（6）：67页。

程度是其是否采用新技术的重要诱因。① 傅莹从国际格局和国际规范两个层面，分析了人工智能对国际秩序变迁的影响，并提出基于福祉、安全、共享、和平、法治、合作的人工智能国际规范原则。② 黄忠从世界经济发展及挑战、武装冲突及战争面貌、政府运转与国家外交活动，以及权力角逐和舆论战等方面，考察了人工智能对于未来十年国际关系的影响。③ 英国皇家国际事务研究所的研究认为，人工智能在国际事务中将发挥分析性、预测性和执行性等三种作用类型，对军事、安全、经济等特定领域产生重要影响。④ 美国空军学院发布的研究报告从对国内政治体制影响、对生产能力的改变以及对人类自我认知的冲击三个方面，评估了人工智能技术对全球竞争的影响。⑤ 谈东晨则运用建构主义理论分析人工智能时代国际社会的观念和文化变革，认为跨国行为拥有强大的建构能力，推动国际体系的规范结构不断变化。⑥ 近年来，多篇国内学位论文也开始关注人工智能的国际政治影响。王福香从国际行为体、体系结构、议题规范和认知观念四个领域进行研究。宋恒宇对比了历次科技革命对大国崛起的作用，探讨了人工智能改变国际关系的动因、过程和变化。张纪腾以传统安全和非传统安全两种人工智能在国际安全中的应用范式为视角，评估其对国际安全格局的影响。⑦

---

① Helen V. Milner, Sondre Ulvund Solstad: Technological Change and the International System, *World Politics*, 2021, 73（3）: pp. 545–589。

② 傅莹:《人工智能对国际关系的影响初析》，载《国际政治科学》，2019, 4（1）: 1–18 页。

③ 黄忠:《人工智能与未来十年的国际关系》，载《当代世界与社会主义》（双月刊），2019（6）: 37–46 页。

④ M. L. Cummings, Heather M. Roff et al: Artificial Intelligence and International Affairs: Disruption Anticipated", Chatham House Report, June 2018,（2020-08-05），https: //www. chathamhouse. org/ publication/artificial-intelligence-and-international-affairs。

⑤ Nicholas D. Wright edited: *Artificial Intelligence, China, Russia, and the Global Order*, Air University Press, 2019。

⑥ 谈东晨:《人工智能时代的公共外交》，载《新闻传播科学》，2019（3）: 19–27 页。

⑦ 王福香:《人工智能对国际关系的影响》，山东大学硕士论文，2020 年；宋恒宇:《基于科技驱动因素的人工智能与国际关系研究》，华侨大学硕士学位，2020 年；张纪腾:《全球技术演进变局与国际安全风险评估——基于"智能技术"构嵌视角的分析》，华东师范大学硕士学位，2020 年；唐诗:《人工智能对大国权力关系的影响机制研究——以中美在人工智能领域的竞合为例》，南京大学硕士论文，2020 年。

第二，关注人工智能影响国际体系变革的方向和趋势。保建云提出，大数据与人工智能可以从国家数据资源结构与主权、国际技术与生产力结构、国际权力结构和国际规则及制度体系等方面推进国际关系微观结构与宏观运行的调整与演化。[①] 封帅提出人工智能通过改变主权国家结构的各种关键要素，重新定义世界政治的范畴与内涵而形成新的全球秩序。[②] 余南平则认为，人工智能作为产业革命的主要驱动力量将改变全球价值链，其竞争结果可能带来部分国家"超越式"发展而改变国际关系。[③] 夏立平等进一步提出了"国际新智缘政治"的分析范式，把人工智能视为影响国家行为的一种基本因素，以此分析预测国际政治形势和有关国家的政治行为。[④]

在变革导向上，大多数文献倾向认为人工智能将在很大程度上会增强国际体系的冲突性，技术进步可能打破核威慑平衡，加剧国际社会的不稳定性。[⑤] 陈琪等提出人工智能增加了国际安全的不确定性，人工智能时代国际秩序将向对抗性方向演进。[⑥] 有学者提出，人工智能在赋能决策速度上的微小优势可能带来具有决定意义的结果，将造成冲突局势更加有利于进攻一方，引发冲突的快速升级，导致在领先国家中造成安全困境。[⑦] 王

[①] 保建云：《大数据、人工智能与超级博弈论——新时代国际关系演变趋势分析》，载《国家治理》，2019（11）：19-33 页。

[②] 封帅：《从民族国家到全球秩序：人工智能时代的世界政治图景》，载《外交评论》，2020（6）：99-129 页。

[③] 余南平：《人工智能革命背景下的大国博弈——以全球价值链的结构变化为分析视角》，载《国际关系研究》，2020（1）：3-25 页。

[④] 夏立平、田博：《论国际新智缘政治的范式与影响》，载《同济大学学报（社会科学版）》，2020，31（6）：53-63 页。

[⑤] James Johnson：Deterrence in the Age of Artificial Intelligence & Autonomy：a Paradigm Shift in Nuclear Deterrence Theory and Practice?，*Defense & Security Analysis*，2020，36（4）：pp. 422-448；Keir A. Lieber，Daryl G. Press：The New Era of Counterforce：Technological Change and the Future of Nuclear Deterrence，*International Security*，2017，41（4）：pp. 9-49；James Johnson：Artificial Intelligence：A Threat to Strategic Stabiliy，*Strategic Studies Quarterly*，Spring 2020，pp. 16-39；Michael C. Horowitz，Paul Scharre，Alexander Velez-Green：A Stable Nuclear Future? The Impact of Autonomous Systems and Artificial Intelligence，December 2019，（2021-03-06），https：//arxiv. org/abs/1912. 05291。

[⑥] 陈琪、朱荣生：《为何担心人工智能冲击国际安全》，载《人民论坛》，2020（8）：124-127 页。

[⑦] Kenneth Payne：*Strategy Evolution and War：From Apes to Artificial Intelligence*，Washington，DC：Georgetown University Press，2018，pp. 189-192。

悠等判断竞争性冲突性将成为国际环境中的主基调,人工智能军事化应用以及国家间实力差距拉大,将改变国家对于安全和利益的认知,很大程度上导致国际体系迈向一个进攻性现实主义的世界。[1]

第三,分析人工智能技术对于国际格局的力量对比影响。主流观点认为,人工智能技术将造成国家实力分化,从而加剧国际体系的不平等。例如,有学者系统地分析了弱人工智能技术扩散模式,认为深度学习所带来的基于特定领域的人工智能技术持续进步将从领域、制度、思想三个层面对国际体系产生影响,最终造成国际行为体之间的力量差异进一步扩大,[2]发展较慢的国家将日益面临"数据殖民主义"的危机。[3] 而一种不同的解释认为,未来如果商业模式驱动下的人工智能技术发展模式占据主导,将导致技术扩散速度加快,从而削弱技术领先国的"先发优势",并缩小国家之间的实力差距。[4] 另外,还有很多文献集中探讨人工智能在中美战略竞争中的作用,王磊认为美国已经形成了"分层金字塔"式的科技竞争体系,这种战略格局包含着"技术与权力两大要素的内在互动",从而也是人工智能形塑国际权力格局的内在逻辑。[5] 李括考察了人工智能为美国维护科技霸权中的作用,一方面,美国引领人工智能国际标准的制定,寻求增强传统盟友体系的凝聚力;另一方面,其将人工智能作为遏制中俄等战略对手的新战场,推动全球价值链的深度调整。[6]

3. 人工智能作为全球治理的研究内容

由于人工智能的通用性特征,其应用带来的挑战超出了国家的边界和单一国家的治理能力,需要全球加强协作、共同应对。当前阶段,人工智

---

① 王悠、陈定定:《迈向进攻性现实主义世界? ——人工智能时代的国际关系》,载《当代世界》,2018(10):22-26页。

② 封帅:《人工智能时代的国际关系:走向变革且不平等的世界》,载《外交评论》,2018(1):128-156页。

③ Yuval Noah Harari: Who Will Win the Race for AI? China and the United States are Leading the Pack and the Laggards Face Grave Dangers, *Foreign Policy*, 2019(231):pp. 52-54。

④ Michael Horowitz: Artificial Intelligence, International Competition, and the Balance of Power", *Texas National Security Review*, 2018, 1(3):pp. 36-57。

⑤ 王磊:《美国对华人工智能战略竞争的逻辑》,载《国际观察》,2021(2):103-126页。

⑥ 李括:《美国科技霸权中的人工智能优势及对全球价值链的重塑》,载《国际关系研究》,2020(1):26-50页。

能既继承了之前信息技术的伦理问题，又因为深度学习等算法的不透明性、难解释性、自适应性、运用广泛性等特征而具有新的特点。① 近年来，各国政府、科技企业、专家学者都强调开展人工智能治理国际合作的必要性，目前主要政府间国际组织、非政府组织、专业技术机构、大型企业、科研机构已经通过设置专门议题、搭设对话平台、发布原则倡议等形式来推进人工智能全球治理议程。但是，人工智能的全球治理仍在探索之中，人工智能全球治理的研究也较为宽泛，大致可以分为两个层面。

第一个层面是针对人工智能技术本身的道德伦理风险问题。此类文献聚焦于分析人工智能对经济、社会等领域可能带来风险挑战的基础上，探讨应如何规制当前和未来人工智能技术的发展，提出了普适性人工智能治理的思路和建议，希望为人工智能全球治理提供借鉴。《牛津人工智能伦理手册》一书征集并收录了40多篇论文，广泛探讨了法律、政策、监管等框架下的人工智能伦理问题，反思人工智能驱动下技术研发和创新对于医疗、移民、教育、交通、智能城市等领域带来的伦理挑战，通过跨学科视角看待人工智能对于劳动力市场、就业以及社会生活带来的影响。② 牛津大学未来研究所学者提出了人工智能治理的具体分析框架，将人工智能治理亟待解决的问题分为技术布局（technical landscape）、人工智能政治（AI politics）和理想治理（ideal governance）三大研究方向。③ 有学者就此认为，尽管各类人工智能治理文件的研究视野或有重叠，但是由于人工智能伦理问题的复杂性和各国文化、价值观、意识形态等方面存在的差异性，尚未形成完善的理论架构和治理体系正在从人工智能伦理准则的基本共识出发，向可信评估、操作指南、行业标准、政策法规等落地实践逐步

---

①张兆翔、张吉豫、谭铁牛：《人工智能伦理问题的现状分析与对策》，载《中国科学院院刊》，2021（11）：1270-1277页。

②Markus Dubber, Frank Pasquale, Sunit Das ed：*The Oxford Handbook of Ethics of AI*, Oxford University Press, 2020。

③Allan Dafoe：AI Governance：A Research Agenda, A Report of Future of Humanity Institute, University of Oxford, 2017,（2020-08-20）, https：//www.fhi.ox.ac.uk/wp-content/uploads/Govai-Agenda.pdf。

深入。①

第二个层面是关注人工智能广泛应用的政治经济影响对国际关系带来的溢出效应。所涉及议题包括加强全球层面治理对话、防范和应对风险挑战机制设计、技术对国际规范影响以及人工智能时代国际秩序构建等，这一类研究也是国内外国际关系学者关注的重点。当前的研究普遍认同人工智能发展将带来复杂的伦理和治理问题，会对人类社会和国际政治带来深远影响，虽然一些风险挑战尚未完全显现，但需要防止技术领域的风险外溢引发国际社会的不稳定。高奇琦认为，由主权国家主导的全球治理机制存在霸权逻辑和冲突逻辑两大特征，人工智能全球治理应通过"全球善智"和"全球合智"两条路径作为目标性价值和过程性价值，确保人工智能的健康发展，以消除霸权和冲突两大逻辑的影响。② 人工智能军事化应用对国际法及国际规范影响是学者关注的重点，曾任联合国秘书长数字合作高级别小组秘书处执行主任的阿曼迪普·吉尔（Amandeep Gill）提出，人工智能将改变战争形态，目前拥有先进武器装备和信息通信技术的国家能够打造自主性和智能系统来获取优势，这将带来广泛的地缘政治影响，改变国际权力平衡，需要重点关注其对传统的武力管控手段经验的冲击以及对国际法带来的挑战。③ 刘杨钺认为，自主武器军备控制效果受制于预期收益，从道德规范方面转化为具有约束力的管控措施将极为困难。虽然自主武器冲击传统的国际规范，但不足以对大国产生足够实质化的机理推动进展。④ 其中一种解释是致命性的人工智能军事化应用具有不确定性，现有治理模式不足以有效预防人工智能对国际体系稳定带来的冲击，国际

---

① 张兆翔、张吉豫、谭铁牛：《人工智能伦理问题的现状分析与对策》，载《中国科学院院刊》，2021（11）：1270-1277 页。

② 高奇琦：《全球善智与全球合智：人工智能全球治理的未来》，载《世界经济与政治》，2019（7）：24-48 页。

③ Amandeep Singh Gill：Artificial Intelligence and International Security：The Long View, *Ethics & International Affairs*, 2019, 33（2）：pp. 169-179。

④ 刘杨钺：《全球安全治理视域下的自主武器军备控制》，载《国际安全研究》，2018（2）：49-71 页。

社会必须致力于制定新的规范框架。① 英格威尔德·博德（Ingvild Bode）等认为，自主武器系统对于国际规范中的建构主义方法提出了挑战，他们质疑自主武器系统能被预设的规则或标准来约束，建构主义方法过于强调基础规范而忽视了源自实践的程序规范，因此需要关注自主武器系统在实践中如何构建和定义规范。②

　　基于对人工智能技术存在或将会衍生出的安全风险的分析和预判，很多学者深入探讨了人工智能全球治理的可能路径和架构。巩辰认为，人工智能的兴起在对传统的全球治理议题产生影响的同时，会产生新的全球问题。他从人工智能治理集中化、合法化与专业化、政府政策引导等方面分析了全球人工智能治理的路径，提出了促进中国人工智能发展进而为全球人工智能治理贡献中国智慧的方向。③ 鲁传颖等运用体制复合体理论审视人工智能的全球治理进程，发现人工智能治理已经形成了与网络空间治理的制度复合体相类似的生态体系，在治理实践过程中，多利益相关方和多方两种模式发挥着不同的作用，政府间国际组织、非政府组织、产业界、研究机构和民间力量等主体都广泛参与了治理制度的构建，各方基于自身利益和优势在治理平台设计和规则制定中施加了一定的影响力。④ 赵彦云对人工智能全球治理的主客体、目标手段进行了梳理分析并对发展走势进行了研判，认为人工智能全球治理将更加倾向于采取多中心分层次治理模式——采用分层治理模式，不纠结于制定一个统筹概览的治理方向，而从微观着手致力于解决具体的问题。⑤ 陈伟光等认为，技术风险的地域扩张、就业影响的地区不平衡、社会伦理标准的差异性以及危害预测的知识不充

---

　　①Denise Garcia：Lethal Artificial Intelligence and Change：The Future of International Peace and Security，*International Studies Review*，2018，20（2）：pp. 334–341。

　　②Ingvild Bode, Hendrik Huelss：Autonomous Weapons Systems and Changing Norms in International Relations，*Review of International Studies*，2018，44（3）：pp. 393–413。

　　③巩辰：《全球人工智能治理——'未来'到来与全球治理新议程》，载《国际展望》，2018（10）：36–55页。

　　④鲁传颖、约翰·马勒里：《体制复合体理论视角下人工智能全球治理进程》，载《国际观察》，2018（4）：1–19页。

　　⑤赵彦云：《人工智全球治理的现状与走向》，外交学院硕士论文，2020年。

分是需要开展人工智能全球治理的主要动因。① 傅莹提出人工智能国际治理机制需包括动态的更新能力、技术的源头治理、多角度的细节刻画、有效的归因机制、场景的合理划分五大关键要素。② 李峥系统梳理了人工智能应用在政治、经济、社会、国际等领域的安全风险，分析了各国政府和国际社会对于人工智能治理的思路和主要措施，尽管各国人工智能治理的总体思路基本相同，但是在人工智能军事化、治理原则、安全风险、应用方式等方面存在多个维度上的差异性，未来走势仍具有一定的不确定性。③

4. 人工智能作为国际关系研究工具

人工智能作为国际关系研究工具类文献重点研究考察人工智能、大数据技术作为国际关系研究方法和手段中的使用，这也是早期人工智能在国际关系研究中的主要应用方式，但是无论是从样本量、数据来源，还是技术手段、研究方法来看，当前将人工智能作为工具的研究与三四十年前已经今非昔比；借助机器学习等新方法，学者对近年来积累的丰富数据进行分析，并用于规律发现、行为预测、方法探索等更加广泛的方向。

互联网、移动互联网技术的普及助力经济社会的数字化提速，使得数据的收集范围、更新频率、格式种类等均得到极大提升，可以用于社会科学领域研究的文本、数据等多样化信息大量涌现，且更加易于获取，从而丰富了研究的材料来源，为探索更多的研究视角提供了可能。特别是以自动摘要和自动编码技术为核心的新型数据库取代了传统人工摘录和人工编码的数据库。新型数据库在数据体量、数据生产速度、数据维度和数据颗粒度等方面都远超传统的数据库，为人工智能在国际关系研究中的应用构建了底层的数据基础④。例如，汇集全球实时新闻数据的全球事件、语言与语调数据库（Global Database of Events, Language and Tones），以及涵盖

---

①陈伟光、袁静：《人工智能全球治理：基于治理主体、结构和机制的分析》，载《国际观察》，2018（4）：23-37 页。

②傅莹：《人工智能的治理和国际机制的关键要素》，载《人民论坛》，2020（4）：6-8 页。

③李峥：《人工智能治理的国际经验与启示》，载陈定定、朱启超主编：《人工智能与全球治理》，北京，社会科学文献出版社，2020：191-208 页。

④董青岭：《新冠疫情与大数据：迈向人工智能时代的安全治理》，载《国际政治研究》（双月刊），2020（3）：147-153 页。

了 135 个国家国内事件或国家间互动数据的冲突与和平数据库（Conflict and Peace Data Bank）等。文本资源数据化的趋势提升了国际关系研究的灵活性和科学性，有助于突破小样本研究的局限，深刻地影响了国际关系研究。王惟晋从文本数据角度出发，认为在国际关系文本资料数据库的建设过程中，随着自动化的数据挖掘和大数据体量的动态增长，研究者已经无法在不借助工具的情况单独完成数据分析工作；在这种情况下，机器已经逐步代替人成为数据分析的主体。人工智能特别是自然语言处理技术，使得计算机具备了结合环境解读无结构文本意义的能力，并能够分析辨别出说话者的行为模式。[①]

人工智能无疑已经成为社会科学研究者的重要工具，在国际关系领域也不例外。深度学习技术有助于识别和分析自然语言、语音和图像等以前难以处理的信息，但也面临新的问题和挑战。例如，人工智能技术应用的有效性受制于概念的清晰界定、采样数据范围的准确描述等因素，容易产生"只要数据量足够大就能够得到正确的因果推断"的误区，算法应用中存在的歧视和不公平问题也可能被引入预测结果。[②] 漆海霞认为，大数据、机器学习等技术发展作为新的研究方法，为国际关系研究中个人和微观层面的数据分析提供了有效手段。[③] 董青岭认为，大数据、人工智能技术具有从多样多源数据中快速获取信息的能力，更适合捕捉复杂多变的国际环境的不确定性，将打破国际关系研究中以小样本归纳为主要知识生产方式的传统研究范式，但是实际运用中也需要正确理解大数据的含义、性质和缺陷。[④] 吴雁飞分析了国际关系领域自动文本分析的四种使用类型，发现

① 王惟晋：《西方文本资料数据化对国际关系研究的影响》，载《现代国际关系》，2018（5）：59-67 页。

② Henry E. Bardy：The Challenge of Big Data and Data Science, *Annual Review of Political Science*, 2019, 22（1）：pp. 297-323。

③ 漆海霞：《大数据与国际关系研究创新》，载《中国社会科学》，2018（6）：160-171 页。

④ 相关研究成果请参见，董青岭：《机器学习与冲突预测——国际关系研究的一个跨学科视角》，载《世界经济与政治》，2017（7）：100-117 页；董青岭、王海媚：《21 世纪以来中国的大数据国际关系研究——董青岭教授访谈》，载《国际政治研究》（双月刊），2019（4）：141-160 页；董青岭：《大数据与机器学习：复杂社会的政治分析》，北京，时事出版社，2018 年版；董青岭：《反思国际关系研究中的大数据应用》，载《探索与争鸣》，2016（7）：91-94 页。

自动文本分析具有独特的研究优势，已经广泛应用在偏好发现、行为区分、互动分析、结果预测、因果推断等研究之中；他认为，这不过是对传统研究方法的补充而非替代，国际关系学科专业知识和严谨的阅读和思考依然重要。① 人工智能发展在本体论方面可能弱化民族国家的地位；在认识论方面，会对国际关系研究思路和政策咨询思路带来影响；在方法论方面对传统的定性和定量研究方法形成挑战。② 唐新华提出人工智能在国际风险评估研究中，可以提高风险感知能力和精度，决策管理的影响评估变得可行、精准。③ 罗杭的研究探索了人工智能模型和计算机仿真技术在国际组织决策模拟中的应用，展示了一个人工智能技术进行国际关系中决策模拟的具体应用案例。④

（二）现有文献评述

通过对既有文献的梳理可以发现，人工智能对国际关系领域影响的路径是逐步从边缘走向中心、从介入走向深入、从单点走向全面。一方面，人工智能早期只是国际关系研究的一种工具，用于进行计算机建模和数据处理分析，在应用中技术门槛较高且应用范围有限。而随着数字化发展带来大量数据的汇聚和积累，人工智能已经成为经济发展、国防科技、社会治理等领域的重要影响变量，是处理海量数据资源、挖掘数据价值、赋能国家竞争力的必不可少的关键技术。另一方面，从影响程度来看，伴随着信息技术广泛普及，技术因素在国际关系研究中的重要性逐步提升，学术界从不同视角都认识到了技术对于国家间竞争和合作的作用。人工智能技术通过快速的产业化普及和商业化拓展，展现出在新一轮技术发展中的"领头雁"作用，与经济社会各领域深度融合发展，成为大国构建知识优势、技术优势和未来竞争优势的重点。这也反映出，要想研究新兴技术特

---

①吴雁飞：《国际关系研究中的自动文本分析》，载《国际关系研究》，2019（6）：3-25页。

②吴雁飞：《人工智能时代的国际关系研究：挑战与机遇》，载《国际论坛》，2018（6）：38-44页。

③唐新华：《人工智能在国际风险评估和决策管理中的应用框架》，载《当代世界》，2018（10）：27-30页。

④罗杭：《国际组织决策的智能体计算实验——以欧盟成员构成演变与决策机制变革为例》，载《世界政治与经济》，2020（7）：120-155页。

别是仍在发展中的技术对国际关系的影响，是一项极具挑战性的工作。既有文献从不同视角和层次进行了有益探索，提供了很多对本研究极有启发性和借鉴意义的研究观点和思路。然而，这些研究对不同行为体之间的实力对比、影响领域和方式以及带来的风险等方面的具体问题作出了分析和判断，但未在国际体系层面进行全面评估。

一是过于强调"技术决定论"，可能导致对影响路径的判断简单化。人工智能技术仍在不断发展中，但是部分研究将人工智能的影响简单化，过于脱离人工智能技术应用的实际场景和能力限定，片面放大人工智能技术带来的影响，导致推导的结论难以令人信服。一些研究运用传统国际关系的基本思路从宏观层面分析，在不同层次和领域静态评估人工智能技术对特定领域所带来的净影响，然后将各种影响简单叠加推测出结论，未能全面考察不同层面发展的不平衡性以及不同影响变量之间可能产生的相互作用。

二是缺少较为全面的综合性分析框架，对于人工智能影响的判定趋向于路径、特征的总体性概括，对于发生逻辑和方式机制的探讨不够深入。部分文献本质上将人工智能技术等同于过去历次重大技术变迁中涌现的通用性技术，将其作为国际体系中的外生性变量来分析，缺少对于人工智能技术的高度融合性这一本质特点对研究带来的复杂性影响的分析，这在一定程度上割裂了技术研发应用的过程和结果之间的关联。其成果缺乏系统性和全面性的观察和探讨，对于不同因素之间的相互影响的考察较少。

三是人工智能对国际关系影响的路径和机理未得到充分挖掘。从国家实力入手探究人工智能对国际体系的作用路径是目前国际关系学者常用的一种分析视角，但是已有研究文献往往聚焦国家实力中的一个或几个维度。以单一维度为基础来判断人工智能对国家实力变化的影响尽管简约明晰，但是作为具有广泛应用潜力的人工智能技术，推导过程略显单薄。也有部分研究将人工智能与其他新兴技术一同分析，而忽视了人工智能技术的突破将推动经济社会发展从网络化向智能化跃进，其存在一些不同于网络化阶段的独特之处，而这些个性化特征应当是后续研究关注的重点。

三、基本思路及研究方法

在广泛借鉴已有研究文献的基础上，本研究以人工智能与大国关系为研究对象，通过对人工智能发展历程的梳理和必备发展要素的分析，阐述人工智能发展现状和水平，尝试回答"人工智能对国家实力的哪些领域带来了何种影响""人工智能对国家实力的影响造成权力的分散化还是集中化""大国人工智能发展战略是加剧竞争还是促进合作""人工智能全球治理前景如何"等，并以这些问题为线索进行思辨和分析。本书内容的论述遵循"概念分析—路径推演—影响评估—前景展望"的路径展开。从宏观层面开展系统分析，将人工智能发展置于未来数字化世界的发展愿景下进行考察，结合人工智能对国家实力影响的路径推演和对大国战略布局的总结归纳，分析论证了人工智能影响下的数字权力集中化将加强国家实力格局的等级化趋势，以人工智能等先进技术为核心的软实力成为各国竞争的焦点，同时具有较强技术优势的美国在网络空间拥有的软霸权逐渐凸显。进而，探索人工智能对国际关系尤其是大国关系的影响机制和效果，从技术视角尝试阐明科技革命对国际格局的重塑作用以及人工智能条件下大国竞合关系的走势。最后，提出了中国在应对策略上的思考。

本研究尝试借鉴多种研究方法。一是文献研究和实地访谈相结合。围绕研究主题，针对相关领域进行文献研究，加强对技术发展阶段的理解和把握，客观看待当前人工智能的发展水平，使本书对于人工智能技术发展和特征的判断符合客观认知和技术发展实际。本轮人工智能的发展速度快，特别是实际应用情况喜人，可以从对一线研发人员的访谈中获取一手资料。在本书写作中，也尝试与国内人工智能领域头部企业、知名研究机构、行业协会等专家座谈交流，深入了解人工智能技术发展的最新动态，以及产业界一线研发人员及专家对于技术发展和应用趋势的判断。

二是层次分析。即从个人、国家、国际体系等层次来分析复杂的国际关系现象，通过不同层次的划分来界定相关的研究变量，尝试揭示国际关系现象背后的规律和因果联系。小约瑟夫·奈曾提出"软实力"的概念，而人工智能则是赋能国家实力提升的重要手段，对于一国的经济、军事、文化等领域发展产生越发关键的影响。领先国家可以借助该技术在大国博弈中优胜，而且在很多方面，这种胜利是以"软实力"争夺的形式出现。因此，人工智能引起了主要大国的高度关注。同时，在国际体系层次上，人工智能也是大国之间互动的重要领域，围绕人工智能发展和治理议题的竞争牵动着大国博弈。从不同层次来理解主要国家采取的一系列政策有助于厘清政策背后的战略考量，以及更加合理地预测可能对于大国关系带来的影响。

三是情景分析。情景分析是针对某种现象或趋势未来发展的可能状态进行评估的分析方法，根据分析对未来事件发生可能性借以想象式描述加以涵括。① 情景分析能够对未来的可能性提供更加动态的认识和看法。人工智能技术发展具有一定稳定性，但作为高速发展演进的技术则面临更多的不确定性。在分析人工智能对大国关系影响时，不仅需要考察技术的发展方向和趋势，也需要对在技术发展进程中大国关系互动的走向进行预判，还必须考虑到其中很多偶然性因素。本书将对今后人工智能的发展对未来大国关系的影响，包括对于大国之间可能出现的竞合场景以及趋势走向进行推演和预判。

四是过程追踪。本研究尝试采用定性分析的方式，围绕人工智能对国际关系的影响进行研究，由于这种影响仍在演进中，很难积累到足够的历史案例通过定量方式进行经验性模式的探索。过程追踪法是为了理解原因与结果之间的中间过程，探究原因和结果之间的联系和作用过程，有助于借助少数案例的深入分析理解复杂要素之间的相互作用和影响。② 本研究借鉴过程追踪的案例研究方法进行小样本观察，深入分析人工智能技术发展过程和应用效果，考察人工智能作为影响因素在科技、经济、政治、军事、文化等方面对国家实力和国家间关系的作用路径，论述说明人工智能在不同领域应用的现状和趋势，提升推论的可信性。

---

① 牛长振：《国际关系中的情景分析》，载《国际政治科学》，2012（3），61-83 页。
② 曲博：《因果机制与过程追踪法》，载《世界经济与政治》，2010（4）：105 页。

四、主要内容及章节安排

除绪论外，本书另有六章内容以及结论部分。

第一章侧重从技术视角来考察人工智能，对人工智能技术发展背景进行系统梳理和归纳，厘清本研究所要讨论的人工智能的概念边界。科学评估当前人工智能技术发展水平是判断技术应用所带来影响的前提，因此通过对技术发展历程的梳理以及对未来发展趋势的判断，将研究重点聚焦在人工智能阶段。进而分析了当前人工智能发展热潮的基本态势，归纳了当前的人工智能技术本身不同于以往的基本特点和特征属性，以此作为分析其对于经济社会各领域带来的变革性影响的论述基础。

第二章回归国际关系视角，着眼于考察人工智能对于国际格局的影响，从国家实力及其主要构成要素入手，探究了不同时期国家实力体系中各类要素的作用的变化趋势以及对于国家竞争优势的影响。随着传统要素重要性相对下降，其中技术要素在国家实力体系中的广泛赋能作用不断显现，其重要性日益提升。通过观察探讨人工智能对国家科技创新、经济发展、网络发展、数据运用和军事实力等方面带来的潜在影响，阐述人工智能可能改变大国对于国家核心利益的认知，不仅成为国家利益的核心内容，也成为实现和拓展国家利益的重要手段。其中，领先国家正通过人工智能技术的赋能作用不断扩充其软实力，大力构建和巩固软霸权，以期构筑对于其他国家持久的权力优势。

第三章基于人工智能赋能实力提升的推演判断，以大国对核心利益的认知变化为线索，深入聚焦主要大国人工智能的战略部署，从战略目标定位、优势领域侧重、发展路径设定、治理规制导向等方面，系统对比美国、欧盟及其主要成员国、俄罗斯、日本、英国、中国等主要大国（地区）推出的人工智能发展战略和政策部署。通过主要力量的相关战略认知和推进实施的横向比较，总结其在战略层面的通用性做法和差异化区别，借助通用的衡量指标对比评估各国人工智能发展的优势和短板，分析判断主要大国的战略取向以及大国间的竞争态势。

第四章构建了人工智能对大国关系影响的分析框架。综合借鉴冷战后国际关系研究对于大国关系态势的不同理论解释，认识到单极、两极、多极以及无极等理论解释的各自适用场景，通过软实力的概念视角对人工智能发展条件下的大国关系走向进行推演和预判，构建了人工智能对于大国关系影响机制的分析框架。透过机制模型阐述了人工智能时代大国关系中关系特征、互动方式以及实力分配三大相互作用的关键因素，并通过三大因素之间的影响机制和趋势评估来说明大国关系变化的特点和走势。

第五章着眼于人工智能对于大国关系影响的前景预测，分析预判人工智能带来大国之间可能出现的智能化军事对抗、极速战、网络战、心理战等对抗场景，和在应对传染病防治、缓解气候变化、解决贫困问题等全球性挑战中的潜在合作前景。通过分析人工智能技术引发的三大类治理需求，对比研究人工智能治理的现状以及各方提出的人工智能治理规则，并阐述了当前人工智能治理所面临的治理困境。论证了治理冲突可能会加剧大国竞争态势的方式和路径，并提出国际社会应以人类命运共同体为理念，引导人工智能健康发展的必要性。

第六章运用所构建的分析框架对人工智能时代的大国关系影响态势进行探讨，通过软霸权的视角揭示美国在人工智能领域强化竞争的政策逻辑和战略考量。在此基础上，提出中国需要加强战略层面的统筹部署、形成系统治理理念、打造创新高效的能力体系等应对人工智能时代大国关系影响的策略思考。

最后，在结论中总结归纳了本研究的研究视角、主要结论以及未来的研究展望。

五、创新点、难点及不足

当前学术界现有的研究尚未对人工智能技术对国际关系影响提供较为全面的说明和阐释，且技术层面与国际关系层面结合不够深入，没有对人工智能时代大国之间的竞合关系变化趋势作出全面考察。本研究尝试在现有研究的基础上，深入分析人工智能时代大国关系的特点和趋势。

本研究的创新之处在于：

一是结合运用了国际关系研究和技术产业研究的双重视角。作为一项跨学科的研究主题，本研究首先回归人工智能技术层面，分析了此次人工智能发展浪潮在技术积累、产业基础以及社会需求等方面的内在和外部动因，力争客观合理地判断人工智能技术发展水平以及对于各领域发展带来的影响，以此作为论证基础且贯穿全书。同时又提升至国际关系层面，对比大国对人工智能发展的战略认知和实施布局的异同，分析其实力格局的变化。在本书内容论述中结合双重视角以增强研究论证的科学性。

二是探索构建人工智能对大国关系影响的解释框架。本研究详细考察了人工智能作为关键性国家实力要素的作用，进一步发展了软实力的概念解释，以美国在网络空间拥有的软霸权这一现实为背景，论述了人工智能时代大国的战略诉求和实力运用的基本逻辑。综合了现有研究对于人工智能影响判断，尝试构建一个全面性综合性的分析框架，从关系、互动、实力等方面评估人工智能时代大国关系的演变趋势和主要影响因素。并运用该框架，对人工智能视角下的中美间大国竞争态势作出解释。

三是对人工智能影响下未来大国博弈场景作出了前瞻性预测。此轮人工智能发展高峰仍未结束，正在持续不断向更多领域应用渗透，对未来大国竞合产生着深远影响，本研究基于当前态势适度推测人工智能技术应用趋势，前瞻性预见了大国之间可能出现对抗场景和合作场景的类型和特征，并对大国竞合走势作出研判。

但是，本研究以人工智能与大国关系为研究对象，这种跨学科研究尚难以做到准确定义和描述技术发展现状，因此也存在不足之处。例如，在文献综述中梳理分析了既有研究文献在论证中存在的问题，但是如何更加有效规避这些问题，特别是应对人工智能动态发展带来的复杂性，对于本研究而言也是一个极大的挑战。对于大国脆弱性、影响战略稳定性等问题，既有文献仍存在争论，因此对于材料的甄别筛选带来一定的难度。此外，缺乏直接参与和接触人工智能国际治理的直接经验和第一手材料，对于相关治理问题的分析把握也有待进一步加强。

第一章
人工智能的概念、意义及影响

本章梳理了人工智能概念定义及研究范畴，对不同类别的人工智能进行辨析，从演进历程、理论流派、驱动要素、发展瓶颈等角度，回顾和阐述了人工智能的研究现状和发展水平。以人工智能当前发展水平为分析基础，通过与历史上多种重大革命性的技术进行对比，分析了此轮以深度学习为代表的人工智能技术崛起的重要意义、基本特点和特征属性，探究了人工智能可能对经济社会发展带来的颠覆性影响。

第一节　人工智能的概念及演进

人工智能的发展已经成为全球高度关注的重大技术问题，其应用拓展到科技、医疗、金融、教育等领域，不断渗透人们的日常工作生活，逐步扮演更为基础性、关键性和前沿性的角色。同时，随着人工智能工程化不断推进并走向深度应用，其发挥的作用已不仅是在实验室或单一任务中模拟人类智能，而且在构建、管理和运营超大型信息系统中变得不可或缺。在此背景下，无论是学术界还是产业界均对此从不同层面开展研究、发表观点、进行论述，人工智能定义研究也在不断演化、更新和拓展。

一、人工智能概念梳理

对于人工智能概念起源的追溯有助于理解当今人工智能技术领域边界

范畴。人工智能概念出现前后，"机器智能"（machine intelligent）的提法被广泛运用，这反映在至今关于人工智能的各种概念中。英国数学家艾伦·图灵（Alan Turing）曾在 1936 年提出了一种理想计算机的数学模型，为电子数字计算机的问世奠定了理论基础。1950 年，作为机器智能最早的系统化理论阐述，图灵在哲学杂志《心智》（*Mind*）上发表了著名的《计算机器与智能》[①] 一文，其中提出了"模仿游戏"，后被称为"图灵测试"（Turing Test），给出了对于智能的描述和判定标准，这也是时至今日衡量人工智能技术发展水平的重要指引。然而图灵的一份于 1948 年写就而当时并未发表的手稿[②]，被认为具有更为重要的启发意义，他在文中区别了"实体智能"（embodied intelligence）和"非实体智能"（disembodied intelligence），这一区分在 1950 年的文章中演变成"体力"和"智力"，不过只聚焦于"智力"进行论述。[③] 因为图灵认为"智能机器"（intelligent machinery），即指"用机器替代人的一部分"，如自动驾驶，限于当时的技术条件无法实现，提议先研究不具备感知和行动能力的"思维机器"（thinking machines）。[④]

人工智能正式缘起的标志是 1956 年夏季召开的达特茅斯会议，此次会议是人工智能作为一个独立研究领域的开端，会上约翰·麦卡锡（John McCarthy）首先使用了"人工智能"这一术语，项目报告书中提出，与会者的研究将基于这样一个基础——"智能所能实现的学习或者其他方面的特征都能够被机器精确地模拟出来"[⑤]，并提出以此为研究基础进行探索。也正是在达特茅斯会议之后，人工智能被正式确立为一门学科。此后几经起落，人工智能研究和应用取得了巨大进步，人工智能的概念也在逐步演进。

作为一个具有鲜明多学科特征的研究领域，不同研究背景的学者尝试

---

①Alan M. Turing：Computing Machinery and Intelligence，*Mind*，1950，（236）：pp. 433-460。

②Alan M. Turing：Intelligent Machinery，in B. Meltzer，D. Michie ed.，*Machine Intelligence*，Edinburgh University Press，1969，Volume 5：pp. 3-23.

③尼克：《人工智能简史》，北京，人民邮电出版社，2017：250 页。

④陈小平：《从封闭性到非封闭性：2020 到 2035 年智能机器的机遇和挑战》，（2021-01-05）[2020-11-30]，https：//www. thepaper. cn/newsDetail_ forward_ 11045359。

⑤John McCarthy，Marvin L. Minsky，Nathaniel Rochester，et ol：A Proposal for the Dartmouth Summer Research Project on Artificial Intelligence，*AI Magazine*，1955（27）：pp. 12。

界定人工智能的定义和内涵。针对人类智能的定义，目前仍缺少统一的定义和明确的研究范围，下文将对人工智能不同发展阶段中有代表性的定义进行辨析。

麦卡锡最早提出"人工智能是制造智能机器（尤指智能的计算机程序）的科学和工程技术"[1]，人工智能研究先驱帕特里克·温斯顿（Patrick Winston）认为"人工智能就是关于实现感知、推理、行动等能力的计算"[2]。可以看出，早期人工智能研究较为关注计算机科学中具体问题的实现。2009 年，著名人工智能学者尼尔斯·尼尔森（Nils Nilsson）通过解构"智能"的含义，提出"人工智能是致力于赋予机器以智能，所谓智能是行为体在其所处环境中合理地行动以及预判的能力"[3]，由关注具体技术问题转为重点关注智能的外在功能性表现。2013 年，有学者综合分析已有的人工智能定义，归纳出了"像人一样思考""合理地思考""像人一样行动""合理地行动"等两个维度四个类别定义，提出人工智能是研究"从环境中感知信息并执行行动以达到目标的智能体（agent）"，[4] 这一定义以"给定目标"为人工智能的衡量标准，已经不再过多强调对"人类"思维的模仿，体现了学界对于人工智能研究认识的不断深化。此外，全球知名专家学者，以及经济合作与发展组织（简称经合组织，OECD）、欧盟人工智能高级别专家组、中国电子技术标准化研究院等各国机构组织都根据研究各自提出了专业严谨的人工智能定义。[5]

---

[1] Professor John McCarthy's Website, http：//jmc. stanford. edu/artificial-intelligence/what-is-ai/index. html,（上网时间：2020 年 10 月 10 日）。

[2] Patrick Henry Winston：*Artificial Intelligence*，*Third Edition*，Addison - Wesley Publishing Company，1992，pp. 5。

[3] Nils J. Nilsson：*The Quest for Artificial Intelligence：A History of Ideas and Achievements*，Cambridge University Press，2010，p. xiii。

[4] Stuart J. Russell, Peter Norvig：《人工智能——一种现代的方法》第 3 版，殷建平等译，北京，清华大学出版社，2013：4 页。

[5] 请参见：OECD, Artificial Intelligence in Society, OECD Publishing, 2019.（2020-10-14），https：//doi. org/10. 1787/eedfee77-en；European Commission High-level Expert Group on Artificial Intelligence, A Definition of Artificial Intelligence：main capabilities and scientific disciplines.（2020-10-14），https：//ec. europa. eu/digital - single - market/en/news/definition - artificial - intelligence - main - capabilities-and-scientific-disciplines；中国电子技术标准化研究院：《人工智能标准化白皮书（2018 年版）》，（2020-10-14），http：//www. cesi. cn/images/editor/20180124/20180124135528742. pdf。

可以看出，尽管各类定义的关注点和侧重点不同，但是人工智能研究的目标始终是明确的，即如何利用机器来实现模拟、延伸和拓展人类智能。目前各类定义大致可分为两大类：一类是聚焦微观层面，关注"智能技术""智能系统""智能体"等所能达到的能力，采用实用主义方法，给出一种描述性的、内涵式的定义，这种定义主要来自从事人工智能理论研究的专业机构和科学家群体；另一类是着眼宏观层面，以"人工智能学科""人工智能研究""人工智能发展"等为视角，将人工智能视为包括机器学习、智能机器人、生物识别、自然语言处理、计算机视觉等一组技术概念的集合和统称，采取模糊但全面的方式归纳出一种外延式的定义，这种宽泛的定义方式主要来自战略研究、产业研究学者。

综合来看，内涵式的定义往往反映了人工智能的不同侧面，力求体现人工智能的技术特征和属性，在技术层面区别于其他相关的技术领域，这种定义方式在宏观研究中指导意义较弱。本书在研究这一问题时，采取国际关系研究文献的通常管理，采用外延式的人工智能定义方式，将人工智能视为一组技术的组合，以人工智能技术属性和特征为基础，评估人工智能发展对于国家实力的塑造作用，分析人工智能发展应用对未来大国之间关系的影响。

虽然国际关系研究中一定程度上存在将人工智能与自动化、机器人、无人化等概念混用，这些概念看似相近，但从当前技术发展实际看，即使从宽泛的视角来审视，人工智能与这些概念之间仍存在区别（图1-1）。例如，一些研究将自动化技术在制造领域应用作为重要案例，分析人工智能对就业的影响，然而自动化技术早在20世纪六七十年代在发达工业化国家就已有成熟的应用案例，并广泛应用于汽车等制造领域中①，有数据和案例进行实证分析，但这种影响与近年来人工智能技术带来的颠覆性影响

---

①例如，1958年，乔治·迪沃尔和约瑟夫·恩格尔伯格在美国成立了尤尼梅申公司，研发出一款机械臂，被视为现代历史上的第一个机器人。1961年，通用汽车购买了尤尼梅申公司，用于生产汽车装配零件。随后，克莱斯勒和福特两家汽车制造巨头也引入机器人。在日本，1969年日立公司发明了世界上第一台基于视觉的全自动智能机器人，可以根据平面图装对象。两年后，机械臂开始安装上电脑控制的感应器，并能够在安装小体积配件的时候计算触感和压力。但这些案例所带来的影响与当前人工智能技术引发的影响具有本质上的区别。

相比却并不明显。

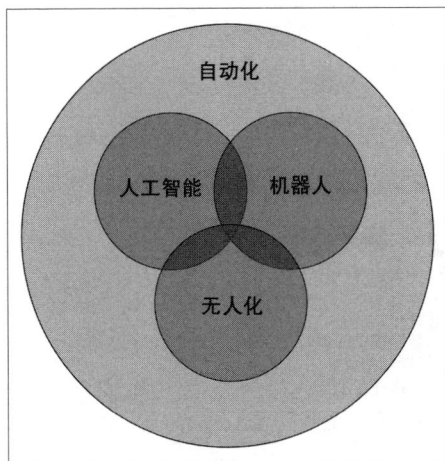

图 1-1　人工智能相关定义范畴对比①

　　因此，作为较为广泛的技术概念，人们对人工智能技术的认知是一个动态变化的过程，这种变化存在一种"人工智能现象"（AI effect）或称之为"奇怪悖论"（odd paradox），即当一项特定的人工智能技术逐步普及且被广为熟知后，它就不再被认为是人工智能技术，随之将会有新的具有潜力的人工智能技术方向的出现。② 这一趋势从历年的人工智能技术成熟度曲线（图 1-2）可以看出，近年来处于曲线最左侧的技术萌芽期的曲线长度不断延展、技术种类更加拥挤，反映出人工智能领域的新技术、新概念、新范式在不断涌现。

　　也有学者提出人工智能是一个"伞形概念"（an umbrella term），因其界定相对松散，很难对其作出精准的定义，而应该通过范围边界进行界定，在人工智能概念之下应该包括机器学习、深度学习、计算机视觉、自然语言处理、机器人、专家系统等子概念。从应用特征看，人工智能应该

---

①资料来源：Kelley M. Sayler：Artificial Intelligence and National Security，U. S. Congressional Research Service Report，2020。

②Peter Stone, Rodney Brooks, Erik Brynjolfsson et al：Artificial Intelligence and Life in 2030——One Hundred Year Study on Artificial Intelligence：Report of the 2015-2016 Study Panel，September 2016，(2020-10-10)，http：//ai100. stanford. edu/2016-report。

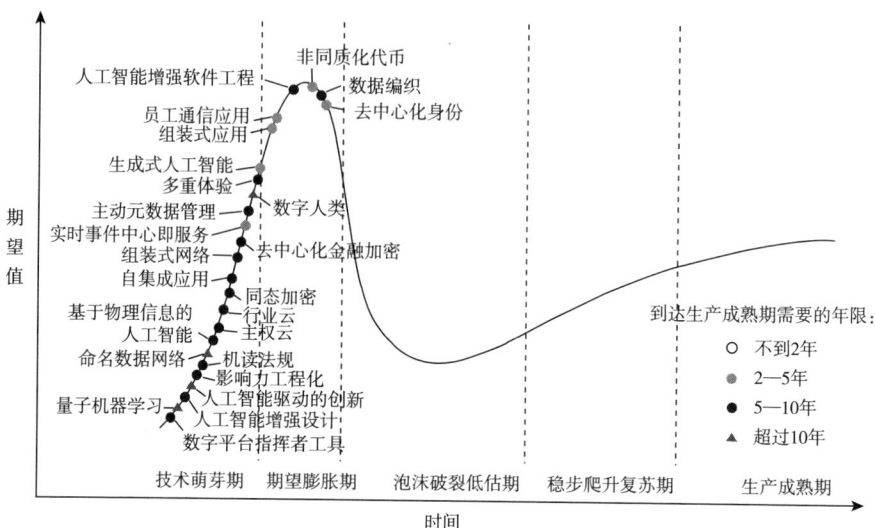

图 1-2　新兴技术成熟度曲线[①]

存在以下主要特征："由人类设计、为人类服务、本质为计算、基础为数据、能感知环境、能产生反应、能与人交互、有适应特性、有学习能力、能演化迭代、能连接扩展"[②]。基于对人工智能技术发展现状的分析以及研究界的普遍共识，本研究所探讨的人工智能概念至少具备以下特点：一是实时性。人工智能算法能够使用实时数据进行决策，不是具有机械及预定响应能力的无源机器，根据采集到的信息和数据实时进行分析和决策。二是自主性。人工智能能够随着过程的进行具有自主性的学习，并将学习的经验纳入决策过程，可以根据新的数据自动调整，无须人类干涉，这也是智能化区别于自动化的本质属性。三是适应性。在特定应用领域中，无须对环境参数进行过多预设条件，对外界条件变化具有一定的适应能力。与常规的软件程序相比，人工智能能够识别和分析非结构化的数据，自行从数据中学习并发现潜在的规律。

①资料来源：Gartner（截至 2021 年 8 月）
②谭铁牛：《人工智能：用 AI 技术打造智能化未来》，北京，中国科学技术出版社，2019：9 页。

二、人工智能类别划分

由于人工智能还在快速发展中，相关定义尚未形成共识，概念范畴较为宽泛且多样。因为没有单一的划分标准，很多研究尝试通过界定人工智能的类别，来分析讨论人工智能的当前态势和发展趋势。

首先，从广义的智能分类角度来看，应用领域的分类依次有专门智能、通用智能和超级智能，能力强弱的分类有弱智能、强智能、超强智能，就人机关系来看则有弱智能、类人智能、超人智能的分类。① 此类三分法在人工智能研究中较为普遍，即分为专用人工智能（Artificial Narrow Intelligence）、通用人工智能（Artificial General Intelligence）、超人工智能（Superintelligence）三个阶段，② 如图 1-3 所示。每个阶段分别对应着人工智能在何种程度实现人类的智能水平，弱人工智能是指智能系统在某些方面达到人的智能，但是不能适应复杂环境变化而自主实现智能应用；强人工智能是指智能系统达到人的智能水平，可以运用自身知识处理一些抽象的、跨领域的问题；超人工智能则标志着人工智能技术最终跨越智力"奇点"（Singularity），进入一个人类不可知的发展阶段。

其次，还有一些学者提出二分的分类方法。从可应用性看，分为专用人工智能和通用人工智能。目前面向特定任务的人工智能的单点突破主要集中于专用智能领域，而能够举一反三、融会贯通的通用人工智能尚处于起步阶段。③ 更为激进的一类观点提出"超级智能""终极算法"等预判，此类研究成果或出于乐观主义观点，或出于悲观主义观点，认为人工智能跨越技术"奇点"将无法避免，④ 人工智能研究应致力于研究和应对"在

---

① 何怀宏：《人类还有未来吗》，桂林，广西师范大学出版社，2020：83 页。
② 不同文献之中，专用人工智能也被称为弱人工智能、狭义人工智能、应用型人工智能、模块化人工智能，通用人工智能也被称为强人工智能、类人智能、完全人工智能，相关术语之间存有细微差别。
③ 谭铁牛：《人工智能的历史、现状和未来》，载《求是》，2019（4）：39-46。
④ Vernor Vinge：The Coming Technological Singularity：How to Survive in the Post-Human Era，March 1993，（2020-10-22），https：//edoras.sdsu.edu/~vinge/misc/singularity.html。

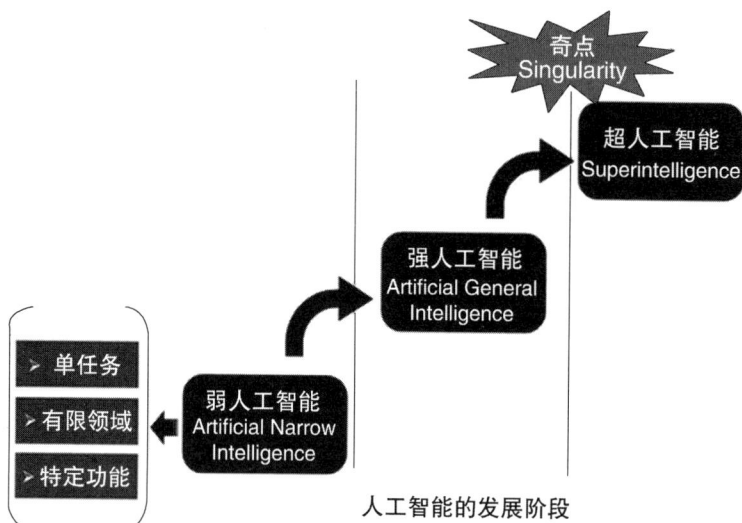

人工智能的发展阶段

图 1-3　人工智能发展中的不同类别

几乎所有的领域都远远超过人类的认知能力"的超级智能系统,[1] 这种超级智能最终可能与生物科技等技术融合后,人类将进化成为以半机械人、无机生命等形式存在的"智神"（Homo Dens）。[2]

此外,一些学者根据人工智能解决问题的不同阶段,将人工智能发展分为计算智能、感知智能、认知智能、决策智能、意识智能等不同类别。其中,运算智能指快速计算和记忆存储能力,感知智能指视觉、听觉、触觉等感知能力,认知智能指具有推理、可解释性的能力,决策智能指人类与智能系统交互协作在辅助决策中的能力,意识智能的核心理念是构造一个新型的可用数字建模的、可计算的机器认知。[3] 从这种分类方式来看,目前感知智能已经取得实质性的进展,在语音识别、文本识别、计算机视觉等方面某些项目已经超过了人类水平,但是距离实现真正意义上的认知智能还有较远的距离。

---

①尼克·波斯特洛姆:《超级智能:路线图、危险性与应对策略》,张体伟、张玉青译,北京,中信出版社,2015:29 页。

②尤瓦尔·赫拉利:《未来简史:从智人到智神》,林俊宏译,北京,中信出版社,2017 年版。

③清华大学人工智能研究院、清华——中国工程院知识智能联合研究中心:《人工智能发展报告（2011—2020）》,（2021-01-20）,http://ai.tsinghua.edu.cn/kirc/。

不论以哪种标准来衡量，当前的人工智能研究及应用仍然处在起步阶段，所取得的大多数进展都发生在"专用人工智能"领域，即可以解决如路线规划、语音识别、图像处理、机器翻译等有限领域中的特定问题；较难发展阶段被称为"通用人工智能"，短期内难以得到突破。据美国国家科学委员会预测，实现通用人工智能可能至少需要数十年的时间。[1] 但从另一个角度来看，经过 60 多年的发展，至少目前各方对专用人工智能发展驱动下的针对"智能化"大趋势的质疑已经不复存在。专用人工智能技术在具备大规模数据、完全信息、单一任务等特点的领域中已取得突破，正在越来越多的领域中逐渐达到或超过人类的表现和水平。

图 1-4 能够清晰地反映近年来人工智能技术发展水平提升的路径，从横向来看，在单一任务的专用人工智能领域不断取得突破，在一些领域已经完全超过人类智能水平。但是从纵向来看，在向通用人工智能进阶发展的维度上取得的进展则较为有限。

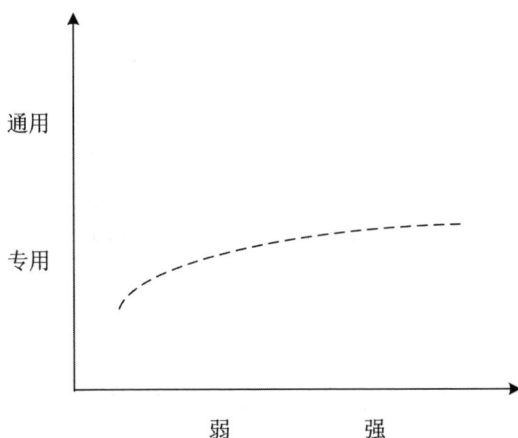

图 1-4 人工智能技术演进的维度

本研究将以专用人工智能为研究重点来考察各国发展战略以及国际关系层面的未来大国互动机制，主要基于三点考虑：第一，短期内人工智能

---

[1] Peter Stone, Rodney Brooks, Erik Brynjolfsson et al, "Artificial Intelligence and Life in 2030" One Hundred Year Study on Artificial Intelligence: Report of the 2015-2016 Study Panel, September 2016, (2020-10-10), http://ai100. stanford. edu/2016-report。

领域尚难以出现革命意义上的技术飞跃，该技术的一些瓶颈无法突破，即使理论上已有重要进展的研究成果，应用转化的难度远比想象中大得多。目前，涉及国际关系领域的研究仍然主要集中在专用人工智能的发展水平之上。第二，当前人工智能发展存在较大发展空间，即使是专用人工智能的发展也将释放出极大的"智能红利"，在很多行业中的大规模推广应用开始产生颠覆性效应。目前人工智能在不同领域赋能作用所带来的综合性影响值得深入探讨。第三，只有从应对当前的专用人工智能阶段所产生的影响入手研究，才能更好地应对未来走向通用人工智能可能带来的问题挑战。

三、人工智能演进历程

人工智能技术发展具有明显的阶段性特征，发展历程并非线性上升，而是经历了三次发展高峰，在不同阶段人工智能的理论验证、应用范围、社会认知等方面逐步发展成熟，但其间由于理论基础、技术条件和资金支持等制约因素的限制，导致过于乐观的预测与进展缓慢的实际应用之间出现了巨大落差，使得人工智能研究曾两次陷入沉寂，也被称为人工智能发展的低谷期。

第一次发展浪潮是人工智能诞生后的黄金发展期。这段时期从20世纪50年代末持续到70年代初，分别以麻省理工学院和 IBM 公司为代表的学术界和产业界巨头专注开展人工智能研究。此期间，人工智能理论研究与具体应用相结合，逐步走向实用，启发式搜索、知识表示和机器翻译等技术获得了突破进展，一些标志性成果导致研究者普遍对"人工智能超过人类"持乐观态度。例如，1957 年美国康奈尔大学的弗兰克·罗森布拉特（Frank Rosenblatt）实现了"感知机"（perceptron）神经网络模型，它能够解决简单的视觉处理任务。1959 年牛津大学的王浩使用机器证明了《数学原理》中的全部定理。然而，这些成果的取得导致一度出现了对于人工智能的过高估计，而解决实际问题的应用效果却远没有达到社会预期。逻辑证明器、感知机等工具停留在仅仅完成一些简单任务的水平，任务复杂度的提升导致计算量指数级增长，当时的算法尚无法完成较为复杂的计算任务。

随着新鲜感消失，美英等先发国家对于人工智能研究转向更为冷静和理性的态度。出于冷战需要，最初美国政府资助人工智能项目的原因是希望借助机器翻译技术完成对大量俄语科学论文的翻译工作。但 1966 年美国语言自动处理咨询委员会向美国政府提交的一份报告认为"尚不存在通用科学文本的机器翻译，短期内也不会实现"[1]。1973 年，英国科学研究委员会曾委托开展一项研究，对人工智能研究进行全面评估，形成的调查报告明确表示"人工智能研究没有获得任何其承诺将产生的重大影响的发现"[2]。这一时期人工智能系统的实际应用效果差强人意，与过高预期之间的巨大差距削弱了政府和学术机构对于人工智能研究的兴趣和信心。随后各国的人工智能研究经费开始遭遇断崖式削减，人工智能研究跌入第一次低谷。

第二次发展浪潮是商业化成功下的高速发展期。此次发展阶段从 20 世纪 80 年代至 90 年代初，其间针对特定领域的专家系统的出现和推广，实现了人工智能从理论研究走向实际应用，从一般思维规律探索走向专门知识应用的突破，用于生产、会计、人事等领域的专家系统及其工具越来越成熟和商品化，能够真正地帮忙人们解决一些实际问题，从而将人工智能研究和应用推向了新一轮高潮。人工智能产业产值高速增长，世界各大公司纷纷成立人工智能团队，积极部署专家系统。值得一提的是，在这一阶段日本推出的第五代机计划被认为是人工智能发展的重要推动因素之一。1981 年，日本启动了第五代计算机研制计划（Fifth Generation Computer Project），旨在制造一种集信息采集、处理、储存等功能，并能够像人一样

---

[1]U. S. National Research Council：Language and Machines Computers in Translation and Linguistics，Washington，DC：The National Academies Press，1966，（2021-01-05），https：//doi. org/10. 17226/9547。

[2]Sir Lighthill，James：Artificial Intelligence：A General Survey，Artificial Intelligence：A paper symposium，Science Research Council，1973。

推理的智能计算机。[1] 日本这一计划给当时的美国政府和英国政府相当大的压力。英国恢复了因"莱特希尔报告"而停拨的人工智能研究经费,美国也重新增加了对人工智能研究的投资。

但随着专家系统应用的不断深入,专家系统存在的知识获取难、推理能力弱、缺乏常识性知识、开发成本高等短板和问题逐渐暴露,各类专家系统因难以取得突破而淡出人们视野,对人工智能的批判之风再度兴起。1992年,日本宣布第五代机项目失败,而苹果公司和IBM公司大力推广面向个人的台式机,性能不断提升且售价不断走低,逐渐在市场上占据了绝对优势。随着美国在通用计算机研发领域取得突破,人工智能技术逐步融合到计算机技术中,就如同一般性的计算机应用一样,不再显示出独特的光环,[2] 人工智能再一次进入发展低谷期。

第三次发展浪潮是数字技术群体式突破加持下的爆发期,起步于2000年前后。当前人工智能的快速发展得益于三大发展要素的驱动,算法性能的提升、数据的指数级增长和不断增强的计算能力,促进了人工智能技术成熟和大规模商业化应用。深度学习概念的出现及其在机器视觉、语音识别、机器翻译等多个领域的普及应用,催生了强化学习、迁移学习等新型技术方向。一系列热点事件充分展示了人工智能技术发展的成果,获得了社会的广泛关注。例如,1997年IBM公司的深蓝(Deepblue)系统击败了国际象棋世界冠军卡斯帕罗夫,2011年IBM推出的沃森(Waston)系统参加"危险边缘"(Jeopardy!)智力游戏,打破了该节目的连胜纪录。2016年谷歌的阿尔法狗(AlphaGo)系统战胜了世界冠军围棋九段棋手李世石,随后阿尔法狗·零(AlphaGo Zero)系统从零开始,只利用三天时间即无师自通战胜了阿尔法狗系统。

本轮以深度学习为代表的人工智能发展高峰主要是得益于算力、算

---

[1] Nilsson, Nils J. *The Quest for Artificial Intelligence*: *A History of Ideas and Achievements*, Cambridge University press, 2009: p. 277。

[2] T. J. M. Bench-Capon, Paul E. Dunne: Argumentation in Artificial Intelligence, *Artificial Intelligence*, 2007, 171 (10): pp. 619-641. 转引自方滨兴:《人工智能安全》,北京,电子工业出版社,2020: 6页。

法和数据三大要素的驱动作用。此期间，互联网、社交媒体、移动设备和廉价的传感器等技术出现，在消费领域和工业领域，使得海量数据的汇聚成为可能，全世界产生的数据量呈现指数型增长。一方面，在摩尔定律的指引下，芯片处理器的性能持续迭代增长；另一方面，图形处理器（GPU）并行计算模式为深度学习的应用提供了计算基础，并行化使得更多芯片同时支撑算法模型的训练。此外，现场可编程门阵列（FP-GA）、专用集成电路（ASIC）等专用芯片以及谷歌公司的 TensorFlow、脸书/Meta 公司的 PyTorch、百度公司的飞桨等深度学习开源软件框架极大降低了开发者的门槛，提升了开发效率。机器学习算法实现了在利用模型从大量非结构化的数据中学习、预测并完成任务，这使得广泛的应用验证成为可能，助力各类商业应用不断涌现，推动了人工智能技术在各领域落地。

人工智能在战略层面的重要意义被各方认可，据统计，各国政府对人工智能的发展进行了全方位投入，目前已有超过 30 个国家制定了人工智能发展战略，持续加大资金支持，推动人工智能技术的发展。2015 年至 2020 年，各国共有 117 份涉及人工智能规范原则的文件出版。有关人工智能伦理的论文不断涌现，从 2015 年到 2020 年，该领域提交的论文数量增加了一倍多。[①] 谷歌、IBM、苹果等超级科技巨头成为此轮人工智能发展高峰的重要推动力量，据世界知识产权组织数据，全球前 30 名人工智能领域的专利申请者中有 26 名为科技公司[②]。在科技巨头的加持下，人工智能产业迅速成熟，相关应用已经深刻融入社会发展各个环节。但同时，人工智能广泛的应用也带来了治理难题，针对人工智能伦理规则、安全监管等议题的争议始终伴随着其发展过程。此外，深度学习算法对于海量数据和超级算力的高度依赖，以及不可解释性、难以迁移等问题，"莫拉维克悖论"

---

①Stanford University Human-Centered Artificial Intelligence, AI Index Annual Report, March 2021, (2021-03-20), http://aiindex. stanford. edu/wp-content/uploads/2021/03/2021-AI-Index-Report _ Master. pdf。

②World Intellectual Property Organization, *WIPO Technology Trends* 2019 - *Artificial Intelligence*, 2019。

（Moravec's paradox）① 等均体现出当下人工智能发展路径的局限性，特别是其在理解复杂任务场景的能力还有待提升。

第二节　人工智能发展进程及其再度兴起

人工智能技术发展经历了三次发展浪潮及两次低谷，每一次低谷期都是人工智能研究反思沉淀、回归理性的过程，每一次发展低潮也酝酿着下一次的发展高峰。同时，这也意味着技术层面的复杂性带来了技术发展前景的不确定性。由此而论，当前的这一轮发展高峰并不代表其发展前景一定会一帆风顺。

一、深度学习的爆发

当前，以深度学习为代表的人工智能技术已经嵌入政治、经济、社会、文化等各领域的发展之中，而前两轮发展浪潮之所以没有持续，主要原因是未能转化为实际应用从而创造普遍的经济价值。近年来人工智能应用领域不断拓展，如人工智能模型已经在气象预测方面取得突破②，对于农业、航空、应急等行业提供了新的技术支持。越来越多的企业致力于将人工智能应用带到新的应用领域，开发它的新用途。在此次全球应对新冠疫情中，人工智能技术被用于疫情发展趋势预测、疫苗研发、抗疫药物研制、识别病人病灶图像以及病例追踪溯源等诸多方面。

从发展特征看，本次人工智能发展能够面向产业发展的实际需求，以

---

①莫拉维克悖论由汉斯·莫拉维克（Hans Moravec）、罗德尼·布鲁克斯（Rodney Brooks）等人提出，认为对于计算机而言，实现逻辑推理等人类高级智慧问题相对容易，因为只需要少量计算即可实现，但是对于感知等无意识的低级智慧却需要耗费庞大的计算资源，相对难以实现。

②顶尖人工智能研究机构 Deepmind 与英国气象局合作，采用深度生成模型实现精准降雨预测，该模型专注于预测临近降雨量，提前 2 小时左右预测降雨的数量、时间和地点。业界普遍认为这项研究为今后缓解气候变化和促进能源使用效率等方面提供了参考。具体请参见：Suman Ravuri, Karel Lenc, Matthew Willson, et al: Skillful Precipitation Nowcasting Using Deep Generative Model of Radar, Nature, 2021（597）: pp. 672-677.

规模化应用为导向。其中产业界发挥了重要的驱动力量,领先企业和产学研联合体的技术策源作用日益突出,学术界和产业界在技术研究中分界更加模糊,这也体现了与此前发展高峰或是其他技术领域发展的显著区别。以往的发展过程中,学术界注重基础研究和教育培训,产业界注重商用应用的开发和落地。而近两年来全球各大知名研究机构发布的报告都表明,在专利、论文等领域,企业已经成为人工智能技术创新的主要驱动力之一。随着不同技术领域之间交叉、联动,影响范围和影响深度不断扩大,过程中创新活跃,发展线程不断转换,涉及因素复杂,对于产学研联合创新能力的要求日益提高。当前发展浪潮中,人工智能技术已走出实验室,从基于科学论文和技术实验的研究阶段走向大规模工程应用阶段,意味着人工智能应用更为分散,广大的科研人员和工程人员能够参与到人工智能技术研发、部署和应用过程中。

从技术路径看,得益于深度学习算法带来人工智能系统性能的大幅提升,使得近年来深度学习几乎成了人工智能的同义词。但是,基于联结主义的深度学习算法发展路径只是众多技术流派中的一个分支。在人工智能发展进程中,不同的理论流派主导着人工智能的发展方向。例如,根据对实现人工智能路径不同的理解和设想,影响力较大的理论流派有符号主义、联结主义和行为主义,[①] 不同流派也提出了不同的研究路线。相较而言,不同学术流派从不同侧面描述和解释人工智能,研究路线各有优劣,历史上都曾有成功的应用范例,但各自的局限性也较为明显。例如,符号主义在不确定性问题、常识性问题、复杂性问题等处理上存在瓶颈,联结主义面临网络复杂性和规模性带来的可解释性的难题,行为主义被认为否定了意识的重要性,将意识与行为对立起来,而行为过程模拟过于简单,

①符号主义(Symbolism)源自数理逻辑对智能行为的描述,提出认知就是符号的处理过程,知识是构成智能的基础,知识表示、知识推理、知识运用是人工智能的核心。符号主义发展出多种启发式技术、专家系统、知识工程等理论,在早期相当长的时间内主导着人工智能研究的发展。联结主义(Connectionism)源于仿生学,尝试通过工程技术手段来模拟人脑神经系统的结构和功能,代表性技术有神经网络、深度学习等,特别是深度学习方法已成为当前人工智能发展的主流。行为主义(Behaviourism)源于控制论,认为智能行为无须知识、表示和推理,是通过对环境反馈的自主感知作出的相应的行为,应用范例包括反馈控制模式、广义遗传算法等,行为主义流派在智能控制、智能机器人系统的发展中发挥了重要作用。

导致很难体现出高级控制行为的产生过程。鉴于人工智能本身的复杂性，单一的方法难以解决人工智能面临的发展瓶颈，各学术流派在实践中正在取长补短、相互借鉴。

二、发展态势及走向

从发展前景来看，深度学习路线面临的机遇和挑战并存。一方面，从强大的深度学习模型之一——GPT-3 的性能曲线来看，其在语言能力方面已经取得巨大进步，能够写出近似达到人类水平的文章。目前数据主要来自人与人的链接，未来随着万物互联时代的到来，物理空间所产生的数据将大量增长，为深度学习模型提供更多训练和推理素材。深度学习大模型层数的增加带来处理问题能力的拓展，也带来了模型复杂度的剧增。由于模型训练对于资源消耗与性能提升的不成正比，也使依靠提升模型参数的研究路径受到越来越多的挑战。总的来看，尽管科学家和工程师已经在研究如何突破算法对模型规模的依赖，很多机构呼吁探索"小数据"技术路线，减少人工智能发展对于大数据的依赖性，但是通过增加模型参数来得到人工智能系统能力的提升依然是主流路线，仍具有一定的发展潜力。

另一方面，很多学者也指出了深度学习的短板和弊端。深度学习算法更多依靠模式识别的方式很难适应新的环境；如果应用环境发生变化，超出了训练数据的边界，人工智能就很难通过推理来完成人类认为是常识性的问题。这也是对抗样本可能带来人工智能风险的原因之一，因为输入端特意的微小改变，就可能"愚弄"人工智能算法，使之产生截然相反的输出结果。因此深度学习技术路线很难带来超级人工智能，目前人工智能系统取得进步仅仅是掌握了通过各类测试的技巧，而真正的通用智能需要更为复杂的方法进行评估。很多学者提出，人工智能已经走到了十字路口，探索新的多样化方向势在必行。目前，深度学习发展的路径采用简单直接的方式，即通过扩大模型规模来提升模型的性能和效率。由于不具备人类"抽象化"能力，无法通过整合抽象知识完成任务。约书亚·本吉奥（Yoshua Bengio）等人撰文表示，深度学习系统在任务之间的可迁移性不强，未来需要改进提升适应不同任务的鲁棒性，降低在面临新任务时所需的样本复杂性，提升系统的泛化能力。① 质疑人工智能的观点认为，不应对人工智能发展成就过度自信，当前在专用人工智能领域取得的进步，并不是直接通往通用人工智能的发展路径，目前人工智能算法仍然无法在没有针对性训练的情况下，实现自主学习并理解因果关系。②

有学者还提出，当前人工智能技术还存在过度依赖标注数据、适应环境变化能力弱、结果可解释差等不足，为了弥补上述短板。一些研究开始重视在深度学习过程中引入先验知识或更加重视中间特征层。③ 脑科学对未来人工智能技术发展有着重要的借鉴意义，有研究认为探索新一代人工智能理论和方法，可以建立大脑的动态连接图谱以及将神经科学实验与理论、模型和统计学相结合等。④ 除此之外，国内外学者还尝试从统计学习、概率建模和推理优化等角度来推动人工智能发展。需要有机协调知识指导下演绎、数据驱动中归纳、行为强化内规划等不同人工智能方法和手段，建立知识、数据和反馈于一体的人工智能理论和模型。⑤ 预计未来人工智能的发展大概率会走向一种融合的新发展路线，即需要将先前第一代的知识驱动和第二代的数据驱动的人工智能研究思路相结合。

三、此次兴起的重要意义

根据不同阶段的发展特点，人工智能的第一次发展浪潮也被称为人工智能 1.0 时代，即"逻辑推理"时代；第二次发展浪潮被称为 2.0 时代，即"知识工程"时代；当前正在经历的是人工智能 3.0 时代，即"深度学

①Yoshua Bengio, Yann Lecun, Geoffrey Hinton：Deep Learning for AI"，*Communications of the ACM*，2021，64（7）：pp. 58-65。

②Melanie Mitchell：Why AI Is Harder Than We Think，April 2021，（2021-10-03），https：// arxiv. org/abs/2104. 12871？source＝techstories. org。

③张钹、朱军、苏航：《迈向第三代人工智能》，载《中国科学：信息科学》，2020（9）：1281-1302 页。

④Jingtao Fan, Lu Fang, Jiamin Wu, et al：From Brain Science to Artificial Intelligence，*Engineering*，2020，6（3）：pp. 248-252。

⑤吴飞、阳春华、兰旭光等：《人工智能的回顾与展望》，载《中国科学基金》，2018（3）：246 页。

习"时代。由于受制于技术条件和过于乐观的预期，前两轮发展浪潮并未能产生较为持续性的广泛影响。而与此前相比，本次发展浪潮中人工智能能够解决的研究问题和实际应用能力都得到大大的拓展，对于社会发展也带来了不同于以往的革命性意义。数据密集型科研范式重要性不断凸显，人工智能作为海量数据分析挖掘的作用将不可或缺。基于人工智能算法的仿真模型和推理系统已经在物理模拟实验、药物研发、新材料开发、半导体设计等科学及工程研究中提供了高效的新工具，其效率和准确度远超传统方法，开辟了人类探索科学研究的新思路。因此，人工智能等若干前沿性技术已经被喻为可能引发下一轮创新性变革的"深度科技"，这些技术被寄希望能够解决人类发展中的最复杂问题挑战，因此往往需要长期的技术积累和大量的资金投入，但会对全球经济和人类发展产生巨大的影响。[①]人工智能此次崛起也契合了这种定义，而且，此次影响的波及范围和作用方式并不是单一领域的进步，从人工智能目前已经显现出的发展潜力来看，其将对近乎所有领域带来颠覆性影响。

同时，需要看到此次人工智能的兴起是建立在网络空间发展基础上，没有数十年来网络空间的发展所奠定的基础，就无法想象人工智能技术能如此迅速地实现兴起。网络空间及其承载的相关数字技术深度融入经济社会发展之中，与现实世界和物理世界密不可分，为人工智能应用创建了广阔的前景。而从另一角度来看，物理空间和网络空间逐步走向融合，日常生活中的方方面面都可以转化为数据资源，这些数据也迫切需要人工智能技术提供的分析运算能力，人工智能技术将各类结构化和非结构化的数据转化沉淀为有效的信息和知识，为经济社会的数字化发展提供关键因素。世界银行将《2021年世界发展报告》的主题确定为"让数据创造更好生活"[②]，以此说明当今数据的爆炸式增长和无处不在的数据革命带来的变革性影响。人工智能是应对海量数据处理、分析、挖掘的必要工具，因此其

---

① Antoine Gourévitch, Massimo Portincaso, Arnaud de la Tour：Deep Tech and the Great Wave of Innovation, March 2021，（2022-02-04），https：//www. bcg. com/publications/2021/deep-tech-innovation。

②世界银行：《2021年世界发展报告：让数据创造更好生活》，（2021-03-28），https：//wdr2021. worldbank. org/。

也成为国家应对数字化时代的重要基础。世界主要大国已经认识到人工智能技术的战略意义，从战略布局、标准制定、产业发展、人才培育、国际合作等各个方面进行部署，由此也带来国际上围绕人工智能发展技术的前沿和治理话语权的争夺进入空前激烈的阶段。

第三节　人工智能的特点及其影响

为分析和阐述人工智能自身的技术特点以及对各领域的影响方式，需要以历史上的重大技术变迁为参照，分析此轮人工智能发展高峰可能带来的特点和影响特征的异同。

一、人工智能的基本特点

从历史维度看，最具代表性的变革性技术分别催生了三次技术革命和产业革命，但并不是所有的通用目的性技术都能最终带来技术革命或产业革命。布莱恩·阿瑟（Brian Arthur）从技术哲学角度提出"技术域"（technology domain）的概念，这一概念是用来定义一组具有共性的技术集群，如信息技术。按照这一标准，目前人工智能所带来的智能化应用仍处于信息技术域之内，或许带来了域的边界变化和次级技术域的改变，但还达不到显著的技术进步而实现"重新域定"（redomained）。① 从技术变革的角度看，较为合理的定位是将人工智能驱动的智能化时代作为信息时代的高级阶段，但是也可以看到，人工智能所带来的影响已经不仅仅局限于传统信息技术的范畴。从这一定位出发，历史上诸多通用目的性技术发展规律和路线为我们认识人工智能发展及影响提供了有益参考。人工智能技术具有不同于以往的重大技术变迁的发展特征和创新方式，这些特征都会对当前经济、社会、军事等领域发展产生潜移默化的影响。与历史和当今

①布莱恩·阿瑟：《技术的本质：技术是什么，它是如何进化的》，杭州，浙江人民出版社，2014：76-78 页。

的重大技术变革相比，人工智能具有自身独特的发展特点。

第一，与此前历次科技革命不同，工业时代的重大技术变迁致力于人类体力的解放，为人类适应自然、提升生存能力提供了现实手段；而人工智能则通过模拟人类认知和决策过程而赋予机器或系统以"类人"能力，极大地延伸了人类的脑力，成为人类认知世界、改造世界的重要工具。一方面，以往只有人类才能够完成的分析、预测、决策等能力逐渐被证明不再是人类所特有，人工智能加持下的技术手段将能够胜任更多领域的复杂任务。由此看来，人工智能带来的颠覆性影响可能将不亚于历史上任何一次重大技术变革，其在机械化、自动化基础上引入更多智能化元素，能够在更广泛的领域减轻甚至替代人类的工作。另一方面，亨利·基辛格（Henry Kissinger）等则将人工智能技术与 15 世纪的欧洲印刷革命相类比，认为人工智能能够产生新的知识和思想，推动重大的科学和经济进步，通过帮助人类驾驭庞大的数字信息，打开前所未有的知识和理解视野。[1] 例如，微软公司开发的人工智能系统"小冰"能够"创作"诗歌、音乐以及绘画，已经出版了数本诗歌等作品集，被认为实现对于人类创作型思维的初步模仿。因此人工智能还可能直接引发人类思维方式的变革或者推动人类社会的知识创新，从思想意识层面影响人类社会发展进程，这也是人工智能与以往重大技术变革影响方式的显著差异。

第二，与计算机、互联网普及所引发的信息革命影响有所不同，信息革命基于梅特卡夫定律、吉尔德定律等演进规律，依靠网络规模效应带来边际成本降低，加速信息传播速度，解决了信息稀缺性问题。在 2000 年以来兴起的互联网发展浪潮中，可以看到，企业、非政府组织以及黑客等非国家行为体都可通过网络发声，对国家间关系以及国际政治议程发挥独特作用，从而削弱了国家以及传统的权威机构的垄断地位。从目前发展态势来看，与互联网发展去中心化的特征不同，人工智能所引领的智能化阶段作为网络空间的未来发展方向和重要形态，更多地体现出等级化、集中化

特征，其发展依赖于资本密集、技术密集、人才密集等特点于一体，发展生态和技术优势由少数大国和跨国超级科技企业所主导，其他行为体的话语权则被削弱。正如近年来展现的那样，虽然网络平台赋予每一个用户平等发声的权利，但是这些平台被科技巨头企业所控制，平台运行规则受制于这些企业和其背后的技术强国。人工智能算法已经成为其控制和左右平台舆论的隐性手段。事实上这将造成国际关系中的权力在更大程度上向科技权力金字塔的顶端汇聚，带来的直接影响将是不同行为体之间实力差距的日益拉大。

第三，人工智能与正在孕育发展的5G、物联网、区块链、云计算、量子科学等新兴技术和业态发展特点也存在差异。人工智能发展是基于需求愿景驱动的模式，与其他技术基于创新供给驱动的发展模式有着明显区别。5G、物联网等大多数技术主要作为网络或技术基础设施，需要在技术成熟过程中，同步探索技术应用和落地的领域和方式，通常情况下，从技术研发到技术真正落地并形成稳定成熟的应用模式需要经过不断的摸索尝试。在物联网的细分领域，窄带物联网、工业互联网等新兴业态的发展也是如此。而这一轮人工智能技术创新路径带有鲜明的需求导向，智能化技术在研发之初即是面向经济社会中的发展痛点和实际需求，因此本轮人工智能浪潮中产业界取代学术界成为重要的创新驱动主体。相比之下，人工智能技术的落地应用周期短、技术迭代速度快，更容易通过市场机制反馈推动进一步的技术研发活动。在技术变革中的"巴斯德象限"特征较为明显，即技术研究与产业转化往往呈现为一体两翼；尽管技术成熟周期较长，但是一旦取得突破，商业化速度大大缩短，发展潜力的释放进程更快。正因如此，各国都在紧跟技术发展前沿，唯恐在人工智能发展浪潮中掉队。作为一项新的通用性技术，人工智能与医药研发、生物技术等众多新兴学科快速交叉融合。与其他新兴技术相比，其作用不仅限于技术基础设施，还体现出更加明显的融合性和赋能性特点，在提升数据分析能力、缩短研发周期等方面也展现出巨大的应用潜力。

二、人工智能的影响特征

同时，我们还需要从界定人工智能技术的特征属性出发，通过对比发现与其他技术之间所带来影响方式的异同，提炼和判断其影响的路径和机理。作为一项模拟智能行为的技术，人工智能已经在经济社会发展各领域得到广泛应用，通用目的性是人工智能技术最鲜明的特征之一。一般意义上，通用目的性技术（General Purpose Technology）是指拥有广泛应用领域的多功能性技术，如蒸汽动力、电力、内燃机、信息技术等。[①] 通用目的性技术通过颠覆性创新引发"技术—经济范式"的变革，改变社会生产生活方式，重塑经济发展形态。人工智能符合通用目的性技术的特征，它拥有广阔的应用空间，通过技术更新迭代实现应用门槛的下降和使用成本的降低，并体现出与其他技术之间较强的互补性和外部性等，符合通用目的性技术的基本特征。人工智能的具体应用如计算机视觉、自然语言处理等领域已经有非常成熟的案例；深度学习算法在辅助医疗、生物等领域研发创新方面发挥着重要作用。这种通用目的性的特征决定了人工智能将日益对一国的国家安全、社会治理能力、经济发展优势等发挥不可替代的赋能作用。

1. 应用领域的广泛性

通用目的性技术是能够驱动重大技术变迁的关键性技术，应用范围不会受限于特定行业和经济部门，其可以通过"创造性破坏"引领经济社会发展走向新的范式，在各领域引发颠覆性变化。历史上的三次科技革命表明，单单科技创新本身并不会增加社会财富，需要和工业化生产、市场结合转化成经济效益后，才能提升国家的实力。因此与通用目的性技术相比，"威望科技（prestige technology）不仅会消耗巨大的科技资源和经济资源，而且很难直接转化为国家财富"。[②] 由于应用范围的广泛性，通用目

---

①Boyan Jovanovic，Peter Rousseau：General Purpose Technologies，National Bureau of Economic Research Working Paper Series，2005，（2021-01-02），https：//www. nber. org/system/files/working_papers/w11093/w11093. pdf。

②郑华、聂正楠：《科技革命与国际秩序变迁的逻辑探析》，载《国际观察》，2021（5）：152页。

的性技术在军事、经济、科技、社会管理等领域的广泛扩散，构成了经济社会变革的技术基础，进而成为每一项技术不可或缺的一部分。率先掌握这项技术的国家将能够率先转化成为经济、军事等领域的优势，提升国家的实力，实现国家的崛起。例如，铁路带来的运输体系变革，极大提高了国家的军事动员及后勤力量，使得军队规模及战斗力得以提升，在19世纪末期德国的崛起过程中发挥了重要作用。通用目的性技术所产生的全方位影响，在技术应用上占据优势的国家，将形成对他国的相对优势。

从历史经验看，通用目的性技术对于社会发展的广泛渗透通常具有长期性，需要在应用过程中不断改进，而不是一次性完成。通用目的性技术从技术研发、商业应用成熟再到大规模产业化，通常需要经历一定的时间跨度，如蒸汽机在瓦特改良80年后才实现真正意义的商业化；20世纪40年代计算机问世，直到80年代末期才开启社会化进程并在全球范围内普及。通用目的性技术在转化过程中，需要围绕技术领域持续投入并进行一些补充性设计创新，才能逐步发挥全部效率。电力普及在生产中实现了对蒸汽动力的替代，但也需要围绕电力自身特点重新设计生产流程、生产方式和管理方式。由于蒸汽动力受远距离传输限制，必须以动力需求为中心进行生产设计。电力时代打破了传输短板，得以按照生产流程进行设备布局，从而极大地提升了效率。因此蒸汽机、电、计算机等通用性技术除有助于提升生产力外，同时促进了一些重要的补充创新。[①] 蒸汽机不仅仅提供动力源，还促进了机械、轮船和火车等交通工具的发明，人工智能的发展路径也在很大程度上遵循此类规律，技术效用的发挥存在滞后效应。[②] 由于智能算法目前还无法达到满足多用途需求的能力，单一算法仅擅长解决某一类任务，在不同类别任务之间的迁移能力不强。因此人工智能还将经过不断完善的应用转化和工程化过程，与不同领域对接融合，才能满足

---

①Georgios Petropoul：AI and the Productivity Paradox, December 2019, (2021-03-23), http：//www.bruegel.org/2019/12/ai-and-the-productivity-paradox。

②Erik Brynjolfsson, Daniel Rock, Chad Syverson：Artificial Intelligence and the Modern Productivity Paradox：A Clash of Expectations and Statistics, in Ajay Agrawal, Joshua Gans, Avi Goldfarb edited, *The Economics of Artificial Intelligence：An Agenda*, University of Chicago Press, 2019。

各行业各领域智能化发展的实际需求。未来人工智能作为一种底层的技术基础，将逐步从个性化走向通用性，不断降低技术应用门槛，为经济社会发展的广泛领域提供智能化能力。对于国家发展而言，除抢占先发优势外，还必须持续加强技术投入和补充性的应用创新，持续转化为国家实力的提升。在这一过程中，一国早期的微小优势，可能会由于规模效应而不断拉大与其他竞争者的差距，导致最终胜出。

2. 应用方式的赋能性

溢出效应和赋能效应是通用目的性技术的基本特征之一，在不同领域的实际应用中，人工智能不会独立存在，而是作为信息系统的一部分，通过与其他技术的集成融合来发挥作用。所以人工智能不仅仅被视为一种单一产品或服务，更是一项基础升级技术，可以增加到现有的系统和服务中，使其更智能、更有效、更准确。[①] 但是这并不会削弱人工智能的关键赋能角色，也不应将人工智能等同于其他自动化技术。根据美国专利商标局的数据显示，1976 至 2018 年，人工智能技术专利渗透率从 1% 提升至 25%，这说明四分之一的专利持有者拥有与人工智能技术相关专利，体现出人工智能在不同产业应用的广泛性和认可度。[②]

因此，人工智能通过微观层面对于各领域的渗透融合赋能整个经济社会的发展，对于社会生产力以及国家实力产生整体性的提高作用。从这个角度上看，人工智能技术如果要发挥作用，需要与其他技术相结合。人工智能对国际关系的影响也遵循这一路线。例如，对于国家军事力量的影响，人工智能的潜在用途仍需建立在一定的传统军事实力基础之上，而不是对常规武器系统的绝对化替代。因此尽管人工智能也具有军民两用性，与炸药、飞行器、雷达、全球定位系统（GPS）等传统军民两用技术有着显著的不同，人工智能很难作为一个独立变量，直接改变某个领域的相对

---

① 这一观点也是人工智能乐观主义者持有的普遍观点，全球知名人工智能企业 DeepMind 的创始人 Demis Hassabis 在办公室的墙上悬挂了一句话："Solving intelligence, and then using that to solve everything else"（我们先解决智能问题，再用它解决世界其他所有问题）。

② U. S. Patent, Trademark Office: Inventing AI Tracing the Diffusion of Artificial Intelligence with U. S. Patents, October 2020, (2021-04-01), https://www.uspto.gov/sites/default/files/documents/OCE-DH-AI.pdf。

优势。与之对比，另一个例子是核武器，核武器具有巨大的破坏力，其对国家实力的影响是与技术创新的其他领域脱节的。因此一旦一国拥有核武器，即使在其他领域相对落后，该国在国际权力架构中的地位也将得到明显的提升。[1] 而这种优势很难在人工智能发展中被获得。据此，现阶段人工智通过赋能将提升效率，很难得出一国将会通过人工智能获得代际技术优势的推论，数量优势和规模效应仍然相当重要。在同等技术基础的条件下，国家必须通过数量以取得战场上的优势。[2] 因此大国最有可能率先在人工智能发展中获得优势。人工智能赋能形式和强度的不同也将带来效果的不确定性，可能产生非对称性的技术优势，但是目前看这种优势仅限于同等实力的国家之间，尚且达不到指数式的提升。

3. 应用范围的全球性

全球性生态也是当前新兴技术集群创新的突出特征，技术在研发、应用、安全、监管等各环节都是在全球化环境中完成的，其带来的影响也必将是全球性的。一是技术发展方面，技术复杂性急剧提高，没有一个国家能仅靠自己的力量独立发展。就人工智能技术而言，在理论、研发、设计、制造、生产等各个环节，都需要全球科学家团队依托产业链开展合作，由政产学研各方共同参与。技术发展的标准和治理规则也需要共同制定，这也是人工智能的全球治理问题成为政府间国际组织、国际专业机构等国际平台关注的热点话题的原因。二是商业推广方面，互联网在全球范围内快速普及，带动了各类信息技术产品、服务在世界范围内推广。由于信息服务推广成本极低，带来全球一体化的市场竞争，明显的"头部效应"催生了超级科技公司的崛起。因此，与 20 世纪的洛克菲勒和卡耐基等行业巨头的垄断性质相比，人工智能借助于网络空间的规模效应，其影响范围远远超过单一行业边界，将在全球范围内带来跨领域的影响。三是技术发展的全球性必然要求技术治理的全球协作。对于人工智能技术发展

---

[1] Daniel W. Drezner：Technological Changes and International Relations，*International Relations*，March 2019：1–18。

[2] Michael Horowitz：Artificial Intelligence，International Competition and the Balance of Power，*Texas National Security Review*，2018（3）：pp. 36–57。

过程中所暴露出来的隐患和风险，需要多边各方借助全球治理机制和平台开展对话协商，确定统一的共识性规范，避免技术风险外溢到政治军事等领域。

4. 应用形式的虚拟性

人工智能基于对数据资源的运用，有赖于网络空间的发展。随着5G/6G通信网络的大规模商用部署，更多的智能化无线终端将被接入互联网，来自现实世界的数据将大大拓宽人类的视野。一个新的空间——信息空间（也有人称之为网络空间或者数字空间）正在形成，其与人类社会此前产生的信息的不同之处，在于这些数据和信息并不都是人主动产生的，大部分来自物理世界。这种虚拟性将带来人工智能技术运用效果的隐蔽性，这也是人工智能与传统意义上的通用目的性技术截然不同的特征。不同于之前类似航空、核武器等技术领域，人工智能技术特性更为复杂。一方面，人工智能应用复制性高、复制成本低，且具有较强的开放性，难以形成绝对的排他性垄断，无论是大小国家或者非国家行为体都有可能通过较低的技术门槛使用人工智能系统和应用；另一方面，人工智能模型的训练和推理依赖于具有强大计算性能的硬件，不能过于简单地将人工智能视为一种软件[1]。本研究仍然将人工智能看作一个整体，将技术的全生命周期都纳入分析过程中，但是侧重于突出人工智能虚拟性的特征，主要是因为人工智能算法需要根据应用场景和数据变化不断地迭代更新，对于国家实力的赋能作用更加重要。而技术背后采用的标准、规则是对于技术控制力的衡量标准，这种控制力最终会传导到国际关系领域，成为行为体对其他行为体影响力的重要来源。而正是人工智能应用形式虚拟性的特征，各国围绕这种影响力的争夺和博弈可能会通过更加隐性的方式。

人工智能的发展及其在全球范围内的广泛应用构成了一种力量，使得

---

① Michael Horowitz, Elsa B. Kania, Gregory Allen: Strategic Competition in an Era of Artificial Intelligence, July 2018, (2021-11-07), https://www.cnas.org/publications/reports/strategic-competition-in-an-era-of-artificial-intelligence。

人们可以通过非强制手段来影响行为者的行为，甚至影响其自身利益的定义。[1] 例如，社交媒体已经成为施加政治影响力的重要平台和前沿阵地，人工智能将通过社交媒体等公共网络平台，影响公众舆论走向。通过利用算法自主生成内容"子弹"、实施个性化的"靶向"锁定和密集的"信息轰炸"来操纵他国国内的社会舆论，[2] 以此达到意识形态方面的战略目的。当前，网上虚假新闻依赖于人工智能算法自动生成，成为新兴的信息对抗手段。目前针对人工智能手段难以察觉，也造成了自主武器、武装无人机等为代表的新型武器难以核查、难以监管等新难题，这也将在一定程度上加剧大国之间的猜疑，造成了新的"安全困境"。人工智能技术发展的不透明性以及应用边界的模糊性加剧了管控技术扩散的难度。[3] 目前各国和国际社会对于人工智能的监管仍在探索之中，难点就在于其作为一种应用、程序和软件，它的定义、边界以及作用常常是难以清晰认定和准确评估的。同时，基于人工智能驱动的网络情报分析能力已经成为各国竞相发展的重点方向。此外，人工智能的虚拟性也体现在与移动互联网、大数据、物联网、云计算、边缘计算等技术的相互耦合和融合发展，但应用场景的综合性和复杂性也提升了人工智能的治理难度。

本章小结

本章梳理对比了不同的人工智能定义，根据研究目标将人工智能界定为以机器模拟智能行为的一组技术的集合和统称，以此界定本研究所探讨的人工智能技术的边界和范畴，即人工智能技术应具备实时性、自主性和适应性等基本特性。代表人工智能系统能够根据实时数据进行决策，随着

---

[1] Nicolas Miailhe：The Geopolitics of Artificial Intelligence：The Return of Empires？*Politique étrangère*，2018（3）：pp. 105-117。

[2] 阙天舒、张纪腾：《人工智能时代背景下的国家安全治理：应用范式、风险识别与路径选择》，载《国际安全研究》，2020（1）：4-38 页。

[3] Matthew Scherer：Regulating Artificial Intelligence Systems：Risks，Challenges，Competencies，and Strategies，*Harvard Journal of Law & Technology*，2016，29（2）：pp. 363-364。

进程推进能够自主性学习，并且对外界条件变化具有一定的适应能力。基于当前人工智能应用缺乏归纳、抽象、推理等能力的分析和对人工智能演进态势的研判，本章将研究重点限定在关注特定领域和单一任务的专用人工智能阶段。

人工智能技术自诞生以来先后经历了三轮发展浪潮，每一时期具有鲜明的阶段性特点。2010 年以来，以深度学习为代表的技术路线发展提速，推动人工智能技术再次崛起，此次人工智能技术突破主要得益于海量数据的积累、硬件性能提升带来算力的升级，以及深度学习算法建立了较好的理论基础和可行的技术路径，实现了商业化的普及应用。虽然高度依赖大算力和海量数据的深度学习技术路径面临着较多的技术天花板，但仍具有一定的发展潜力。目前专用人工智能技术已经在数据存储、人机翻译、图像识别、数据分析和完全信息条件博弈等方面已经接近甚至超越人类智力水平和能力极限。在现实需求和产业驱动的双重动力推动下，人工智能技术从实验室走向应用的落地周期大大缩短，技术应用不断向各领域落地渗透，并直接或间接对国家政治、经济、军事等领域发展带来深远影响。

人工智能与蒸汽机、电力、信息技术等重大技术发展一样具有较强的赋能性和外部性，已经成为推动社会从数字化、网络化向智能化发展的关键引领技术。但是，人工智能也具有不同于其他重大技术变革的特点，与工业时代科技革命相比，其影响不仅仅限于物质层面，还可能从思想意识层面对社会发展带来直接影响；与信息革命相比，人工智能将促进数字权力集中化，技术强国和科技巨头被赋予更多话语权；与正在兴起的 5G、物联网等前沿技术领域相比，人工智能需求导向更加鲜明，因此技术落地速度更快，所带来的赋能性将更加显著。

由于人工智能并不是一项独立直接产生影响的离散型技术，而是需要与其他领域融合实现赋能发展，因此评估其对国际关系所带来的影响将是复杂的。从历史经验看，在重大技术变革中，能够率先取得突破的国家就有机会建立经济发展、军事技术等方面的领先优势，从而转化成为国家竞争力，并实现国际地位的提升甚至跃迁。作为通用目的性技术，人工智能将对各领域带来持续且广泛的赋能作用。同时，此轮人工智能发展高潮依托于全球技术产业生态，从理论研究、标准制定、技术设计、产品制造、软件开发等各环节依赖国际产业分工体系来完成，加深了各国之间的相互依赖。而人工智能作为一类信息技术的虚拟性特征对于技术监管、技术扩散等也带来了更为复杂的影响。上述特点和属性是进一步分析和判断人工智能对不同领域带来影响路径和效果的基础。

第二章
人工智能与国家实力

本章通过梳理国家实力及其组成要素的演进变化，考察在不同历史阶段国家实力要素重要性的特点，以此前重大技术变迁带来的影响对比为基础，分析人工智能发展作为国家实力的影响变量所引发的变化。本章分析人工智能所带来的国家实力的消长对于国家之间相对权力地位的改变，进而依据人工智能发展的现实路径和所需要素，探讨具有哪些基础要素的国家将会在人工智能发展中获取更大的实力优势，国家实力地位的变化会对大国关系以及国际格局带来何种影响。同时，基于人工智能的赋能性特点，重点论述其在国家实力不同方面的作用路径，从而探讨人工智能对于国际关系的理论意义，回答人工智能对于国家间关系所产生的影响以及影响的方式。

第一节　国家实力的关键因素

在国际关系框架内，国家实力是一国权力来源的基础，国际体系的力量格局是主要大国之间的实力对比的结果。其中，科技水平对于国家实力的保持和增长至关重要。国家实力由多种衡量要素构成，这些要素通过技术革新的赋能作用得到提升，最终体现在国家实力的增强。历史上历次的大国崛起都与科技革命密切相关，崛起的主要标志就是国家实力的快速增长。在这一过程中，能够把握住科技发展机遇的国家将实现实力增强，而错失机遇的国家地位则通常会相对下降。

考察技术对于国家实力的影响机制和路径是国际关系研究技术变量以及影响的主要方法。因此，如果从国际关系层面审视人工智能如何改变大国关系以及推动国际结构的变化情况，特别是考量人工智能的技术演进和应用所带来的影响相对困难，因为人工智能技术仍在演进，这种影响仍在发酵和延伸。首先清晰界定技术可能会直接作用的实力要素，再考察技术对于实力要素的作用方式和路径，并以此为基础，发现哪些行为主体可能在此过程中拥有发展优势，哪些行为主体可能掉队落伍，然后推断这些情况对国际格局可能带来的影响，判断国际秩序是否会发生变化以及发生什么样的变化。值得注意的是，实力、权力、影响力等国际关系中频繁使用的基本概念，在一些文献和讨论中互相转换和代指，国际关系学者在研究中也会根据需求进行不同的选取和界定。例如，西蒙·赖克（Simon Reich）和理查德·内德·勒博（Richard Ned Lebow）从国际关系研究视角，试图厘清权力和影响力之间的复杂关系，他们认为，"权力"主要是指经济、军事能力，是一种用于获取影响力的原材料，"影响力"是一种劝说他人做你想做的事情的能力，或者劝说他人不要去做你不想做的事情的能力。[①] 鉴于研究主题，本章将国家实力作为研究的主要概念，认为国家实力是一国权力的物质基础和能力手段，而这种物质能力只是权力的组成部分之一，权力常常还取决于如何运用所掌握的物质能力。一国实力的相对性构成了其国际地位的基础。人工智能作为当前科技发展的前沿技术不仅是国家实力的重要衡量指标，同时对于国家实力的诸多组成要素产生直接或间接影响，推动了国家实力体系的变革。

一、实力要素的构成

随着时代发展，国家实力的衡量维度在不断拓展，不断有新的因素被引入国家实力的衡量标准，国际关系学者也根据特定阶段的发展特点对国

---

①西蒙·赖克、理查德·内德·勒博：《告别霸权！全球体系中的权力与影响力》，陈锴译，上海，上海人民出版社，2017：6 页。

家实力内容进行拓展研究，以阐释国际关系的现实变化。在一些研究中，往往采取单一指标来衡量国家实力，如用军费支出、国内生产总值（GDP）等作为衡量指标来代指实力，这样虽然有助于说明特定议题中国家的对外政策和行为偏好，但由于过于简单化，局限性也较为明显。因此，更多的学者采用综合性视角，通过选取和设定一些关键因素来评估国家实力。

根据研究目的和实际需要，解释和界定国家实力组成要素的研究大致可分为两类。

一类是定性的方法，通过说明国家实力要素的主要表现形式，来分类阐述国际关系研究的理论假设。随着国际关系理论的发展，对于国家实力要素的观察和论证逐步深化。其中比较有代表性有：现实主义理论的奠基人爱德华·卡尔（Edward Cary）提出的国际领域政治权力来源分为三大类：军事力量、经济力量与支配舆论的力量。① 此后汉斯·摩根索（Hans Morgent-hau）从国际关系研究视角，提出了更加综合系统的国家实力衡量方法，他区分并阐述了9项实力的基本要素，分别是地理、自然资源、工业生产力、战备、人口、民族性格、国民士气、外交质量和政府质量。② 肯尼思·华尔兹（Kenneth Waltz）则在系统层次上开展论证，为了说明"极"的概念，他虽然将国家实力的定义简化理解为大国的军事能力，但也给出了实力要素的描述，他认为国家实力地位取决于"人口、领土、资源禀赋、经济实力、军事实力、政治稳定及能力"③。罗伯特·吉尔平（Robert Gilpin）则强调技术优势的重要意义，他提出国家实力的增长主要源于在某些领域相对于其他国家的优势，而这种优势的建立从根本上是以其技术上的领先优势所确定的。④ 进攻性现实主义则认为国际政治中的权

---

① 爱德华·卡尔：《20年危机（1919—1939）：国际关系研究导论》，北京，世界知识出版社，2005：103-120页。

② 汉斯·摩根索：《国家间政治：为了权力与和平的斗争》，李晖、孙芳译，海口，海南出版社，2008：139-185页。

③ 肯尼思·华尔兹，信强译，苏长和：《国际政治理论》，上海，上海世纪出版集团，2008：139页。

④ 罗伯特·吉尔平：《世界政治中的战争与变革》，宋新宁、杜建平译，上海，上海人民出版社，2007：178页。

力很大程度上是一国军事力量的产物，他认为陆上军事力量是军事力量的主导形式，因此"一国的权力很大程度上根植于其陆军以及支持这些地面力量的海陆空力量"，虽然他没有否定核武器的重要性，但是他宣称"即使在核世界里，地面力量仍然是至高无上的"。①

现实主义学者强调军事、经济等物质性和资源性实力要素，新自由主义学派的代表人物小约瑟夫·奈提出了"软实力"概念，将软实力的来源界定为"一国的文化、政治价值观和外交政策"②，他认为以文化吸引力、政治价值观和对外政策为基础的国家软实力已经和硬实力同等重要，甚至更加重要。美国智库兰德公司围绕国家实力开展了一系列研究，不断完善实力评估方法，提出从一国的资源（national resources）、绩效（national performance）和军事能力（military capability）三个方面构建国家实力的分析框架，并分别从技术、企业、人力资源、金融资源、物质资源等10个维度提出了具体的数据指标，而随后的研究又提出需要将非国家行为体和软实力纳入分析框架。③

我国学者黄硕风最早开展国家实力构成的梳理研究，他提出了7个方面的实力构成要素，分别是政治力、经济力、科技力、国防力、文教力、外交力、资源力。④ 贾海涛提出综合国力由5个基础层次或5种范畴构成：基本资源、军事力量、经济力量、文化力量和软实力，还对各个层次设置了不同的权重比例，以说明不同国力要素重要性的差异。⑤ 阎学通从政治决定论的视角出发，认为一国的综合实力既包括物质实力，也包括非物质实力，特别是政治实力。综合实力分为政治实力、军事实力、经济实力、文化实力。其中，政治实力为操作性要素，而其他三项（军事、经济和文

①约翰·米尔斯海默：《大国政治的悲剧》（修订版），王义桅、唐小松译，上海，上海人民出版社，2015：93-132页。
②小约瑟夫·奈：《权力大未来》，王吉美译，北京，中信出版社，2012：120页。
③Ashley J. Tellis, Janice Bially, Christopher Layne et al: *Measuring National Power in the Postindustrial Age*, Santa Monica, CA: Rand Corporation, 2000; Gregory F. Treverton, Seth G. Jones: Measuring National Power, RAND Corporation, 2005。
④黄硕风：《什么是综合国力》，载《党建》，1994（Z1）：76-77页。
⑤贾海涛：《中国综合国力评估及世界排名：理论、现实及测评公式》，载《南京理工大学学报（社会科学版）》，2012，25（5）：1-16页。

化）实力是资源性要素，[①] 他认为，尽管其他实力要素固然重要，但是政治领导力是国家实力的关键影响变量。

另一类研究侧重定量化分析，旨在通过选择可度量的数据并结合定性的指标设置，来说明国家间的实力差异和实力变化。其中一些研究还通过对指标进行赋权，并以此计算和衡量不同国家的实力，进行纵向分析或者横向对比。同时，更多的学者采用综合性指标来描述和衡量国家实力，将国家实力看作一个综合性的系统，系统中的不同要素相互影响、相互促进。例如，美国学者克劳福德·哲曼（F. Clifford German）提出国家实力指数方程，将核能力、土地、人口、工业基础、军事规模作为测算指标。[②] 雷·克莱因（Ray S. Cline）提出估算国家实力的方程式，将国家实力的要素分为物质要素和精神要素，其中，物质要素包括国土和人口、经济能力、军事能力，精神要素包括国家战略意图、贯彻国家意志。[③] 有学者采用了国家能力的概念，构建的国家能力综合指数（Composite Index of National Capability）是衡量国家实力的重要研究成果，该指数设置了 3 个维度 6 个指标，其中，地理维度包括总人口、城市人口两个指标，工业维度包括能源消耗量、钢铁产量两个指标，军事维度包括军费支出和武装部队规模两个指标。[④] 总体来看，上述研究致力于提炼对于国家实力产生重大影响的关键因素，并通过具体数据指标测算来阐释国际体系中大国之间的实力水平。

在这方面，国内学者更多使用综合国力的概念来进行国家实力的衡量和国家之间实力差距的比较研究。其中，较早开展综合国力的研究中，中国社科院世界经济与政治研究所设计了综合国力的指标体系，将资源、经济活动能力、对外经济活动能力、科技能力、社会发展程度、军事能力、政府的经济调控能力、外交能力等 8 个方面作为构成要素，在此基础上，

---

①阎学通：《大国领导力》，李佩芝译，北京，中信出版社，2020：17 页。

②F. Clifford German：A Tentative Evaluation of World Power, *Journal of Conflict Resolution*, 1960 (4)：pp. 138-144。

③王玲：《关于综合国力的测度》，载《世界经济与政治》，2006（6）：48 页。

④David Singer, Stuart Bremer, John Stuckey：Capability Distribution, Uncertainty, and Major Power War, 1820-1965", *Peace, war, and numbers*, 1972, 19 (48)：pp. 26。

使用了 85 个数据指标,[1] 其中首次将社会发展程度纳入国家实力的评价指标中。2000 年,中国现代国际关系研究院在长期研究的基础上建立了综合国力评价指标体系,采用专家调查、回归分析等方法对主要大国的综合国力进行了系统的评估分析。[2] 胡鞍钢等学者运用国家战略资源来衡量国家的综合实力,将国家战略资源划分为经济、人力、自然、资本、知识技术、政府、军事、国际等 8 类资源,研究发现中美实力缩小最快的领域分别是知识技术、经济、自然资源方面。[3] 倪峰则结合了国力要素的"横向视角"和国力生产的"纵向视角",提出"国力资源—国力转换—国力显示"的国力分析结构,把国力资源经过转化后所形成的国力生产结果作为综合国力的界定,分为经济实力、军事实力、科技实力等硬实力和文化吸引力、意识形态吸引力、国际制度运用能力等软实力。[4]

结合上述对于国家实力研究的梳理,可以发现,相比权力而言,实力的概念更加具象化,可运用国家所占有的资源来衡量国家实力。随着时代发展,国家实力的内涵日益多元丰富,评估方法和手段更加科学完备。尽管目前研究国家实力要素的界定方法不同,要素权重的设定并未形成共识,但是对于国家实力的基本构成要素的理解和认知差异性并不大。虽然有学者运用军事能力、战争能力或者经济规模等单一的指标来简化地对国家实力进行界定和说明,但是学界仍然普遍将国家实力看作是国家所占有的各种资源总和,是一国运用资源基础实现国家发展的综合性能力。因此,也可以认为,单项实力要素并不能决定国家的总体实力,一国的国际地位通常是综合实力的集中反映。通过对这些实力要素的总结梳理,构成了分析人工智能影响路径的基础,下文将根据影响强弱和大小,选取与技术发展较为密切的实力要素作进一步的阐释和说明。

①中国社会科学研究院世界经济与政治研究所《世界主要国家综合国力比较研究》课题组:《对中国综合国力的测度和一般分析》,载《中国社会科学》,1995(5):4-19 页。

②中国现代国际关系研究所:《全球战略大格局——新世纪中国的国际环境》,北京,时事出版社,2000:9 页。

③胡鞍钢、郑云峰、高宇宁:《对中美综合国力的评估(1990—2013 年)》,载《清华大学学报(哲学社会科学版)》,2015,30(1):26-39 页。

④倪峰等:《美国综合国力及社会政治生态的变化趋势》,北京,时事出版社,2021:67-86 页。

二、实力要素的演变

从上述梳理来看，对国家实力的内涵以及其关键组成要素的认识并不是一成不变的，而是随着国际关系现实的演进，呈现出动态发展的态势。其中一些要素是稳定的、不变的，但是有些要素的构成和重要性发生了变化。变化不仅反映在国家实力系统层面，同时也体现在每一个实力要素的内容之中。需要从实力要素的变化中，判别和归纳其中的趋势特征和共性规律。

第一，实力要素的基础和内涵是动态变化的。对于一个国家而言，自然环境、地理、人口等要素是在一段时期内相对稳定的，但是经济、军事、社会发展、外交能力等更多要素的可变性较高。因此评估易变的实力要素内涵时，即使是同一要素在不同时期以及不同的语境之下，常常也具有不同的含义。摩根索曾警示，评估一国的国家实力时不应"将某一因素想当然地设定为恒久不变的，从而忽视了大多数事物所要服从的变化趋势"[①]。同样，在国家实力的评估中，有一些实力要素的设置具有基本共识，但是对于内涵的认识却在不断改变。例如，军事实力是公认的国家实力的关键组成部分，但是对军事实力内涵的认识不尽相同。早期人口规模被视作转为军事能力的基础，而工业革命之后钢铁产量、能源消耗被认为是能够直观反映一国军事实力的重要指标。核武器和弹道导弹的出现带来了颠覆性影响，使之成为军事实力对比的基本前提，由于其对国家的重大战略意义，在很多研究中核能力甚至常常被单独列为一个指标，而军事实力则只是代指一国的常规军事能力。[②] 从这一角度来讲，随着技术发展和

---

①汉斯·摩根索：《国家间政治：为了权力与和平的斗争》，李晖、孙芳译，海口，海南出版社，2008：189 页。

②英国学者巴里·布赞认为，19 世纪以前，军事力量在很大程度上取决于人口规模、财富和土地面积，那些拥有充足的、可供调动的人力和物力，并配备大量训练有素的陆军或海军的国家，才能称得上大国。19 世纪后，只有工业化国家才可拥有雄厚的财富、技术和组织实力来维持大国地位，因为工业化促使有组织的暴力模式发生了极大的变化，这种技术进步逐步塑造了人们对军事实力的认知。引自巴里·布赞、乔治·劳森：《全球转型：历史、现代性与国际关系的形成》，崔顺姬译，李佳校，上海，上海人民出版社，2020：220-231 页。

国际形势演变，那些能够有利于提升更多实力要素基础的能力将更加受到重视，从而在实力要素变化中获得更大的相对优势。

第二，在国家实力系统中不断引入新的关键因素。除了核武器等具备战略性影响的因素，被视为一种重要的新变量，还有很多新的在实力塑造过程中发挥独特作用的要素也在被纳入国家实力体系之中。例如，小约瑟夫·奈认为，除了军事实力、经济实力等硬实力，软实力也是国家影响力的重要来源。随着网络空间的发展，他提出，网络创造了新的权力资源，是人为创造的、新近出现的权力域，而且比其他权力域更易受到技术变化的影响。[①] 在网络时代，代表着国家在网络空间掌控力和行动能力的网络实力也日益成为衡量一国实力的重要指标。[②] 大数据技术的广泛应用对国家发展带来深远的影响，有研究提出，人类社会进入大数据时代，大数据及其应用正在日益成为影响国家生存和发展的重要因素，大数据实力不仅成为一种新的国家实力要素，而且将塑造国家实力的其他各构成要素，实现增长效应。[③] 数据具有巨大的经济潜力，数字化时代的创新已经越来越依赖于人、公司和国家所能获得数据的规模和质量。数据正在成为一种关键的权力来源，极大地改变了国际政治。[④] 拥有更大体量数据资源的国家在发展数字经济和推动社会数字化转型方面具有更大的优势。在国家实力评估的研究中，科技水平、技术能力、信息力、网络实力、科教水平、数据实力等概念下的技术因素日益成为国家实力系统中的重要影响指标。

第三，随着实力要素之间的相对重要性发生相对变化，国家实力的评估方式也随之发生改变。尽管通过实力要素的简单综合汇总就能够大致判

①约瑟夫·奈：《权力大未来》，王吉美译，北京，中信出版社，2012：172 页。

②2009 年春天，中国现代国际关系研究院与美、日等同行学者开展学术交流，在借鉴欧美同行研究成果的基础上，并共同提出"网络实力（Cyber Power）"概念，即指一国在网络空间的综合行为能力和国际影响力，其构成要素主要包括：网络与信息技术能力、信息产业能力、网络市场能力、网络文化影响力、网络外交能力、网络军力、网络空间的国家意志与战略等。转引自程思：《中美网络空间治理话语权比较研究》，载中国现代国际关系研究院博士学位论文，2020 年。

③胡键：《基于大数据的国家实力：内涵及其评估》，载《中国社会科学》，2018（6）：183-192 页。

④Matthew J. Slaughter，David H. McCormick：Data is Power：Washington Needs to Craft New Rules for the Digital Age，*Foreign Affairs*，2021（1）：pp. 54-62。

断一国实力，但是实际上，不同要素的重要性并不是均等的，所能真正发挥的效能也不均衡，但如果不能发现其中的关键因素，"就无法有效解释国家实力在国际政治中发挥的作用"①。地缘政治理论强调国家的地理位置、地形特征和自然资源是决定国家实力的基本要素，从地缘视角审视国家利益和国家安全，工业革命带动了一批工业强国快速崛起，地理位置、自然资源条件等静态的衡量指标无法解释国家实力的变化。保罗·肯尼迪（Paul Kennedy）考察了 500 年间大国兴衰的历史发展，提出经济和技术的发展是重要的变革动力，对国家的国际地位产生了长期的决定性影响，他认为技术方面相对优势和较高经济发展水平对于国家实力提升发挥了关键作用。② 英国学者苏珊·斯特兰奇（Susan Strange）认为，国际竞争从早期的争夺领土，到争夺钢铁制品、机器和以钢为基础的运输和生产手段，再到竞争化学产品、石油和电力，现在变成争夺先进技术的竞争，因为技术竞争已经成为取得军事优势、促进经济繁荣、实现政权巩固和占据支配地位的途径。③ 而在全球化时代，国家实力的内涵在不断丰富，其评估方法也在演变。第二次世界大战结束以来特别是核武器的出现，使得大国之间发生直接冲突的成本急剧上升，任何国家都无法承受核战争带来的严重后果，因此经济实力、科技实力日益成为大国竞争的首要领域，其中技术优势作为经济发展的重要动力，在国家实力中的重要性进一步凸显。

通过分析国家实力要素变化的特征规律可以看出，无论在哪个维度上，技术因素的重要性都在提升。这一方面说明对于先进技术的掌握能力是国家实力和国际地位的重要基础；另一方面，技术因素在国家实力体系之中的影响范围和趋势，也需要进一步研讨，进而为构建人工智能对于国家实力要素影响路径的分析框架提供借鉴。

如上所述，国际关系学者从不同层级、不同维度提出了国家实力的构成要素。定性式划分过于笼统和模糊，应用方式相对局限；而定量式划分

---

①Ashley J. Tellis, Janice Bially, Christopher Layne et al: *Measuring National Power in the Postindustrial Age*, Santa Monica, CA: Roand Corporation, 2000: 5.

②保罗·肯尼迪：《大国的兴衰》，陈景彪译，北京，国际文化出版公司，2006：498 页。

③苏珊·斯特兰奇：《国家与市场》，2 版，杨宇光等译，上海，上海人民出版社，2012：140-141 页。

又过于细致、微观。为了说明人工智能对于国家实力的影响路径，本文选择了一种介于定性和定量分析之间的界定标准（表2-1），主要分为两个指标：要素类型和要素性质，拟通过这两个视角来判别人工智能可能对国家实力中的哪些要素带来直接且明显的影响。从要素类型来看，分为物质性和非物质性两类，物质性要素通常指的是具象化的实力要素，能够具体体现一国在某一领域的资源水平和发展能力。非物质性要素则指国家治理水平、文化吸引力以及民族凝聚力等，是国家如何运用物质性资源的能力体现，两者之间相互补充、相互支撑、相互影响。

表2-1 国家实力体系中的关键因素

实力要素	要素类型	要素性质	构成及衡量指标
地理	物质性	稳定性高	地理位置、领土、气候、地貌等条件
自然资源	物质性	稳定性高	能源、原材料、粮食等储备
人口	物质性	稳定性高	人口数量、人口结构、人口素质等
经济	物质性	稳定性低	经济规模、资本资源和经济发达程度
军事	物质性	稳定性低	军队规模、军费支出、装备先进程度
科技	物质性	稳定性低	科技创新能力、科技水平等
网络	物质性	稳定性低	网络信息技术水平、网络安全防护能力等
数据	物质性	稳定性低	经济社会数字化发展所产生和拥有数据的规模和质量
治理	非物质性	稳定性低	政府领导效率、政府治理能力
文化	非物质性	稳定性低	意识形态、价值观和文化方面的吸引力
外交	非物质性	稳定性低	对外战略选择以及战略运用和制定规则的能力

物质性要素是非物质性要素的基础，如果没有一定水平的物质性要素，一国很难在非物质性要素方面具有较高能力；而非物质性要素能够起到倍增和放大作用，能够有助于国家在同等物质性实力的基础上对国际事务发挥更大影响力。要素性质代表实力要素演进发展中的特征属性，地理环境、自然资源、人口规模等因素具有较强的稳定性和延续性。一般情况

下，一国的资源禀赋在一定时期内不会发生急剧变化。而稳定性低的要素具有更多的不确定性，虽然不同要素实际情况有所不同，但是这些要素都会因为受到人为或者非人为因素影响发生改变，防止出现造成要素快速衰退的现象，并推动这些要素向有利于自身实力提升的方向演进是每个国家的重要战略目标。

在对实力要素进行考察梳理并对要素性质进行判别的基础上，本研究认为，技术因素在国家实力中的作用将对物质性且稳定性相对较低的要素带来直接影响，作出这一结论的主要原因是：一方面，稳定性高的要素对于短期技术应用的效果不敏感，需要从更长的时间周期看待技术带来的影响，较长作用周期通常也意味着对所有国家带来的影响差异不大，因此带来影响的现实意义较小。另一方面，非物质性因素的衡量标准更为模糊，受到影响的方式和因素复杂，在国际关系研究中常常以结果和现象作为解释依据，技术因素本身的物质性和有形性对于非物质性因素的影响相对间接，作用效果也不明显。因此，经济、军事、科技、网络、数据等物质性且稳定性较低的实力要素受到技术因素影响较为直接且明显，这些要素也是本研究考察和说明人工智能对于国家实力影响的重点方向。

三、实力要素中的技术因素

技术在实力要素中的作用能够通过提升一国的发展水平进而增强国力，率先使用先进技术的国家常常能够在国际政治中获取相对的优势。历史上，技术革命的扩散传播曾经无数次彻底改变了一国或多国命运，进而改变了地区格局甚至世界形势。[1] 技术已经成为影响国际体系的内生性因素之一，技术能力的地理分布会塑造国际结构。[2] 但是由于技术的自身属性不尽相同，技术对实力要素带来影响的方式也各异，可以从正反两个方面来看待实力要素和科技之间的关系。

---

[1] 傅莹：《人工智能对国际关系的影响初析》，载《国际政治科学》，2019，4（1）：3 页。

[2] Jack Donnelly：The Elements of the Structures of International Systems，*International Organization*，2012，66（2）：pp. 609-643。

　　一方面，技术在国家实力塑造中的重要性不断凸显。随着新一轮技术革命和产业变革的深入推进，技术变量逐步从军事、经济等传统的领域独立出来，成为一个单独的影响变量，技术因素权重得到提升，其在实力评估体系中的重要性增强。在历史上，忽略技术变量重要性的弊端已经被研究者认知，如克莱因模型在测算国家实力中存在明显缺陷，该模型过于注重资源和军事力量的作用，忽视了科学技术力量这一重要因素。[①] 因此在冷战期间的美苏国力对比测算中，克莱因认为苏联将占据优势，却没有解释苏联的最终解体，暴露了在现实应用中的局限性。20 世纪 80 年代，日本综合研究所采用"德尔菲法"开展的综合国力基础调查受到业界的广泛关注，受访专家普遍认为经济实力和科学技术在综合国力的评价中占据主要地位，国土和人口相对趋于非重要因素。[②] 究其原因，过去土地和天然资源是国家创造财富的基础，因此也是国家取得权力的主要因素；而如今先进技术成为取得军事优势、促进经济繁荣、实现政权巩固和占据支配地位的途径。[③] 特别是在大国无战争的时代，科技实力成为大国之间国力竞争的重要领域。兰德公司则断言，从后工业时代来看，国家实力要素的变化趋势中，"技术——作为知识、方法、资源和创新等的物质化实体——已经成为构建国家实力的首要基础"[④]。因此技术因素在国家实力中的重要性保持持续提升态势。这一趋势从各国研发投入数量中也可以得到印证，从世界整体来看，研发投入在 GDP 中占比维持在 2% 上下，但考虑到近 20 年来全球 GDP 总量增长了近 70%，全球研发投入的绝对值一直保持增长态势。其中，美国作为唯一超级大国保持了较高的研发投入占比，中国作为快速崛起的发展中国家研发投入占比在主要大国中增速最快，研发投入所带来的创新能力和科技实力也反映在中国国家实力提升中。因此可以看出，技术实力一方面是国家实力的一种重要衡量指标，也正在成为促进国

---

　　① 张继鹏、刘德鑫、张家来等：《关于综合国力评价克莱因理论模型的缺陷性分析》，载《当代经济科学》，2006（1）：69-74 页。

　　② 李长久：《综合国力的比较和发展趋势》，载《太平洋学报》，2003（1）：66 页。

　　③ 苏珊·斯特兰奇：《国家与市场》，2 版，杨宇光等译，上海，上海人民出版社，2012：141 页。

　　④ Ashley J. Tellis, Janice Bially, Christopher Layne et al: *Measuring National Power in the Postindustrial Age*, Santa Monica, CA: Rand Corgoration, 2000: 53-54。

家综合实力提升的关键动力。

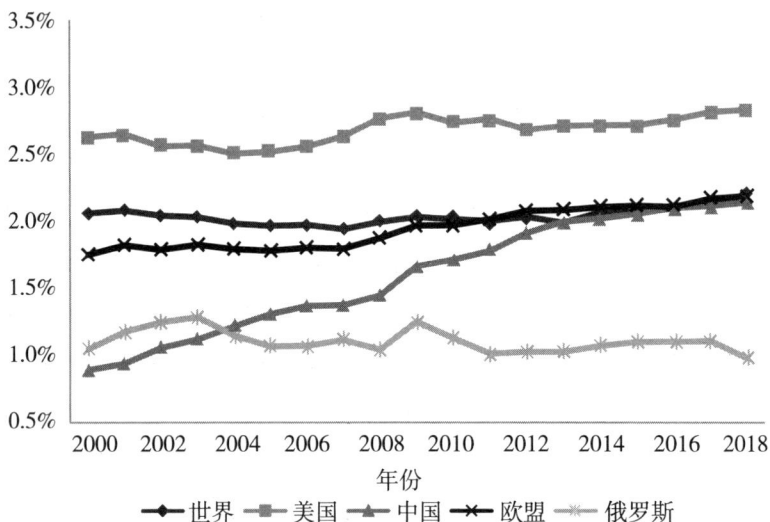

图 2-1　世界及主要大国和地区研发投入占 GDP 比例[①]

从技术对国家实力影响的范围来看，摩根索在论述国家实力组成的时候，只是将技术因素作为国家军事能力的分支，他将潜水艇、坦克、空军及其战术使用，以及核武器归纳为 20 世纪四大战争技术创新，因此他也将技术作用限定在军事领域。但是，这显然已经不是技术发展所带来影响的全部。布热津斯基（Brzezinski）将军事、经济、技术、文化视为美国新型霸权的四个具有决定性作用的方面，他认为美国前沿的科学技术能力为其强大的军事能力提供了有力支撑，"在对经济具有决定性作用的信息技术上，美国保持着强大的竞争优势，其对未来经济尖端部门的掌握，意味着美国的技术统治地位不会很快丧失"。[②] 技术对于国家实力广泛的领域都具有较强的赋能作用，随着时代发展，国家间实力比拼背后的关键性因素聚焦于对技术创新能力的掌控。

另一方面，技术所带来的进步意义是毋庸置疑的，但并不是每一次重

---

①资料来源：根据联合国教科文组织数据（UNESCO UIS）制图。

②布热津斯基：《大棋局：美国的首要地位及其地缘战略》，中国国际问题研究所译，上海，上海人民出版社，2007：20 页。

大技术进步都能对国际关系产生直接影响。从这个意义上看，国际关系研究更多地关注那些能够对军事、经济等国家实力要素产生显著影响，尤其是能够带来广泛且深远影响的重大技术变革。以信息技术为例，信息技术革命极大地推动了科技与国家实力关系的互动，作为新一轮科技革命的重要组成内容并且逐步演进普及渗透，信息已经成为国家实力的重要来源，信息以及信息技术作为国家综合国力的重要构成因素受到广泛关注。信息不仅已经成为一种体现国家实力的战略资源，而且信息技术对于构成综合国力的各种主要因素正产生日益深刻的影响。[①] 信息技术等新技术新应用也在改变其他传统实力要素的基础，对工业资源的控制曾经是夺取地缘政治优势的关键，而如今对信息资源的控制更为重要。[②] 信息成为重要的战略资源，数据、算力、算法、虹吸效应可能会进一步放大，同时石油、煤炭等传统资源要素的重要性相对降低。

这一趋势也引起了研究学者的注意，美国国家情报委员会推出的全球趋势系列报告都对不同时期的国家实力内涵和特征作了跟踪和评估，2008年发布的《全球趋势 2025：转型的世界》将国家实力界定为国内生产总值、国防支出、人口和技术等四类战略性资源，而在 2012 年发布的《全球趋势 2030：变换的世界》报告中提出了更为详细的评价体系，在研发支出指标之外，将互联网及通信技术单独列入评价指标。数字技术发展水平高的国家利用新发明的数字产品和服务换取自然资源，自然资源的重要性将持续下降。[③] 2021 年发布的《全球趋势 2040：竞争更激烈的世界》中提出，面向 2040 年的技术将是国家获得竞争优势的关键路径，技术发展对提高生产力、促进经济发展、解决社会问题等发挥重要作用。报告也将人工智能作为分析的首要技术领域，提出人工智能技术带来的红利并不是均衡普惠的，先发国家将取得显著的领先优势。

从上述分析可以看到，随着人类面临的挑战日益复杂，科学技术在解

---

①赵晓春：《信息革命对当代国际关系的影响》，载《国际关系学院学报》，1998（4）：2 页。

②Thomas F. Lynch III：*Strategic Assessment 2020：Into a New Era of Great Power Competition*，U. S. National Defense University Press，2020.

③阎学通：《数字时代初期的中美竞争》，载《国际政治科学》，2021，6（1）：37 页。

决人类发展难题中的作用变得越来越大。技术在国家实力要素体系的重要性日益突出，主要反映在两个方面：一方面，技术本身已经作为一项独立的影响因素得到体现，而不仅仅在其他传统要素之下发挥作用，这表明技术因素能够直接对一国实力产生有分量的影响。另一方面，技术在国家实力要素中的优先性得到提升，随着技术与其他实力要素之间的融合性增强，技术水平高低能够反映在对于各个领域的赋能作用上，进而产生全局性影响。由于人工智能技术的广泛赋能作用，能够融入各类实力要素发展之中，对国家实力提升产生倍增效应。它不仅仅是提升经济社会发展的加速器，其在科技、数据、经济、网络、军事等领域的赋能作用显现，日益成为国家实力要素中的关键影响变量。

第二节　人工智能作为实力要素的作用体现

随着人工智能应用的普及，人工智能对于国家实力要素体系的作用机理是人工智能在各领域嵌入的具体表现。作为通用目的性技术，人工智能对于国家的意义将不仅仅是单纯的技术手段，而是已成为国家实现实力提升、促进发展、保障安全等目标的重要工具。如果能够把握人工智能发展所带来的机遇，国家将有可能在当前的国际竞争中胜出，获取在国际格局中的优势地位。虽然人工智能对于国家实力产生的广泛性影响毋庸置疑，但影响的程度和路径需要对比分析和进一步说明。根据国家实力的类型和性质两大维度来认识和界定国家实力要素，以此对于研判人工智能影响路径的基础。实力要素的不同也意味着人工智能影响的程度和方式会有所不同，其中人工智能对于可变的物质性要素的影响最为直接、程度最深，对于其他两类实力要素的影响路径将通过间接的方式，其影响程度和效果较为缓慢，仍有待进一步观察。（图 2-2）

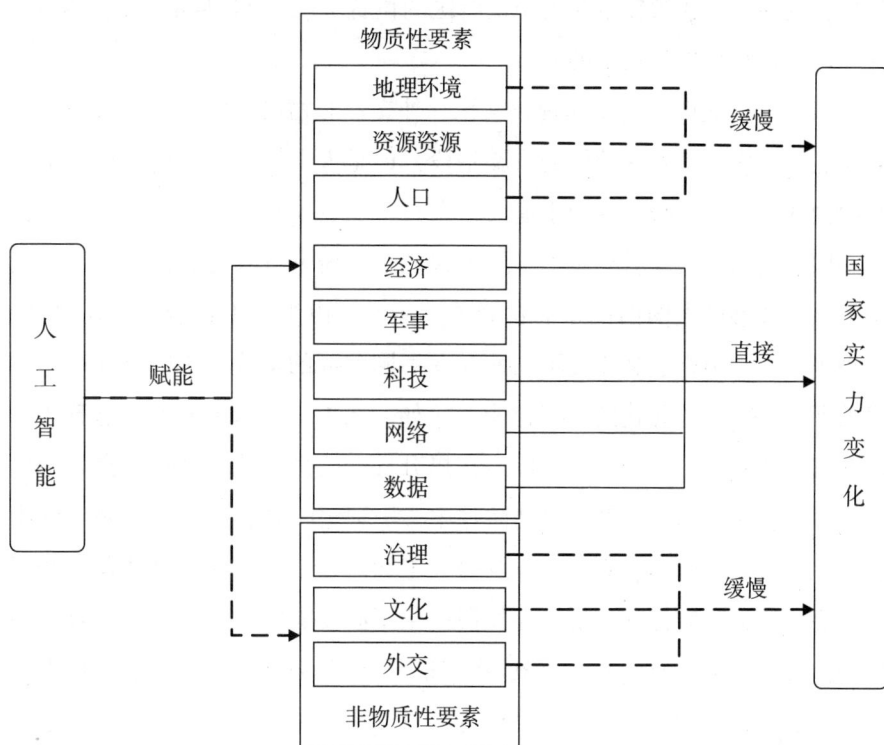

图 2-2 人工智能对实力要素的影响路径

图 2-2 充分说明，从国家实力的整体变化来看，随着人工智能等新兴技术因素兴起，人口、自然环境、地理位置等稳定的物质性要素的重要性有所降低。第三次科技革命以来，技术创新日益成为国家财富增长的重要来源，自然资源和人力资源在经济增长中的作用逐步减弱。掌握先进技术产品能够在全球贸易中换取所需的自然资源，也能够凭借在产业链中的优势地位，充分利用他国丰富的劳动力资源进行生产活动，并且从中赚取超额利润。人工智能的发展将会进一步降低此类实力要素的作用，以机器人、智能制造、工业互联网为代表的制造业转型升级方向，在提升传统产业发展水平的目标之下，将减少对于普通劳动力的依赖，加速"机器换人"的替代效应。这也反映在人力资源的比较优势在国际竞争中的作用被

削弱，发展中可能被锁定在资源供应国的位置上。① 但是从发展趋势来看，这一过程将是缓慢而长期的。

图 2-2 还表明，对于治理、文化、外交等非物质性因素而言，即使人工智能能够成为其发挥效用的重要手段，但是人工智能的作用仍是间接的和模糊的。技术本身是客观中立的，人工智能发展水平在一定程度上代表了一国的创新能力和科技水平，人工智能领先研发成果能够提升国家的国际形象，能够增强国内民众的自豪感。但是，由于人工智能技术在伦理、法理等方面因国别、文化的不同而存在不同程度的争议，所以对其运用效果的评估存在着差异化的主观色彩。例如，在中国，基于人工智能算法的大数据分析和图像识别应用，已经在提升社会治理效能、维护社会稳定方面的成效初步显现，在新冠疫情防控中，中国短时间内开发上线的"健康码""行程码"等 App 应用，以及以人工智能技术为支撑的疫情预测分析等，为统筹疫情防控和经济社会发展提供了必要支撑，彰显了中国政治制度的优越性。但与此同时，《华盛顿邮报》《纽约时报》等却反复炒作人脸识别等智能化应用对于公民生物信息的过度采集和关联性分析，侵犯个人隐私，认为人工智能技术在中国被"不道德地"用于严格的社会控制。由此可以看出，人工智能对于国家实力中非物质性要素影响是复杂且不确定的，对于两者之间的作用方式很难进行合理的、被广为接受的因果推断，人工智能更多是通过赋能物质性的实力要素从而对其他实力要素带来间接的影响。

如上述分析证明，人工智能能够带来最为直接，也是最为显著的实力要素是易变的物质性要素，其为分析非结构化数据、挖掘信息价值提供了手段支撑，能够快速将数据转化为有效信息以释放其潜在价值。尽管人工智能更加广泛且深远的影响需要一定时间才能真正完全释放且被人们认识和接受，但是目前人工智能在这些领域应用的案例、数据已经能够为构建其对国家实力影响提供分析的基础根据。因此，本章将分别从科技、数据、经济、网络、军事等方面分析人工智能对这些领域带来影响的路径机

①傅莹：《人工智能对国际关系的影响初析》，载《国际政治科学》，2019，4（1）：6页。

理和作用效果。

一、重构科技创新体系

本轮人工智能技术的突破源于经济发展和社会治理数字化过程深入推进，以及带来数据量的大幅提升。从近期的案例来看，人工智能的作用已经充分体现在科学技术研究之中。人工智能发展能力水平本身就是一国科技实力的重要体现，从人工智能发展的三要素来看，丰富的数据资源主要来自良好发达的数字化基础和丰富实用的互联网平台，算力来自高性能芯片和复杂系统的工程化能力，领先优秀的算法取决于顶尖的科研团队和良好的研发环境，这些必备条件缺一不可，只有真正的网络强国和数字强国才能拥有这些资源的整合和汇聚能力，其中任何一项对普通国家而言都有极高的技术门槛。

人工智能真正介入科技创新不仅带动技术应用的拓展，也极大提升着科研效率，推动科研范式的重塑，释放出更大的科技势能。这种赋能加速作用能够转化为国家的创新能力，从而也蕴含着重要的经济价值。人工智能助力科技创新的基本条件是需要在人工智能和科技领域拥有高水平的研究团队，通过跨领域的协作攻关实现人工智能应用的突破。近年来，人工智能成为更多的基础科学领域的重要工具，其中在一些数字化程度高、数据积累多、数据质量高的领域更容易取得突破，在一些复杂性较高的学科领域，人工智能也可从复杂多维的数据中发现规律、提炼经验，明显提高科研活动的效率。

深度学习算法已经在辅助众多科学和技术领域的创新研发活动，强大的计算能力可以用于解决很多先前难以解决的难题，拥有特定用途的人工智能企业成为提升创新能力、增强国家实力的重要路径。人工智能在生物科学研发领域的突破在不断提速，生命信息将加快数字化，药物研发等生物领域的科研活动也将大大提速，这从某种意义上使得一些科学研究从以前的"大海捞针"变成如今的"按图索骥"。2020年11月，Deepmind公司开发的名为"AlphaFold"的神经网络模型能够根据蛋白质的氨基酸序列来预测蛋白质的三维结构,[①] 这意味着人工智能在解决生物学相关问题的能力已经超过人类科学家。在此基础上,2021 年 7 月,Deepmind 又宣布已经能够使用人工智能系统预测人类表达的几乎所有蛋白质的结构以及其他 20 种生物的几乎完整的蛋白质组。这充分证明了人工智能在科学领域的巨大潜力,因此人工智能预测蛋白质结构上的突破同时被《科学》《自然》《麻省理工科技评论》等一系列科学杂志评为 2021 年十大科学突破成果之一。由此可见,人工智能凭借规模和速度优势,一旦介入一个领域,就极有可能在短时间内对该领域产生较大的颠覆性影响。

在新冠疫情全球大流行时,人工智能在生物医疗领域的应用受到广泛关注,从简单的健康管理、监测识别等领域逐步向生物制药等领域拓展。在药物研发过程中,人工智能算法的应用能够节省大量的时间成本和资金需求。基于人工智能的成像技术已经实现从技术突破转向商业应用,能够完成识别皮肤疾病、检测癌症等功能,其中一些领域能够与病理学家和专业的放射科医生的诊断能力相媲美。[②] 例如,斯坦福大学人工智能实验室创建了人工智能诊断算法,建立了近 13 万张皮肤病图像的数据库,用于训练算法通过视觉来诊断潜在的癌症,能够实现与资深的皮肤科医生水平相当。[③] 人工智能技术初创公司 PostEra 运用机器学习技术在不到两天的时间,就完成了以往需要三四周才能完成的化学合成路线设计工作,加速了新冠病毒治疗药物的研发。这些技术突破能够直接提升人们的健康福祉,创新的提速也将为本国企业在全球竞争中赢得先发优势。

在芯片设计领域,深度学习算法的潜力在逐步释放。2021 年 6 月,谷歌团队与斯坦福大学计算机科学系团队联合开展了一项研究,即在人工智能专用高端芯片的设计布局规划中使用深度学习算法,最终在功耗、性能

①Ewen Callaway: It will Change Everything: DeepMind's AI makes Gigantic Leap in Solving Protein Structures, (2021-03-18), https://www.nature.com/articles/d41586-020-03348-4。

②Stanford University: Gathering Strength, Gathering Storms: The One Hundred Year Study on Artificial Intelligence (AI100) 2021 Study Panel Report, (2021-12-05), http://ai100.stanford.edu/2021-report。

③Deep Learning Algorithm Does as Well as Dermatologists in Identifying Skin Cancer, Stanford News, January 2017, (2020-12-08), https://news.stanford.edu/2017/01/25/artificial-intelligence-used-i-dentify-skin-cancer/。

等关键参数都优于或不亚于人类专家的设计效果，但相比工程师需要数月的努力，深度学习算法只用了不到 6 小时的时间。[①] 可以想象，如果这项研究能够在实际芯片设计中实现规模化应用，将推动半导体行业实现效率革命。另一个引人关注的成果是将机器学习应用于基础研究，人工智能已被证明在基础科学领域具有潜在的应用价值，比如用于证明或者提出新的数学定理，数学家正在使用深度学习工具来分析复杂的数据集，验证关系存在的假设。[②] 正是在此过程中，各国认识到人工智能技术对国家发展的巨大潜力，各国政府因此对人工智能的态度从鼓励科学界自由探索转向由国家战略引领推动的发展模式。

二、挖掘数据资源价值

在数字化时代，信息和数据已经成为国家重要的战略资源和权力来源，也成为大国竞争的新领域和新焦点。[③] 数据是人类社会、物理世界和机器世界之间的桥梁，也是人类社会和物理世界的符号化映射。[④] 因此，数据为人工智能技术发展提供了基本要素，人工智能技术发展也为应对数据大爆炸时代的决策分析提供了有力手段。人工智能技术必须通过海量的高质量数据进行训练，仅仅强调智能算法并不能充分发挥人工智能渗透改造经济社会各领域的潜力，需要在推动各领域数字化转型的基础上，积累拥有高质量的数据资源才能为深度学习的模型训练和推理应用提供必要的"算料"。

大型数字平台的兴起使得数据流动更为便捷频繁，越来越多的日用商品、汽车、机床、可穿戴设备等能够产生并实现在线的数据连接，引发世界范围内数据资源规模呈现指数型增长趋势，据统计，2020 年全球创造的数据量是 2015 年的 314%，而从 20 世纪 80 年代以来，全球的信息资源每

---

①Mirhoseini Azalia, Goldie Anna, Yazgan Mustafa: A Graph Placement Methodology for Fast Chip Design, *Nature*, 2021, 594（7862）: pp. 207-212。

②Alex Davies, Petar Veličković, Lars Buesing and etc.: Advancing Mathematics by Guiding Human Intuition with AI, *Nature*, 2021, 600（12）: pp. 70-74。

③郎平:《互联网如何改变国际关系》，载《国际政治科学》，2021, 6（2）: 90-91 页。

④程学旗、梅宏、赵伟等:《数据科学与计算智能: 内涵、范式与机遇》，载《中国科学院院刊》，2020（12）: 1470-1481 页。

40 个月就会翻一番。① 联合国贸易和发展会议发布的报告指出，与传统要素相比，数据和信息是无形的而且是非竞争性的资源，不仅从经济层面能够实现数据的资产化，催生出用于交易的数字产品，从而为数据的收集者和控制者创造价值，同时也与个人隐私、人权、国家安全等议题密切相关。② 可以看到，在当前的全球数据争夺战中，数据其实拥有着多重属性，国家的数据战略不仅包括维护国家安全利益的防御性诉求，也包括促进本国数字经济全球竞争以及抢占全球数据规则话语权的战略目标。③

超大规模的数据资源需要依靠人工智能技术识别、挖掘和利用，转化为有价值的信息。人工智能为应对碎片化信息提供了有效手段，其可以通过将不同渠道来源的信息碎片，甚至是网上的细微痕迹，对相关主体的行为模型等内容进行还原，而对其形成完整的画像。与此同时，"信息过载"也给情报工作带来严峻挑战，发现和提炼有价值的情报信息难度陡增，分析和处理非结构化且繁杂的数据集，机器学习工具已经变得必不可少。④如何从大量非结构化的图片、语音和图像等数据中找到有价值的信息，对于当前情报机构提升数据处理能力至关重要。从情报规划、搜集、处理、分析和分发等环节都离不开算法的支撑。各国情报机构正在通过与技术先进的科技公司合作，来获取算法分析能力。美国政府官员曾在国会听证会上公开表示，美国的竞争对手在人工智能领域的技术进展可能会提高其武器和情报系统的有效性和能力。⑤ 英国对外情报机构军情六处评估认为，

①联合国网站：《大数据促进可持续发展》，（2021-12-05），https：//www. un. org/zh/global-issues/big-data-for-sustainable-development。

②United Nations Conference on Trade and Development：Digital Economy Report 2021—Cross-border data flows and development：For whom the data flow, August 2021，（2022-01-01），https：//unctad. org/system/files/official-document/der2021_ en. pdf。

③洪延青：《数据竞争的美欧战略立场及中国因应——基于国内立法与经贸协定谈判双重视角》，载《国际法研究》，2021（6）：80 页。

④Alexander Babuta, Marion Oswald, Ardi Janjeva：Artificial Intelligence and UK National Security, Royal United Services Institute for Defense and Security Studies Occasional Paper, April 2020，（2021-03-16），https：//rusi. org/sites/default/files/ai_ national_ security_ final_ web_ version. pdf。

⑤Daniel R. Coats：Worldwide Threat Assessment of the US Intelligence Community, May 2017，（2021-03-06），https：//www. dni. gov/files/documents/Newsroom/Testimonies/SSCI%20Unclassified%20SFR%20-%20Final. pdf。

未来 10 年发生的技术进步将可能超过整个 20 世纪，人工智能的快速发展将给情报工作带来颠覆性影响，世界主要国家都在大力投资人工智能、量子计算等前沿技术，英国政府也需深入开展与科技界的合作，提高运用先进技术手段的能力。① 2021 年 1 月，美国智库大西洋理事会发布报告，深入分析了人工智能在情报收集和分析中的广泛应用，认为大型企业基于人工智能能力和掌握的数据资源，开展商业化情报和开源情报的分析，具备为军方提供情报服务的能力。人工智能在网络加密中的应用，能够增强情报系统的防渗透能力，在进攻端人工智能也可能作为渗透、操纵和削弱情报能力的工具。与传统因果性分析相比，基于大数据的态势感知和决策分析更加侧重挖掘关联关系和相似关系。因此，通过大数据的海量信息提取能力和高速运算能力，决策者可即时感知风险来源、明晰战略方向，进而实现精准化战略制定和精准化策略推进。②

三、赋能经济社会发展

技术创新历来是创造国家财富的重要手段，以人工智能为牵引的新兴技术正在成为国家发展的重要技术基础，泛在的赋能性渗透社会生活的各领域，大大提升了生产效率和生活质量。技术集群的集合衍生出来的人工智能技术特有的机器自我迭代学习能力与智能化决策和实施的能力，将通过产业链和价值链重构而引发一场"系统性颠覆式革命"。③ 因其通用目的性特征，人工智能能够以不同方式被几乎所有行业和企业采用，其核心价值在于以更低的成本实现更高效率的经济运转。据麦肯锡咨询公司测算，到 2030 年，人工智能将带动全球 GDP 增长 16%，中国人工智能的发展将

---

①Human Intelligence in the Digital Age—Speech by Richard Moore, Chief of the UK's Secret Intelligence Service, Novermber 2021, (2021-12-02), https：//www. iiss. org/events/2021/11/human-intelligence-digital-age。

②董青岭：《新冠疫情与大数据：迈向人工智能时代的安全治理》，载《国际政治研究》（双月刊），2020（3）：152 页。

③孙海泳：《科技创新与国际关系》，北京，时事出版社，2021：150 页。

会对其 GDP 带来每年 0.8% 至 1.4% 的增长贡献,[1] 人工智能技术应用能够为经济发展和转型升级注入动力。可以预见,在人工智能的协助下,全社会的信息、数据处理和交易成本降低,提高了企业、经济和社会的运营效率。人工智能技术可以提高所有部门和行业的组织流程的生产率,如农业、制造业、交通运输业等行业,以及教育、医疗保健等公共服务部门。

在数字产业化方面,人工智能被广泛应用于各种商业产品和服务中,越来越多地与广泛的数字信息生态系统交织在一起,未来数字领域的发展将在很大程度上由人工智能驱动。目前庞大的可用数据集,加上大数据、物联网和快速连接功能的最新技术进步,都为人工智能系统和服务的"杀手级"应用铺平了道路。人工智能技术在经济领域的发展可以在一定程度上摆脱地理限制,这也可能增加技术本身所带来的垄断性。作为国家经济实力的重要体现,超级巨头企业利用正反馈循环,快速将服务扩展到其他领域,未来的竞争将集中于来自拥有大量数据资源的超级科技企业之间的技术之争。[2] 人工智能系统可以采取个性化服务、优化资源以及预测市场趋势等方式来帮助改进平台服务,极大地促进经济动能。

在产业数字化方面,随着传感器、物联网等基础设施建设的铺开,未来物与物之间产生的数据量将远远超过人际交往所产生的数据量,为传统产业智能化应用的拓展提供了重要基础。人工智能可以服务于传统产业的智能化发展,提升生产效率。人工智能将有助于打破劳动力的边际替代率递减规律,提升在生产过程中的自动化、智能化水平,形成"虚拟劳动力"。例如,在特定环节上,视觉系统用于自动化的光学检测能够提供高效的检修评估方法,快速识别有缺陷的产品;可以根据需求分析优化生产和交付流程,协调运输和物流路线以制定仓储方案。商业航空公司大型数

---

① Dominic Barton, Jonathan Woetzel, Jeongmin Seong, et al: Artificial Intelligence: Implication for China, April 2017, (2021 - 03 - 15), https://www.mckinsey.com/~/media/McKinsey/Featured% 20Insights/Artificial% 20Intelligence/Notes% 20from% 20the% 20frontier% 20Modeling% 20the% 20impact% 20of% 20AI% 20on% 20the% 20world% 20economy/MGI - Notes - from - the - AI - frontier - Modeling - the - impact - of - AI - on - the - world - economy - September - 2018. ashx。

② Hal Brands, Francis J. Gavin: *COVID - 19 and World Order: The Future of Conflict, Competition, and Cooperation*, Johns Hopkins University Press, 2020: 406 - 418。

据集中检测异常的算法可以实现在关键飞机零件出现故障前安排预测性维护工作。金融机构可以使用算法来评估信贷风险。

在产业链协同方面，工业机器人与先进制造理念的结合能够打造高度个性化定制的生产模式，基于智能算法控制的物流系统则将提升运营效率、加快交付过程。未来工业机器人部署的密度将成为衡量一国的制造业发展潜力的重要体现，特别是在对于机器人依赖严重的汽车和电子制造行业，机器人和自动化方面的落后可能对生产效率和产业竞争力产生不利的影响。[1] 随着人工智能技术的进步，自动驾驶领域成为最受关注的前沿领域，被认为将颠覆汽车制造和交通运输行业的"杀手级"应用[2]，彻底改变人们通勤方式和城市发展布局。

人工智能也为社会治理提供了有效技术手段，促进国家治理能力的优化升级，增强政府的透明性，降低办事程序的复杂度。通过早期识别病毒暴发和跟踪感染者，人工智能技术对于改善流行病监测至关重要；通过增强检测和预测传播模式，也有助于更好地筛查人群。人工智能技术可用于对密切接触者的行为轨迹进行回溯和追踪，观察疫情期间人口流动。2018年，印度利用面部识别技术让近3000名失踪儿童与家人团聚。新冠疫情期间，美国斯坦福医院引入"医疗算法"负责分配新冠疫苗，根据计算得出的感染风险来决定接种者的排序。从这个角度看，人工智能也在改变着社会治理的方式和路径。

四、强化网络空间实力

网络空间已经成为国家发展、大国博弈的新领域，人工智能在网络空间的广泛应用推动了国家增强对网络空间的掌控能力，提升网络实力是维护国家安全的关键环节。随着人工智能技术在更多领域的运用，网络世界

---

[1]Margarita Konaev, Sara Abdulla: Trends in Robotics Patents: A Global Overview and an Assessment of Russia, (2021-12-15), https://cset.georgetown.edu/publication/trends-in-robotics-patents/.

[2]Robert Seamans: Autonomous Vehicles as A 'Killer App' for AI, (2022-01-08), https://www.brookings.edu/research/autonomous-vehicles-as-a-killer-app-for-ai/.

正在成为大国财富的来源、安全的保障、国家权力的基础以及国际竞争的主战场。① 网络空间作为人工智能赋能效果最为直接和显著的领域，人工智能与现有网络信息技术的融合正在对国家网络实力各方面产生赋能和提升效应。

人工智能所代表的智能化潮流是网络空间发展的重要方向，人工智能将在未来的网络空间扮演更加重要的角色。人工智能在"灰色区域"中发挥的重要作用，已经成为全球竞争的一种显著特征,② 人工智能技术增强了国家通过网络对外施加影响力的能力。信息爆炸带来了"丰富的悖论"，导致注意力的分散，因此注意力成为一种稀缺资源。网络空间的政治已经变成了一场争夺可信度的竞争，网络空间中的叙事变得更加重要。传统的权力政治典型的表现是哪一方的军事或经济实力占据上风；然而在信息时代，则是谁讲的故事更吸引人变得越来越重要。③ 国家可以使用人工智能即时生成的虚假信息，瞬时传播旨在影响其他国家立法、贸易、经济和国防等领域政策的信息，从而实现地缘政治目标。国家还可能操纵信息，提升普通民众对本国企业的好感度，提高企业乃至国家的全球竞争力。此外，人工智能对信息的操纵将成为未来大规模军事冲突的核心特征，如影响舆论、破坏军事决策者和政治领导人所依赖的信息获得性和准确性。

人工智能还是未来应对网络安全威胁的必备技术手段。一方面，人工智能使网络安全复杂化，因为它极大地加速了网络空间中的信息流和信息量。在人工智能技术的加持下，网络攻击工具可以更加智能隐蔽，如恶意软件将更具自主性，能够根据对于其所需渗透环境的智能感知来自主选择目标、路径以及策略，进行"自我进化"并利用可能利用到的工具和设备来干扰规避智能检测防御系统。攻击者可以利用这些优势更快地发现和利用存在的软件漏洞，生成更多的恶意程序来攻破网络防御，并创建更复杂

①阎学通：《超越地缘战略思维》，载《国际政治科学》，2019（4）：Ⅲ-Ⅵ页。

②Nicholas Wright：How Artificial Intelligence Will Reshape the Global Order，（2021-03-07）［2018-07-107］，https：//www. foreignaffairs. com/articles/world/2018-07-10/how-artificial-intelligence-will-reshape-global-order。

③小约瑟夫·奈、戴维·韦尔奇：《理解全球冲突与合作：理论与历史》，10版，张小明译，上海，上海人民出版社，2018：374-375页。

和适应性更强的攻击和欺骗手段。人工智能应用可以使网络攻击者更有效地发现对手漏洞并加以利用，这种攻击手段的易用性也会增加网络威胁行为者的潜在数量。同时，由于网络威胁发展演化速度远远超过了人类的应对速度，鉴于网络攻击事件数量的迅速上升，越来越多的人工智能网络防御手段开始被用于检测和防御网络安全威胁，特别是应对未知的网络安全风险和潜在的新型网络犯罪行为。因此，基于人工智能技术所构建的网络安全系统能够对网络安全漏洞进行及时的检测，有效提升网络安全系统的防护能力。① 人工智能能以较快速度进行监测、发现和处置网络异常行为，提升对于恶意网络行为的响应速度和应对速度。同时对特定攻击活动进行深入分析，发展应对未知网络攻击的能力。

五、增强军事作战效能

军事技术的领先一直被视为维持国家实力地位的重要支柱。技术发展日益成为促进经济增长和军事力量的关键因素，技术优势转化为对于他国的优势地位，最终反映在国际关系中的相对地位。② 技术发展对军事、经济等资源性实力要素的影响最为明显也更加直接。尽管人工智能对军事力量的作用仍具有不确定性，传统军事力量仍然是当前军事对抗的核心，但是人工智能军事化拥有广阔前景，已经成为未来军事技术发展的重要方向。

从长期来看，以先进算法为基础的战争模式将远远超出人类的认知能力，人工智能与军事行动的深度融合将把战争推到"算法战争"的新时代。战场优势将转移到掌握优势数据、算法先进、计算能力强、系统安全稳定的一方。③ 联合国裁军研究所（UNIDIR）发布报告指出，"2014 年来，人工智能和机器学习领域技术的快速进步对于武器系统的自主化发展具有

①IEEE：Artificial Intelligence and Machine Learning Applied to Cybersecurity，（2021-03-16），https：//www. ieee. org/about/industry/confluence/feedback. html。

②Mohan Mali：Technopolitics：How Technology Shapes Relations Among Nations，*The Interface of Science*，*Technology & Security*，2012（12）：pp. 12-29。

③李恒阳：《美国人工智能战略探析》，载《美国研究》，2020（4）：108-109 页。

重要意义，智能机器在更加复杂的场景中承担着更多极具挑战性的任务，而且在诸如图像识别等任务中，机器的可靠性已经超过了人类"①。人工智能为国防军事提供了管理和分析海量数据的手段并被用于支持决策，能够提升军事行动的速度、隐蔽性和效率，减少对人力的需求，同时也可能降低成本。在军事、经济、社会等领域的情报分析、实时决策、要素流动、场景赋能等方面发挥着不可替代的作用。有别于机械化战争时代以大型武器平台作为军事技术发展的优先方向，进入信息时代，战场制胜的法则是"以快吃慢"。在未来信息化战争中，将出现更多的能够自主作战的智能单元，战争形态将逐渐向智能化"无人战争"演进。② 智能化水平的高低决定了战场的对阵态势，也将发展出不同的战术战法。

人工智能技术至少可以从以下几个方面来增强一国在军事领域的优势。

第一，增强对战场态势的感知能力。人工智能算法控制的无人机和传感器能使整个战场上更容易感知、定位和识别对象，隐藏将变得越来越困难。尽管技术本身的不确定性和对于人工智能的不信任导致其还无法替代人类决策的主导地位，但是理论上人工智能可以通过积累各类数据来源，通过自主学习实现对复杂战场态势的快速识别、快速处理；在实际应用中，人工智能系统已经在部分领域显示出超越人类的能力优势。即使普通的没有武装的短程无人机也可能被用于军事，增强国家对敏感地区的监控能力。机器学习算法帮助武器系统实时自行检测、识别和摧毁目标，美军就致力于使用人工智能为其"战斧"巡航导弹提供先进的方式改善自动目标识别并实施打击。

第二，提升作战决策的效率。虽然短期内在复杂的战场环境中人工智能无法依据不确定的作战信息作出自主预测，以至于考虑到政治偏好和道

---

①The United Nations Institute for Disarmament Research: The Weaponization of Increasingly Autonomous Technologies: Artificial Intelligene, UNIDIR Resources, 2018, No. 8, （2021-08-07）, https://unidir. org/files/publications/pdfs/the-weaponization-of-increasingly-autonomous-technologies-artificial-intelligence-en-700. pdf。

②保罗·沙瑞尔：《无人军队：自主武器与未来战争》，北京，世界知识出版社，2019：1-147 页。

德价值观等因素，人类的中心作用仍然至关重要。① 但是在数据分析和情报处理领域，人工智能能够全天候、高速实时地对海量数据进行搜集、筛选和处理，从而为军事决策提供强大而高效的决策支持，同时，形成比对手更强的信息优势。广为人知的美国国防部"Maven 计划"旨在使用人工智能算法处理无人机视频以提升识别效率、更快捕捉目标，致力于打造一个集无人机采集、机器自动识别、算法分析处理于一体的无人化情报分析系统，以更好地捕获目标。未来在战场上，这种强大的智能化水平可能会部署得更靠近前线，从而消除了在脆弱的高带宽上传输数据回到本国基地所带来的延时等风险。

第三，无人作战单元的使用能够降低军事行动的成本。无人机、无人艇、无人潜航器等无人化智能作战平台的研发应用，有效地降低了武力使用的成本。基于无人作战单元的作战系统提供了风险更低、打击效能更大的攻击能力，"蜂群"式作战系统中的作战单元成本低、生产周期短、替代便利，这也意味着在智能化战争中，能够通过更快的再生产弥补作战单元的损耗。因为无人武器系统易于部署，更有可能成为有针对性的攻击手段。人工智能为国家的战争行动提供了更多的低成本选择，传统的大型作战平台从研发、试验、生产以及人员训练都需要耗费高昂的经济成本和时间成本。② 有鉴于此，各国都积极将人工智能应用集成到各种军事系统之中，提升武器装备的效能，增强相对军事优势。2020 年 8 月，美国国防部举办的空战对抗赛中，苍鹭系统（Heron Systems）公司的自动飞行器以 5∶0 的优势碾压美国空军顶尖的 F-16 飞行员，③ 证明了无人作战系统执行传统作战任务的巨大潜力。在军事领域，目前人工智能成熟度较高的应用主要通过提高情报、监视和侦察能力，并为军事决策提供辅助支撑，通

①Avi Goldfarb, Jon Lindsay：Artificial Intelligence in War：Human Judgment as an Organizational Strength and a Strategic Liability，（2021-03-05），https：//www. brookings. edu/research/artificial-intelligence-in-war-human-judgment-as-an-organizational-strength-and-a-strategic-liability/。

②贾子方、王栋：《人工智能技术对战争形态的影响及其战略意义》，载《国际政治研究》（双月刊），2020（6）：36-59 页。

③Theresa Hitchens：AI Slays Top F-16 Pilot in DARPA Dogfight Simulation，（2021-03-05），https：//breakingdefense. com/2020/08/ai-slays-top-f-16-pilot-in-darpa-dogfight-simulation/。

过与自动化武器装备的结合形成基于大量智能作战单元的自主化武器系统。无人智能作战群已经频繁在实战中被应用，如 2021 年 5 月，以色列就使用了人工智能辅助的无人机蜂群，对加沙的哈马斯组织发动空袭，无人机蜂群能够相互通信、实施监视、精确定位，协助其他作战单位实施攻击。

尽管各国都希望在未来的智能化战争中占据先机，在一些个别案例中也曾得到了有效应用，但也有专家预言人工智能军事化难以改变现有的战争规则。人工智能在军事领域的广泛部署仍然面临严峻挑战，一方面，人工智能算法需要大量高质量数据进行机器学习，但是与战争有关的数据较少且敏感不易获取，而且将战争中要素进行编码转化为机器可读的数据需要耗费大量资源。另一方面，尽管人工智能有助于提升数据处理水平从而加速决策效率，但也对高速、稳定、可靠的网络等硬件设施提供了较高要求。由于人工智能对战场的态势感知、情报分析等环节的深入接入，为消解"战略迷雾"提供了重要手段。但是目前判断人工智能会对国家军事实力带来革命性的变革仍为时尚早，在国防军事领域，"成功的关键不仅取决于最快研发出新兴技术，更是如何更好地整合技术优势以提升战斗力"[1]。因为单单一项新技术无法根本改变战场上的实力对比，而是需要围绕新技术应用开展一系列的组织机制调整，促使新技术发挥最大效能。如果不能从整体上认识人工智能技术的军事运用，那么设想出来的应对举措有可能成为昂贵而无用的新"马其诺防线"。[2]

各国军方早已将人工智能技术作为提升军事作战效能的重要领域，但是在短期内仅仅将其作为军队探索新兴军事技术努力的一部分。军事力量和战争形态的演变是持续的过程，任何技术都不可能短时间内改变整个作战体系或完全改变战斗力生成方式，人工智能技术也不例外。[3] 人工智能

---

①U. S. Department of Defense：Summary of the 2018 National Defense Strategy of The United States of America：Sharpening the American Military's Competitive Edge，（2021-11-11），https：//dod. defense. gov/Portals/1/Documents/pubs/2018-National-Defense-Strategy-Summary. pdf。

②傅莹：《人工智能对国际关系的影响初析》，载《国际政治科学》，2019，4（1）：8 页。

③贾子方、王栋：《人工智能技术对战争形态的影响及其战略意义》，载《国际政治研究》（双月刊），2020（6）：36-59 页。

有别于飞机、火箭等历史上的单一装备，其作用更类似于赋能器，潜在应用价值在于提升数据处理、战场决策、行为协调等方面的速度和效率。[①]因此人工智能能够对从常规武器装备到核武器等各类武器系统带来赋能作用，同时这也意味着人工智能军事应用在现阶段仍需基于现有的作战层面，而不是全新的结构之中。欧洲议会对可能对未来产生重要影响的战场创新技术进行评估后认为，技术变革本身不太可能从根本上改变未来战场的性质，但将继续塑造战争的特征，技术进步对战争产生的全部影响只有在与基础设施或其他技术相结合的情况下才能实现，因此欧盟推动的新兴技术、塑造环境为欧盟成员国武装部队提供了机遇，但也可能产生新的脆弱性。[②]

综合来看，无论是战场感知、情报分析、决策能力的提升抑或是战争行为成本和代价的下降，人工智能对于国家军事实力的影响主要是通过军事上自动化、无人化、智能化的发展，减少了对作战人员数量和技能水平的依赖，人工智能对于军事实力的影响相比于变革性的影响，更近似于增量效应，其作用仍需与现有武器装备结合，依靠数量上的优势在局部实施打击。现阶段这种优势在低烈度、小规模的军事行动中，已经呈现出一定的优势。无人化作战系统可以全天候不间断执行任务，大大提升了作战效能，形成对于其他国家的相对优势。目前各国都已经认识到战争智能化发展的趋势，各国人工智能军事化发展日益提速，但人工智能军事化尚处于初级阶段，人工智能技术与军事领域指挥控制、战场通信、后勤保障等环节发展仍需深化。

---

①Michael C. Horowitz: The Promise and Peril of Military Applications of Artificial Intelligence, April 2018，(2021-03-01)，https: //thebulletin. org/2018/04/the-promise-and-peril-of-military-applica-tions-of-artificial-intelligence/。

②European Parliamentary Research Service: Innovative Technologies Shaping the 2040 Battlefield, July 2021，(2021-11-19)，https: //www. europarl. europa. eu/RegData/etudes/STUD/2021/690038/EPRS_ STU (2021) 690038_ EN. pdf。

第三节 人工智能与实力格局变化

上一节系统分析了影响国家实力要素的路径，以及人工智能赋能一国实力提升的方式。在此基础上，需要进一步通过人工智能技术发展的视域，探究国家实力之变所带来的国际格局和国家间互动的变化趋势。这一问题的核心关切是：哪些国家能够在人工智能发展中获取先发优势，这种优势对于国家间实力差异有哪些短期和长期影响，以及人工智能带来的实力变迁在多大程度上能够推动国家间实力格局的变化。通过实力的变化以及对于国家实力的影响，判断哪些国家将从人工智能发展中获取相对的优势，推演国际权力格局可能的演变。

人工智能作为一项具有赋能特性的技术，对国家实力的影响取决于多重因素。必然会有国家从人工智能的发展中获取先发优势，而技术扩散的速度则决定了这些先发优势能否维持稳定，以及是否带来垄断性优势。人工智能所带来的影响将超出传统技术变革的一般范畴，一个或者部分国家掌握乃至垄断了人工智能技术，并将人工智能作为一种重要赋能手段输出扩散，将在各个领域产生广泛且持续的赋能作用，并获取相对其他国家的实力优势。因此，通过考察人工智能赋能国家实力的路径可以看出，人工智能技术能够独自作为一个影响变量，打破现有的国家间的经济和军事能力平衡，并对国家实力和国际体系带来直接影响。

一、人工智能成为大国游戏

本书在第一章中分析了当前人工智能面临的发展瓶颈，无论从资金、人才等传统发展要素还是人工智能的关键驱动因素来看，人工智能技术的发展门槛在日益提升，人工智能对国家实力的赋能作用所带来的优势不是完全均衡的，对权力分配的显著特征是数字权力的集中化趋势。对于信息时代的权力分布而言，小约瑟夫·奈提出权力分布趋于平等并不是信息时代的根本特征，"一方面由于在商业和战略信息领域，规模经济和准入壁垒依然存在，另一方面是因为在免费信息领域，大国往往在信誉竞争中处于有利地位"。[1] 与"数字革命必然会引发权力分散"的观点相反，人工智能所带来的智能化浪潮更有可能加剧数字权力的集中化。技术强国基于拥有的研究资源、发展要素等实力基础，将可能获取更多的技术红利和发展优势；而从长期来看，这种先发优势可能进一步转化成为持久优势，进一步拉大技术强国与普通大国、大国与中小国家之间的实力差距。人工智能所带来的国家实力差距不是倍数的差距，而将是呈现非线性、指数级的拉大趋势，导致领先国家与落后国家之间的实力鸿沟扩大。国家间实力的分化将促进国际体系中权力走向高度集中，即国际体系中的权威向技术霸权国集中。

人工智能赋能国家实力的基础在于技术能力的领先优势和技术创新的可持续性。从历史经验看，通常只有国际体系内领先的技术强国有资源、有能力和有动力推动技术变革，加强技术创新，进而通过增强国家实力来巩固领先地位。人工智能赋能国家实力需要具备一些条件基础，如拥有大量的准确数据、具有专业知识的高水平人才队伍、高性能的计算资源[2]。这些资源通常只集中在当前国际体系中的主要强国手中，技术创新所需发展要素的高门槛意味着很难有新的行为主体能够进入这场技术竞赛中。同时，人工智能技术发展所需的驱动要素也被领先的技术强国所垄断，这些国家垄断了包括人工智能领域的超级科技巨头和顶尖研究团队，遏制了后发国家追赶超越。人工智能技术赋能下的数字化新业态发展高度依托网络效应，同时构建起高技术门槛；而数字技术强国则在各领域逐渐建立自身的实力优势，导致国际权力格局的持续分化。

第一，优秀人才向强国集聚。专业知识和高水平人才队伍日益成为释放人工智能技术潜力的关键条件，顶尖计算机工程师以及在政策制定、学

---

①小约瑟夫·奈、戴维·韦尔奇：《理解全球冲突与合作：理论与历史》，10 版，张小明译，上海，上海人民出版社，2018：390 页。

②Michael Horowitz, Elsa B. Kania, Gregory Allen et al：Strategic Competition in an Era of Artificial Intelligence, July 2018, (2021-01-07), https://www.cnas.org/publications/reports/strategic-competition-in-an-era-of-artificial-intelligence。

术研究等领域中具有专业知识的人员将拥有更大的话语权。① 高技术门槛导致了技术基础落后的国家基本无法参与人工智能前沿研究和新技术研发，极少数技术强国实际上掌控着人工智能领域研究的绝对主导权。人工智能领域的前沿研究开始转向巨头企业的实验室，这种"虹吸效应"导致绝大多数人工智能研究的顶尖人才都在为技术强国的超级科技企业服务。拥有计算资源优势的大型科技公司通过与顶尖大学合作、独立发布研究成果等方式，越来越频繁地在人工智能顶级学术会议上发声，② 这也反映出人工智能创新所需的研究资源在全球范围内分布极不均衡。

　　第二，强国拥有雄厚的资金实力。第三次人工智能发展高峰得益于三大要素的驱动作用，但这些要素的获得都需要大量的资金支撑，这也日益成为深度学习持续发展的瓶颈。2016 年，全球关于人工智能的研究、开发和收购的资金总额在 260 亿至 390 亿美元，其中 200 亿至 300 亿美元来自中美的科技企业。③ 2012 年至 2018 年，深度学习算法的模型每 3 至 4 个月就会增加一倍，六年时间增长了 30 万倍。2020 年 5 月，美国知名人工智能研究机构 Open AI 发布了具有 1750 亿参数的超大规模预训练语言模型 GPT-3，其所用的最大数据集达到了 45TB。据测算，其一次的训练费用就超过 1200 万美元，是此前 GPT-2 模型的 200 倍。④ 在这种情况下，只有少数顶尖实验室才能负担得起开展人工智能研究所需的高昂计算能力成本。即使在美国，2019 年以斯坦福大学人工智能研究院为首的 22 所顶尖大学曾向国会和总统提交了一封公开信，呼吁建立统一的"国家研究云"（Na-

---

　　①Heather Roff：Artificial Intelligence：Power to the People，*Ethics & International Affairs*，2019，33（2）：pp. 127-140。

　　②Nur Ahmed，Muntasir Wahedx：The De-democratization of AI：Deep Learning and the Compute Divide in Artificial Intelligence Research，October 2020，（2021-03-05），https：//arxiv. org/abs/2010. 15581。

　　③Bhaskar Chakravorti：Big Tech's Stranglehold on Artificial Intelligence Must Be Regulated，Foreign Policy，August 11，2021，（2022-01-21），https：//foreignpolicy. com/2021/08/11/artificial-intelligence-big-tech-regulation-monopoly-antitrust-google-apple-amazon-facebook/。

　　④Elliot Turner's Twitter on 29 May，2020，（2021-03-05），https：//twitter. com/eturner303/status/1266264358771757057。

tional Research Cloud)，用于支持人工智能研究。[①] 在算力方面，能够支持高性能计算任务的超级计算机，其运行成本较高，通常被应用于物理、医学、气候等前沿科学研究以及国家安全领域，目前能够承担和有效使用计算能力的国家仍然集中在少数大国。

第三，产业生态日益被强国主导。人工智能技术竞争也是相关生态的竞争，深度学习框架需要吸引大量开发者共同打造。大国依托超级科技巨头筑起的创新能力"护城河"，形成对其他竞争对手的代际领先。对于全球研发者而言，至关重要的深度学习框架被谷歌、脸书等美国科技巨头垄断，其他国家的研发者在享用这些公司带来的便利开发条件的同时，也日益被绑定在美国公司所主导的技术路线之上。在硬件方面，英伟达（Nvidia）的图形处理器（GPU）芯片在人工智能训练中具有绝对的市场垄断优势，高性能的芯片以及其上绑定的 CUDA 软件集在长期技术积累中形成了完善的技术体系架构，短期内很难形成具有挑战性的替代方案。而且，人工智能前沿研究并不是如宣称的那样完全开放，根据剑桥大学的统计数据，2020 年仅有 15%的人工智能论文公开了源代码，[②] 而且这一趋势并非个例，像 Open AI、Deepmind 等全球顶尖研究团队都没有公开所有代码，关键底层代码依然是技术团队的核心竞争资源，并非能轻易地向外界开放。此外，收购和并购是获取技术创新能力、构建企业技术竞争力的重要途径，在 2010 年至 2019 年的 10 年间，全球超过 600 家人工智能领域创业公司被收购，收购方主要来自少数大国的科技巨头，而且事实上超级科技巨头主要人工智能创新产品和服务都来自对人工智能初创企业的收购。[③] 在大国竞争时代，这种收购打破了相互依赖平衡，加深了技术优势的不对

---

①The Call for a National Research Cloud and the Competition Over Compute，April 2020，（2021-03-05），https：//www. csis. org/blogs/technology-policy-blog/call-national-research-cloud-and-competition-over-compute。

②Nathan Benaich，Ian Hogarth：State of AI Report"，October 2020，（2021-03-28），https：//www. stateof. ai/。

③CBISIGHTS：The Race for AI：Here are the Tech Giants Rushing to Snap up Artificial Intelligence Startups"，September 2019，（2021-03-15），https：//www. cbinsights. com/research/top-acquirers-ai-startups-ma-timeline/。

称性，产业发展资源日益掌握在技术强国手中。同时，科技巨头进行并购面临越来越强的基于安全利益考量的国家政策的阻力。例如，英伟达对 ARM 的收购尝试由于受到英国等国家监管机构阻力而被迫流产。

第四，数据资源向强国集中。数据资源是推动人工智能技术发展的重要驱动因素，在数据资源方面，收集、储存、处理、使用信息的能力便成为新型权力的基础。[①] 数据资源的潜在价值已经受到各国重视，各国政府纷纷推出了本地化数据保护举措。有学者预言，不久的将来，会出现一种"数据殖民主义"，即全球的信息资源掌握在主要大国手中。[②] 越来越多的电子数据存储于少数云端，由少数几个超级科技企业所提供，这些企业在搜索、社交媒体、在线零售和应用商城等服务中占据主导地位，在为全球提供服务的同时也几乎垄断了用户数据。这些数据除了具有潜在巨大经济价值之外，也能够通过数据挖掘、情报分析等手段转化出其他战略价值，为军事行动、网络空间行动等提供服务，谁能收集更多、更全的全球数据谁就可能更强大。[③] 国家之间的数据鸿沟成为技术强国巩固技术领先地位的最大优势，而落后国家本身由于人口规模小、数字化程度低等原因在数据资源上存在发展短板，技术强国实质上通过对数字产业生态的掌控形成了对生态之中数据资源的垄断性控制。

由于人工智能技术创新的门槛日益提升，人工智能的高研究门槛在与其他新兴技术的融合应用、集成创新中仍将被放大筑高，技术系统越来越复杂，形成某种意义上的技术高壁垒。普通国家很难承担技术研发的高额成本，只有国际体系中的少数技术强国能够真正从人工智能技术发展中享受红利，并从人工智能发展中获得实力增强。一些研究也认为，人工智能可能带来不对称威胁。例如，美国国土安全部（DHS）认为"人工智能作

①王绍光：《新技术革命与国家理论》，载《中国社会主义学院学报》，2019（5）：93-100 页。
②Yuval Noah Harari：Who Will Win the Race for AI? China and the United States are Leading the Pack and the Laggards Face Grave Dangers, *Foreign Policy*, 2019（231）：pp. 52-54。
③蔡翠红：《国际关系中的大数据变革及其挑战》，载《世界经济与政治》，2014（5）：124-143 页。

为一种力量放大器，能够使个人有可能与国家竞争"①。受制于人工智能赋能的实力基础，通常拥有较强的技术实力的大国在激发人工智能技术潜力时拥有更为稳定的预期；尽管一些掌握了人工智能技术的中等国家也能够从中获得收益，但是这种收益用在同等体量的国家间的对比中才更具有意义。也就是说，中小国家掌握了人工智能技术后可以获得实力的提升，但是很难像拥有核武器一样能直接获得国家地位的质的飞跃。

当前学术界和战略界也存在"人工智能是否增强了大国脆弱性"的争论，担心人工智能的军事化应用扩散后会增强大国遭受攻击可能性。如果回答是肯定的，那么小国或者弱国就似乎能通过获取人工智能武器作为参加国际博弈的筹码，增加自身在国际社会中同大国平等对话的实力，因而可能有助于促进国际政治的平等化趋势。

对此持赞同态度的观点提出，人工智能技术类似于软件技术，具备容易扩散的特点，复制成本低、传输方便、隐蔽性高。尽管研发门槛高，但是在技术成熟后，通过商业化渠道易于扩散和获取。该种观点以无人机为例，如同个人电脑的价格从 1998 年到 2013 年的 15 年间下降了 95% 一样，无人机的价格也可能遵循与电脑一样的变化规律，呈现逐年下降趋势。恐怖主义分子能够在市场上寻找到各种价格（越来越低廉）、功能（越来越强大）的无人机，并尝试在军事行动中大肆使用，未来他们还可能越来越多地使用无人驾驶车辆和船舶。此外，全球智能无人系统也面临着网络安全威胁，如外部输入欺骗风险、数据污染攻击、信息链路攻击、智能编码攻击等手段，通过扫描等手段发现无人系统的漏洞和缺陷实施攻击。这些都会导致高度依赖于智能系统的技术强国可能会受到越来越多的攻击，因此增加了国家安全保障的难度。极端或非法组织可能利用数据或者算法方面的漏洞，通过技术手段发动恐袭攻击目标国，以达到扰乱、动摇目标国

---

①The Department of Homeland Security of U. S. ：Artificial Intelligence：Using Standards to Mitigate Risks，2018，（2021－08－06），https：//www. dhs. gov/sites/default/files/publications/2018_ AEP_ Artificial_ Intelligence. pdf。

政治稳定和社会秩序的目的。①

人工智能技术的扩散和转移会提升小国和非国家行为体的行动能力，小团队也可以以较低的费用利用开源代码库、商业现货或租用硬件来开发强大的具有破坏力的应用功能。例如，对于恐怖分子来说，一旦得到和使用了自动驾驶技术，可以让自杀式汽车炸弹更具破坏性且更易部署。

对"大国脆弱性"观点的反对者则认为，即使人工智能在一定程度上为弱者带来优势，但是大国借助人工智能技术作战具有更高的成本效益。同样以无人机的普及应用为例，无人机属于典型的军民两用技术产品，技术扩散容易。商业无人机的大发展可以降低无人机成本，也有利于各国军队获得。但是目前就全球的军用人工智能技术而言，小国模仿大国去发展高水平的无人机较为困难且成本高，小国的无人机作战即使实现，仍然停留在较低的水平，与大国难以比拟。毕竟无人机技术最易受到三大因素制约：硬件条件的约束以及日益复杂的软硬件配合调试，机器学习算法自身的复杂性，有效部署代码的资源和专业能力。当前，研制并生产能够实现全球航程的大型无人机超出了许多中小国家的承受能力。强国凭借其人工智能军事大国的地位和实力有助于巩固其在国际格局的地位。②

本研究认为，随着人工智能武器使用门槛的降低，虽能威胁到大国自身的安全，但是大国凭借相关技术的优势将获得更强势的地位。原因有三：其一，复杂且昂贵的技术不易被复制和使用，对于技术强国维持垄断最为有利，目前的高端人工智能技术，特别是军用级人工智能应用对于算法运行硬件条件的要求仍然十分苛刻，算法开发更加个性化和定制化，不易通过商业渠道获得。其二，虽然未来为了广泛的部署，存在着进一步降低技术生产应用成本且便于规模化生产的现实需求问题，但是，与核武器不同，在不结合战略性武器使用的情况下，单一的、少量的人工智能武器

---

①The Department of Homeland Security of U. S. : Artificial Intelligence: Using Standards to Mitigate Risks, 2018, (2021-08-06), https://www. dhs. gov/sites/default/files/publications/2018_ AEP_ Artificial_ Intelligence. pdf。

②James Johnson: The End of Military-techno Pax Americana? Washington's Strategic Responses to Chinese AI-enabled Military Technology", *The Pacific Review*, 2021, 34 (3): pp. 351-378。

并不能形成完备的作战体系，即使具备一定的非对称性的破坏性和杀伤力，所能带来的威慑力也很难对大国发挥足够有效的作用。其三，随着技术的发展，大国会将维护国家安全作为技术发展的一个重要考量，因此在未来技术发展所带来的攻防对抗中，大国仍然会获得更多先进性的防御手段和选择。

二、人工智能对大国核心利益影响

从国际关系层面看，国家核心利益是驱动国际关系的重要因素，也是解释分析国家外交政策和对外行为的关键变量。国家利益可分为核心利益、重大利益和一般利益，其中，国家核心利益是关乎一国生死存亡，不能进行交易或退让的重大国家利益。[①] 核心利益是关系到国家安全和发展的关键利益，涉及一国的生存能力和核心诉求，其中维护国家生存和国家安全是国家利益的关键内容。对大国而言，核心利益会随着国家实力、国际环境等因素变化而变化，在不同时期以及受不同因素影响，国家核心利益会随之调整。人工智能作为颠覆性技术变革对国家实力要素产生重大影响，也将丰富拓展大国核心利益范围和边界，促使大国核心利益的基础条件和实现方式发生变化，从而改变国家利益目标的优先次序，并影响大国的战略政策以及对外行为方式。

首先，人工智能将拓展大国核心利益的外延。在一定时期内，核心利益的内涵具有一定的稳定性，其外延则会依照国内外环境的变化而有所调整。[②] 人工智能作为国家实力体系中日益凸显的关键因素，在不断改变着大国核心利益的范围外延及其表现形式。在人工智能时代，维护国家核心利益高度依赖于人工智能技术的先进性和持续性，其中算力等基础设施、重要数据安全、核心算法可控、技术产业生态稳定性等对于人工智能技术创新突破越发关键，因此这些要素将逐步被纳入国家利益范畴。近年来，

①门洪华：《中国国家利益的维护和拓展》，载《国际观察》，2015（6）：17页。
②高伟凯：《国家利益：概念的界定及其解读》，载《世界经济与政治论坛》，2009（1）：80-85页。

欧盟、印度等加强平台监管，强化数据本地化保护；中美修改出口管制法规，加强对智能算法的管制；各国将高性能芯片产业作为加强技术自主的关键环节，等等。这些事件都体现了在人工智能等新兴技术发展过程中，大国针对核心利益的认识正在逐步改变。其中，由于人工智能技术投资规模大、回报周期长、规模效应显著，其技术发展的持续性必须依靠产业生态进行维系，由于一国无法凭借自身力量掌控所有原材料、研发、制造等环节，各国对于全球技术生态的依赖程度加强，本国人工智能与全球技术生态的连通性成为促进国家发展和保障国家安全的关键需求。随着人工智能融合在生产生活、军事国防等各个领域，破坏一国与全球技术生态的正常连通和交流将对于国家核心利益带来直接威胁。

人工智能领域赖以生存和发展的信息技术产业生态也是如此，以集成电路为例，高性能芯片构成了人工智能技术的算力基础，对比来看，65 纳米集成电路的平面工艺大约需要 600 余道工序，28 纳米则需要 1300 余道工序，14 纳米的制造工序将需要高达 1700 余道工序，其中技术复杂度和对工艺精准性的要求将成倍增加。数字领域作为技术集中型、资本集中型的领域，常常需要大量的资本持续投入。例如，一条 12 英寸 16/14 纳米的半导体生产线所需投资近 100 亿美元，而更先进的 5 纳米生产线需要资金高达 280 亿美元。因此，人工智能发展依赖于高度分工的全球合作系统。一旦离开或被隔绝于全球生态协作体系，一国很难凭一己之力保证人工智能技术发展。维持人工智能技术生态的互联互通性在国家利益中的重要性日益提升，这需要确保本国人工智能技术的基础原材料、核心零部件以及关键软硬件的供应保持稳定。随着人工智能技术已经深入渗透大国经济社会各领域发展中，如果被限制或切断了供应链，将可能演化成影响国家安全和发展核心利益的重大威胁。

其次，人工智能导致大国核心利益目标的优先排序发生变化。由于人工智能等技术因素所带来的颠覆性影响的预期，人工智能作为国家实力的关键性要素将改变大国对于核心利益目标重要性的排序。从本章第二节的分析可以看出，人工智能技术广泛的赋能作用对于科技创新、经济社会发展、网络空间实力、数据资源利用、军事实力等方面发展产生直接影响，进而也将对于国家核心利益的各个领域目标的实现提供强大的动力，因此也会导致国家核心利益的排序发生变化。

随着人工智能成为赋能国家实力提升的关键途径，加强本国人工智能等前沿技术发展水平日益成为各国国家战略中的重要目标之一，因此其在国家利益的重要性排序中也将随之提升。例如，政治体制和文化的稳定被认为是确保民族国家生存的基础条件，也是国家切实维护的核心利益。"剑桥分析"事件说明，人工智能算法在社交媒体中的应用已经成为大国在政治影响力上的新兴对抗形式，大国都不断加强对智能算法在网络平台上应用的监管，将打击网络平台上政治虚假消息作为防范对手进行渗透的关键环节，新兴的舆论战、认知战对抗模式以更加隐蔽的方式对国家安全带来严重威胁。因此，对于人工智能等技术手段的运用能力不仅仅局限于经济发展等领域，其已经对高政治领域带来直接影响，成为实现国家利益目标中日益紧迫的影响要素。人工智能等技术领域的发展和安全利益在国家核心利益中的重要性和优先排序在上升，在国家对核心利益的整体性考量中的重要程度也将得到提升。

最后，人工智能正在改变大国核心利益的实现方式和手段。由于国家对外政策会将国家利益转化为国家目标，一国会采取各种可供使用的对外政策选择维护国家利益。在核平衡时代，大国间无法通过相互间发起战争来进行权力的再分配，大规模杀伤性武器具有的毁灭性力量意味着使用硬实力实现国家战略目标的可能性大大降低，传统军事实力在国际政治现实的使用受到的约束力日益增大。总之，硬实力的使用日益受到越来越大的限制，使用成本越来越高，已经不再是实现国家利益的最佳政策工具，当今的全球大国实际上已经陷入了"硬实力"困境。[1] 因为大国的发展更多地陷入复合相互依赖关系之中，军事等硬实力的作用方式发生了明显变化，硬实力由传统"硬使用"更多转向"软使用"。有学者把这种权力使用方式的变化界定为"软性硬权力"，[2] 即虽然使用物质性资源作为权力要

---

① 蔡拓、杨昊：《试析"硬实力"困境》，载《现代国际关系》，2011（2）：51-62页。
② 陈志敏、常璐璐：《权力的资源与运用：兼论中国外交的权力战略》，载《世界经济与政治》，2012（7）：11页。

素，但有别于强制性手段，转而运用吸引性的方式发挥其影响。这种软性的权力使用方式正在成为人工智能条件下主要大国对外政策的重要形式。

当前，经济全球化、跨国贸易以及网络空间的发展将各国更加紧密地联系在一起，极大地增强了各国之间的相互依赖性。以此带来的日益密切的强联结团结和安全感能够降低行为体的不确定感，① 大国间直接军事冲突的可能性不断降低。随着人工智能成为大国竞争的关键领域，以技术领域为核心的各类竞争或合作手段成为大国之间博弈的重要互动方式。为了实现国家核心利益，大国将更加倾向于使用类似于出口管制、进口限制或是针对性的技术援助等政策，这类政策不仅成本低、阻力小，且政策措施的可解释性高、隐蔽性强，如美国及欧盟频繁以"国家安全"为借口排除特定国家的技术服务供应商，实质上是以技术议题为幌子，推行其政治层面的政策意图。

三、人工智能视域下的软实力与软霸权

人工智能对于国家核心利益内涵以及实现方式的影响，导致国家对外政策目标和行为方式发生了变化，以人工智能为代表的技术领域优势成为国家追求的重要权力优势。如前文所述，作为追求国家利益和国家目标的重要手段，技术领域优势所带来的权力优势将以"软性"形式来发挥效用。小约瑟夫·奈提出软实力概念来说明冷战后美国在国际体系中的地位和实力，认为霸权地位的确立日益依赖文化、制度、意识形态等软实力所带来的影响力，其理论的背后是通过软实力这一概念来透视对于国际体系中实力属性变化的认识。人工智能发展对于国家特别是技术强国带来的影响力有助于观察和理解软实力的新内涵。有研究指出，奈对于软实力和硬实力的划分，虽然指出了两者之间的重要差异，但是在使用中过于强调软实力与文化、意识形态和制度等无形资源之间的紧密联系，反而忽视了其

---

① 尚会鹏：《从"国际政治"到"国际关系"——审视世界强联结时代的国际关系本体论》，载《世界经济与政治》，2020（2）：41 页。

概念本质在于认同性这一特征。① 因此，只是单纯从实力构成要素方面界定硬实力和软实力显然有些片面。真正赋予国家实力软或硬特质的是对实力的使用方式。硬或软指代的是实力要素同实力使用方式的结合，实力要素是载体，使用方式才是划分依据。②

本研究认为，随着人工智能作为国家实力要素体系重要赋能作用的显现，将改变大国对于核心利益内涵的衡量和认知，同时也将改变其维护和追求国家核心利益的行为方式和逻辑动机。随着以深度学习为代表的人工智能技术崛起，人工智能对科技、经济、军事等广泛领域都带来强大的赋能提升作用，其影响范围不再限于单一领域。对于大国而言，能够借助其提升自身的国家实力和国际地位，而且能够凭借人工智能技术的赋能形成对他国的各方面的相对实力优势。鉴于对国家核心利益认知的转变，各国都希望在人工智能发展浪潮中获取基于技术发展优势的软实力。不同于传统的国家实力影响要素，人工智能带来的实力提升以及基于人工智能优势的实力运用更多体现"软"的特点。

为阐释人工智能对大国关系的现实和潜在影响，本章在对软实力概念进行丰富发展的基础上，进一步运用软霸权的视角来阐释人工智能时代国际体系的实力对比格局及其主要运行特点。由于人工智能技术自身的规模效应特征和当前技术生态趋于垄断的现实，其发展将推动数字权力集中化的趋势。在此过程中，美国具有在人工智能技术上的一定优势，并尝试攫取网络空间的软霸权。这种软霸权是以超强的技术实力为基础，与美国霸权体系相互嵌入，并且是美国霸权的重要组成部分和未来一种更加鲜明的表现形式。与依靠军事和经济实力的硬霸权相对应，软霸权是建立在制度、文化和科技实力之上的霸权，软硬两者相互配合，进一步强化了美国的霸权体系，可能成为未来霸权国在某种情况下"不战而屈人之兵"的重要工具。信息时代、人工智能时代的到来为软霸权的大行其道提供了有利条件。

---

① 冯维江、余洁雅：《论霸权的权力根源》，载《世界经济与政治》，2012（12）：6 页。
② 蔡拓、杨昊：《试析"硬实力"困境》，载《现代国际关系》，2011（2）：52-53 页。

霸权是一种不均衡的政治支配状态，是霸权国利用自己的实力地位对他国进行影响的一种体现。由于美国相对实力进一步衰落，霸权国占据绝对优势的情况越来越少见，硬霸权运用的空间不断受到压缩。为了维持对国际体系的实力地位和影响力，霸权国在权力的运用方式也更趋于"软性"。由于使用阻力小、运用成本低，对于霸权国而言，软霸权的有效性更高。目前，关于软霸权的界定普遍认为软霸权体现在制度、文化、意识形态等软实力范围之内。而且在作用上软霸权只是硬霸权的补充和辅助，只是作为"美国霸权体系赖以维持的侧翼，而硬霸权则是物质基础"①，虽然相关研究普遍认为软霸权的重要性日益凸显，但是软霸权仍是建立在硬霸权基础之上的，从如今美国霸权现状看来，这种界定方式显然存有一定的时代局限性。

软实力是软霸权的基础条件，但是仅借助软实力的定义范围来界定软霸权则过于片面，如有研究提出的"相互依赖武器化"就可以被看作是软霸权的一种体现，但是并不完全归属于一般意义上的软实力范畴。因此本研究在认识理解软霸权概念上借鉴并发展了软实力的概念。不可否认，与冷战结束初期相比，当前美国的文化、价值观、发展模式等传统软实力的优势已经明显下降，国内的两极分化、社会不平等加剧以及抗疫表现不如人意都暴露了美式民主的脆弱性，也降低了美国发展模式在全球的吸引力。中美在全球范围内围绕人工智能等领域的竞争加剧了其他国家对于技术发展带来的地缘政治风险的担忧。美国经过多年的谋划设计，给中国贴上"数字威权主义"的标签，蓄意将技术发展与意识形态挂钩，极力压制中国企业在全球开拓市场，而美国的这种做法增强了国际社会对美国的担心。"他们将美国科技巨头视为潜在的威胁，因此'斯诺登事件'暴露出美国全球监控能力和网络间谍活动的广度和深度，美国借助强大的科技实力通过人工智能技术开展大规模监控和数据挖掘，对发展中国家民众的隐私带来巨大风险"②，由此可见，美国自称为自由民主代表的"灯塔之国"

①赵景芳：《美国战略思维与霸权战略选择》，载《太平洋学报》，2011（7）：36页。

②Jun-E Tan：Geopolitics of AI：The Rise of China，the US as Alternative？，（2022-02-13），https：//engagemedia.org/2022/artificial-intelligence-geopolitics/。

的吸引力不断降低，奈所定义的美国软实力的传统基础已经遭受到极大地削弱。

软霸权是传统霸权在大国无战争时代一种不断凸显的特征表现，核武器极大地降低了国际体系中大国之间爆发大规模冲突的可能性。核战争可能带来灾难性后果的预期使得硬实力运用的频率和效能逐渐下降，传统的大国战争方式通常被国际社会认为不可接受，各方担心大国之间的常规战争或者局部战争，都有可能激化升级为全面战争以至于发生核战争。即使对于霸权国而言，依靠军事力量等硬实力进行征服的成本越来越高，而相对的收益却越来越低。在这种实力认知之下，大国竞争领域更多转向经济、科技、金融等领域综合使用的软手段。

一方面，随着以信息技术为代表的科技实力成为当前国际竞争的关键因素，科技因素被用作大国博弈的筹码；另一方面，信息时代使制度、文化等霸权力量摆脱国界和地域的限制，而更具有渗透性和穿透力。[1] 美国的软霸权首先体现在对国际金融体系的掌控力上，美国利用以货币金融权力为代表的软霸权牟取超额利润、对他国实施金融打击以及利用国际金融组织实施政治经济影响等方式，巩固了其霸权地位。[2] 其次，伴随着产业全球分工体系不断发展，相互依赖中不平等的贸易关系也能够成为霸权国对他国实施强制力的权力基础。各国通过相互依赖开展广泛合作并实现经济发展，但是相互依赖并不能保持平衡，不对称的依赖可能成为一种政策工具来实现外交目标，可以构成基于关系的实力形式。[3] 因此在日益相互依赖的国际体系中，全球经济关系中的相互依赖也能够带来结构性权力，这种权力形成了不对称的关系地位，拥有优势地位的国家能够将相互依赖

---

①陶文昭：《美国软霸权的警示》，载《时事报告》，2008（3）：8-22 页。

②邹三明：《货币金融权力与美国的"软霸权"》，载《国际关系学院学报》，2000（1）：33-36 页。

③美国大西洋理事会基于关系实力的理念假设，研究提出了"正式双边影响能力"（FBCI）指数来衡量双边关系中多维不对称依赖程度，即一国在经济和政治上对于另一个国家的依赖程度越高，占据主导地位的国家所获取的不对称优势就越大。引自 Jonathan D. Mayer, Collins J. Meisel, Austion S. Matthens, et al：China-U. S. Competition Measuring Global Influence, Report of the Atlantic Council, May 2021。

武器化,对他国实施强制性的要求。[①] 霸权国通常位于产业链上游,因此在相互依赖关系中占据有利位置,这种不对称的相互依赖关系也成为霸权国实现对外政策目标的常用工具。

随着时代的变迁和国际环境的变化,美国越来越倾向于硬实力的"软运用",越来越依赖软实力的博弈,也越来越走向以软霸权主导国际体系。在当前国际环境之下,人工智能将有利于霸权国进一步从技术领先优势不断巩固霸权地位,但是护持霸权的手段方式将发生深刻变化。这一趋势进一步丰富了对于软实力和软霸权形态的认识和理解。令人瞩目的是,人工智能等技术因素正在成为助力美国维持国际体系中软霸权的重要支撑力量,成为传统霸权体系的新的护持力量,这将对国际体系变革走势带来深刻的影响。

首先,软霸权具有隐蔽性。与其他权力来源相比,此类技术霸权的影响容易被忽视和低估。[②] 美国的科技优势是进行大国竞争的有力手段和维持国际威望的重要保障,第二次世界大战后,美国维护其科技领域优势地位的意图日益强化,先后与苏联、日本、欧洲等开展合作并赢得了全球科技领先地位的竞争。[③] 近年来,软霸权手段在美国维护霸权体系中的重要性和优先性更为明显。从表现形式上看,以科技领先、金融优势等构成的软霸权较之硬霸权更有效、更不易被察觉。[④] 与航母、飞机、导弹等相比,软霸权难以识别,这种隐蔽性也增加了软霸权的"合法性",霸权国通过控制和主导国际机构和国际条约,背后维护着自身的利益,并以所谓的"合法"形式掩盖了霸权行径。[⑤] 软霸权的隐蔽性增强了其盟国和某些伙伴国家依附于美国霸权的吸引力,是美国霸权演变的重要特征。

其次,非对称性依赖、标准规范等软性优势是软霸权的基础条件。在全球化大环境下,有学者提出,当今"被束缚的全球化"(chained global-

①Henry Farrell, Abraham L. Newman: Weaponized Interdependence: How Global Economic Networks Shape State Coercion, *International Security*, 2019, 44(1): pp. 42-79.

②王金强:《知识产权保护与美国的技术霸权》,载《国际展望》,2019(4):116页。

③刘杨钺:《重思网络技术对国际体系变革的影响》,载《国际展望》,2017(4):15-42页。

④陶坚:《关注"软霸权"》,载《世界知识》,1999(12):27页。

⑤陶文昭:《美国软霸权的警示》,载《时事报告》,2008(3):19页。

ization）是全球化发展的重要特征，国家之间相互依赖，同时也相互束缚。霸权国在全球推行贸易自由政策时，将核心上游技术环节留在本土，维持着在技术产业链中的竞争优势。通过对关键节点的把握程度导致了不对称的相互依赖，而不对称的相互依赖产生权力。① 虽然技术强国无法独立承担整个产业链的研发，但是强国却可以在整个技术生态之中占据着绝对主导，导致这种技术产业的合作成为一种不对称性依赖，人工智能带来了不均衡的实力分配态势。由于人工智能对于高水平人才和持续资金投入上的高度依赖，后发竞争者仅凭自身力量将无法实现追赶。不对称的依赖对给依赖较小的一方带来相应的影响力。② 霸权国凭借技术实力上的先发优势和产业生态上的相对优势，引领和制定了技术标准、规则、规范等，进一步巩固了技术发展中的领先地位，而缺乏技术储备的发展中国家在面临少数技术强国所主导的技术标准和规范时只能被动接受，进而形成了对霸权国技术体系的长期依附。

最后，垄断优势是软霸权的重要手段。人工智能等技术领域霸权已经构成了美国软霸权的重要支柱，从基础来看，技术创新能力、技术标准上的垄断地位与产业关键环节把控和主导等构成了技术霸权的基础。人工智能对于国家实力的赋能作用也需要霸权国家提供公共产品，维持全球范围内技术分工的正常运转。霸权国家凭借技术领域的先发优势和强大的创新能力，推动形成全球的产业链价值链，体系内的其他国家能够通过霸权国提供的技术基础上进行技术应用的研发和创新。例如，在人工智能技术方面，技术领先者通过开源方式为全世界的工程师和开发者提供免费的软件、技术框架、工具集等资源，简化技术研发的流程，降低技术使用的门槛。开源软件已经成为超级科技巨头巩固垄断地位的工具，来自全球的技术人员依赖谷歌和脸书的深度学习开源框架进一步巩固了前沿科技公司在

---

①Henry Farrell, Abraham L, Newman：Chained to Globalization：Why It's Too Late to Decouple，*Foreign Affairs*，2020（99）：pp. 80。

②罗伯特·基欧汉、小约瑟夫·奈：《权力与相互依赖》，3 版，门洪华译，北京，北京大学出版社，2002：11 页。

人工智能领域的地位，① 基于科技巨头底层框架的开源技术逐步上升成为事实上的国际标准。同样，霸权国也提升了在发展生态里的掌控力，中小国家必须在大国主导的生态中求生存。从动因来看，以人工智能为核心的技术霸权日益成为护持霸权地位的新工具，通过领先的技术优势在国际上影响他国，目的是谋求传统政治军事手段无法获得的霸权和利益。

本章小结

实力是国家间博弈的基础，国家实力决定了一国在国际体系中的地位，各国实力对比塑造了国际格局，其中大国实力是国际体系的核心要素。国家实力也是国家战略的重要依据，实力的变化将在很大程度上改变国家间原本的互动方式。本章通过对国家实力关键因素的梳理，引入了人工智能作为国家实力变化的影响变量。基于前文对人工智能技术特点和特征属性的分析，人工智能广泛的赋能性特征通过与国家实力的关键因素相结合，改变了国家实力的基础，通过叠加作用对科技、数据、经济、网络、军事等领域起到了增强提升的作用，这种综合性提升作用也意味着人工智能可能会进一步对国家实力带来赋能倍增效应，凸显了人工智能的颠覆性影响潜力。从对国家实力要素的探究来看，人工智能的赋能特性决定了其需依附于传统的国家实力之上，如果没有强大的国力基础，人工智能也很难带来国家实力的跃升。在当前国际环境之下，拥有超强技术实力的强国在很大程度上将最先、最多地获取人工智能带来的发展红利。

人工智能正在成为一种新的权力源泉，这意味人工智能发展必将冲击权力格局。掌握人工智能能够在数字化时代具备领先的技术手段，而这样的行为体实质上形成了新的权力中心。尽管人工智能同其他信息技术一样，其扩散规律也遵循低成本、易复制等特点，但是随着研究门槛的持续

---

①Alex Engler：Five ways that Open Source Software shapes AI policy, the Brookings Institution，August 2021，(2021-12-16)，https：//www. brookings. edu/blog/techtank/2021/08/18/five-ways-that-open-source-software-shapes-ai-policy/。

提高，对于相关行为体在研发和使用人工智能技术中的基础能力要求也在提高。随着技术创新周期缩短、更新迭代速度加快，大国因其在研究资源、发展要素、技术储备等方面的优势，在发展过程中将逐步转化为长期的绝对优势，不断拉大与中等国家和小国之间的实力差距，加剧了数字世界的权力集中化趋势。

从人工智能带来国家实力变化的视角看，技术强国将在数据资源、顶尖人才、产业生态等方面都占据较大的实力优势，人工智能发展日益成为大国的游戏。在以深度学习为代表的技术路线下，人工智能技术提升对计算能力的依赖度持续增强，对于强大计算能力的需求导致人工智能研究越来越集中于拥有顶尖科研机构和超级科技巨头的领先大国。大国在顶尖人才、资金基础、产业生态等方面都具有较强实力，且在全球产业链价值链中占据领先位势，人工智能等数字技术将促进全球权力优势的转移，率先在技术创新中占据领先地位的国家，将在权力结构中占据有利条件。这种优势领域将对当前的国际体系产生深远影响，从而推动国际格局和国际秩序的演化。

同时，人工智能改变了大国对于核心利益的认知和衡量，不仅拓展和丰富了大国核心利益的内涵，确保新兴技术发展的连续性和连通性日益成为保障大国发展和安全利益的重点内容；而且基于对于人工智能巨大潜能的预期，推动大国对核心利益优先顺序和维护核心利益手段的变化，以先进的技术实力为重点的软实力竞争成为大国竞争的重点。在对软实力概念进一步发展的基础上，本章提出软霸权概念，以此观察人工智能对大国实力格局变化的影响。由于人工智能极大促进权力集中化趋势，因此在国际体系中霸权国将最有可能能够获得最大的实力优势提升。在软霸权视角下，霸权国能够通过人工智能带来的垄断性优势进一步巩固自身的霸权地位，推动人工智能赋能其他实力要素得到增强和提升；而另一方面，在大国无战争的时代，霸权国很难使用硬实力达到自身的战略目标，而是逐步转向软性的护持策略，而人工智能等技术手段的隐蔽性特性成为霸权护持的重要手段，这也是人工智能技术发展带来国家实力变化对于国际体系影响的主要趋势。

第三章

人工智能与大国战略选择

　　世界主要大国都认识到人工智能技术带来的变革性影响，纷纷将其作为促进国家发展、增强国家实力和维护国家安全的优先领域，都希望成为这一领域的领导者。本章将阐述各国加强人工智能战略部署的现实，从大国战略的视角，梳理美国、欧盟主要成员国、俄罗斯、英国、日本、中国等国家和地区关于人工智能发展的战略认知、政策部署、技术创新、产业生态、标准制定等方面的推进举措，从主要大国人工智能发展战略的重点来分析其战略取向，对比各国发展人工智能的优势和短板，评估人工智能全球竞争的基本态势以及未来发展趋势。

第一节　主要大国的人工智能战略认知

　　自 2017 年以来全球已有超过 30 个国家（地区）制定发布了人工智能战略文件，此外还有 20 多个国家的人工智能战略正在制定中。各国均高调宣示对于人工智能发展的重视程度，俄罗斯总统普京提出，"人工智能是未来，谁在人工智能领域领先，谁就将成为'世界统治者'"。[1] 拜登在竞选期间和上台后，多次表示将人工智能等新兴技术发展作为重塑美国

---

　　[1]Whoever Leads in AI will Rule the World：Putin to Russian Children on Knowledge Day, RT News, September 2017, （2021-01-05）, https：//www. rt. com/news/401731-ai-rule-world-putin/。

技术创新领导力的战略重点。欧盟委员会主席乌尔苏拉·冯德莱恩也提出"欧洲必须主导和掌控关键性技术,包括量子计算、人工智能、区块链和芯片技术"[1],并将技术发展的战略自主作为其执政的首要优先事项。英国、法国、德国等国家纷纷发布了本国的人工智能发展路线图。从已发布的人工智能发展战略来看,各国都充分认识到人工智能广阔的发展前景以及对国家实力提升的巨大潜力,对人工智能发展的战略认知有所趋同,对于发展人工智能的需求日益迫切。但是,在发展目标、发展基础以及比较优势等方面,各国仍存在着多维度的差异,体现了不同的发展策略。

一、基于国家战略的目标定位

以本国(地区)的总体战略目标为指引,主要大国陆续发布了一系列人工智能战略文件和法律法规,表示对于人工智能发展的重视,明确人工智能发展的优势领域、重点任务和优先路径,推动人工智能赋能经济社会发展,意图抢抓人工智能发展机遇以强化自身实力和影响力。

美国始终以确保其全球领先地位为目标。在此战略目标的指引下,美国从国家安全战略、国防战略、总统行政令等多个层面,全面加强人工智能领域的部署。2016 年奥巴马政府发布了多份人工智能相关的战略文件和报告[2],从技术研发、资源投入、人才培育等广泛领域提出人工智能发展的建议,但并没有从战略高度看待人工智能发展,且由于当时处于美国大

---

[1]Speech by President-elect von der Leyen in the European Parliament Plenary on the occasion of the presentation of her College of Commissioners and their programme, November 2019,(2021-03-28),https://ec. europa. eu/neighbourhood-enlargement/news_ corner/news/speech-president-elect-von-der-leyen-european-parliament-plenary-occasion_ en。

[2]相关战略政策文件请参见:The National Artificial Intelligence Research and Development Strategic Plan, October 2016,(2021-03-04),https://obamawhitehouse. archives. gov/sites/default/files/whitehouse_ files/microsites/ostp/NSTC/national_ ai_ rd_ strategic_ plan. pdf; Preparing for the Future of Artificial Intelligence, October 2016,(2021-03-04),https://obamawhitehouse. archives. gov/sites/default/files/whitehouse_ files/microsites/ostp/NSTC/preparing_ for_ the_ future_ of_ ai. pdf; Artificial Intelligence, Automation, and the Economy, December 2016,(2021-03-04),https://obamawhitehouse. archives. gov/sites/whitehouse. gov/files/documents/Artificial-Intelligence-Automation-Economy. pdf。

选的最后阶段，因此这些政策未产生太多实际性效果。① 特朗普上台后，明确将人工智能作为美国未来发展的重点领域，在国家安全战略、国防安全战略中都强调了人工智能对于美国国家安全的重要意义。在特朗普执政时期，美国政府对于人工智能发展的部署全面强化。2017 年底，特朗普政府发布的《国家安全战略》将人工智能作为对经济增长和国家安全至关重要的新兴技术领域，其中专门强调了民用领域的自动驾驶和军用领域的自主武器。在国家顶层战略的指导下，美国逐步形成全面的战略布局。2019 年 2 月，特朗普签署发布了人工智能总统行政令②，启动了"美国人工智能倡议"（《维护美国人工智能领导力》），明确提出保持在人工智能的领导地位对于维护美国利益是至关重要的。2019 年 6 月更新的《国家人工智能研发战略计划》为人工智能领域技术研发设立了目标；随后在其未来产业、关键新兴技术发展等战略文件中都将人工智能作为发展的优先领域。2021 年 1 月，作为《2021 财年国防授权法案》的一部分，美国通过了国家人工智能倡议法案，进一步详述了美国支持人工智能发展的举措。而拜登在总统竞选期间多次承诺将加大对人工智能等新兴技术创新活动的支持力度，上台后基本继承了特朗普政府对于人工智能发展的认知定位，在《国家安全临时战略指南》等多份文件中强调要抓住人工智能等新兴技术发展的机遇，确保美国持续的战略优势③，这些战略文件对于人工智能发展目标、重点领域、保障措施都进行了全面的安排，对于联邦部门的任务和分工提出了详细要求。

欧盟突出强调在大国竞争时代中的"战略自主"，在数字经济和互联网发展进程中的关键领域实现"数字主权"。新一届欧盟委员会上台以来，

①周琪、付随鑫：《美国人工智能的发展及政府发展战略》，载《世界经济与政治》，2020（6）：28-54 页。

②The White House：Executive Order on Maintaining American Leadership in Artificial Intelligence，February 2019，（2021 - 03 - 04），https：//www. federalregister. gov/documents/2019/02/14/2019 - 02544/maintaining-american-leadership-in-artificial-intelligence。

③2021 年 1 月，拜登效仿富兰克林·罗斯福总统致信新任命的总统科学顾问团队，在信中提出需要重点关注的五大问题中，其中就提出要研究如何确保美国在人工智能等新兴技术和产业发展上的领导地位。3 月初拜登政府发布的《国家安全临时战略指南》中明确提出，作为国家安全的重要部分，美国必须在人工智能等新兴技术、太空、网络等领域发挥领导作用。

越发认识到欧洲在新兴技术发展浪潮中相对于中、美两国的滞后性，致力于在欧盟层面减轻对外技术依赖的潜在风险，发展人工智能成为欧洲数字化战略的重要支柱之一。很多欧洲学者担忧，在技术地缘政治时代，欧洲并未能发挥与其国际地位相称的作用，而日益成为全球技术竞争的旁观者。[①] 2018 年 4 月发布的《欧盟人工智能》政策文件中，欧盟认为中美两国已率先提出了人工智能发展的战略目标，而欧洲的人工智能发展明显落后于中美。文件提出构建可信的人工智能战略框架，大力发展人工智能技术，保持欧盟在技术发展中的优势。[②] 2019 年 4 月，欧盟委员会发布了人工智能计划，全面推进欧盟的人工智能产业发展。[③] 在这一背景之下，欧盟相继发布了多份关于人工智能伦理准则的文件。2020 年 2 月，欧盟发布了三份数字领域的重要战略文件，其中《人工智能白皮书》强调，人工智能是一项战略技术，认为其将在未来数据经济发展中发挥决定性作用，呼吁推动在经济中人工智能的发展和使用，努力为打造卓越、可信赖的人工智能生态系统提供良好的政策环境。[④] 受新冠疫情的冲击，数字技术对于维持社会运转和政府部门正常运行的作用日益凸显，欧盟加强技术自主的决心和布局更加坚定清晰。2021 年 3 月，欧盟发布《数字罗盘 2030：欧洲数字十年之路》计划，详细规划了欧盟数字化转型之路，提出积极采用人工智能技术提升在网络安全领域应对威胁的能力。2020 年，欧洲议会在《欧洲的数字主权》报告中提出了欧洲在数字领域战略自主的指导方针，认为应重点关注人工智能和数据安全问题，呼吁围绕新技术构建更广范围

---

①Ulrike Franke：Upstaged：Europe's struggles to play the great tech game，February 25，2020，（2021-07-23），https：//ecfr. eu/article/commentary_ upstaged_ europes_ struggles_ to_ play_ the_ great_ tech_ game/。

②European Commission：Artificial Intelligence for Europe，April 2018，（2021-10-15），https：// eur-lex. europa. eu/legal-content/EN/TXT/PDF/？ uri＝CELEX：52018DC0237&from＝EN。

③European Commission：Artificial Intelligence，April 2019，（2021-03-05），https：//ec. europa. eu/digital-single-market/en/artificial-intelligence。

④European Commission：White Paper on Artificial Intelligence –A European Approach to Excellence and Trust，February 2020，（2021-03-25），https：//digital-strategy. ec. europa. eu/en/consultations/ white-paper-artificial-intelligence-european-approach-excellence-and-trust。

内的联合研发框架，促进欧洲数字创新，以实现欧洲的技术自主。① 此外，作为欧盟技术战略的领头羊，法德两国也纷纷提出人工智能发展目标，表明了建设人工智能强国的战略决心。

俄罗斯认为拥有高科技发展的领导地位是提高国家竞争力和确保国家安全的关键因素之一，致力于进入世界人工智能的领先梯队。2019 年 10 月，普京批准了《2030 年前俄罗斯联邦国家人工智能发展战略》，规划了俄罗斯未来十年的人工智能发展路线图，其核心是促进俄罗斯在人工智能领域的发展，谋求在该领域的"世界领先地位"。同时，俄罗斯将人工智能发展战略文件纳入"俄罗斯联邦数字经济"国家发展计划。根据《2024 年前俄罗斯联邦发展国家目标与战略任务》的内容，俄罗斯提出了人工智能技术发展与应用的优先方向。② 这些战略文件内容都表明了俄罗斯意图在人工智能领域占据领先地位的雄心，其希望加强人工智能技术发展上的竞争力作为维护其大国地位的重要体现。随着大国间围绕技术领域竞争加剧，俄罗斯更深刻认识到人工智能等技术对于国家安全的突出意义，2021 年版《俄罗斯联邦国家安全战略》中增加了人工智能任务内容，在信息安全、经济安全、科技发展等领域中明确提出要利用人工智能技术改进保障信息安全的手段、创造高科技就业岗位、提升劳动生产率、大力发展人工智能等具有潜力的前沿技术。

英国将自身定位为全球人工智能创新的有力竞争者，力争成为全球人工智能领导者③。2017 年出台的《产业战略：建设适应未来的英国》将人工智能视为未来产业发展竞争力的关键技术，预估到 2030 年将为英国贡献 2320 亿英镑的经济增长。同时，英国政府也认为人工智能是英国未来将面临的四大挑战之首，提出要将英国建设成全球人工智能与数据创新的前沿

---

① European Parliament：Digital Sovereignty for Europe，（2021-10-15），https：//www. europarl. europa. eu/RegData/etudes/BRIE/2020/651992/EPRS_ BRI（2020）651992_ EN. pdf。

② 旅俄学生学者研究会：《2030 年前俄罗斯联邦国家人工智能发展战略》，2019 年 11 月，（2021-03-28），https：//mp. weixin. qq. com/s/73meTyFy6pj4RJz5hpBSfg。

③ Theresa May's Davos address in full，January 2018，（2021-11-08），https：//www. weforum. org/agenda/2018/01/theresa-may-davos-address/。

阵地，把握人工智能发展机遇，确保保持世界领先。[①] 2021 年 3 月，《竞争时代的"全球化英国"：安全、国防、发展和外交政策综合评估》白皮书发布，第一次对脱欧后的国家战略进行阐述，其中就提出要成为科技超级大国，在人工智能等领域取得领先。同年 9 月，英国正式公布首个《国家人工智能战略》，提出要建设人工智能超级强国（global AI superpower），战略认为未来十年人工智能对于英国发挥科学强国的国际影响力至关重要，其具有改变经济格局、保障国家安全、改善民众生活以及提供优质公共服务的发展潜力，战略围绕投资人工智能发展、加速人工智能惠及更多领域和地区、建立有利于创新的监管和治理框架等三大支柱提出了短期和中长期行动计划。[②]

日本推动人工智能技术支撑实现经济社会目标。在第一章的人工智能历史梳理中可以看出，日本在 20 世纪 80 年代的人工智能技术发展浪潮中曾经取得过积极进展，研发的第五代计算机等成果引起全球关注，但是在新一轮人工智能发展浪潮中却反应迟缓，在战略布局上与主要大国差距被拉大。2017 年日本人工智能技术战略委员会发布了《人工智能技术战略》，该文件提出了以产业化为重点的日本人工智能发展路线图。2019 年 6 月发布了《人工智能战略 2019》，进一步对人工智能人才队伍、研发体制、社会应用等领域进行了具体部署，强调要在所有能够应用人工智能的领域推进人工智能研发和社会落地应用。[③]

中国在《中国制造 2025》《"互联网+"行动指导意见》等战略文件中均纳入发展人工智能的内容，并以此作为重点任务。2017 年，国务院印发了《新一代人工智能发展规划》，强化了人工智能领域发展的顶层设计，提出了"三步走"的战略目标，最终到 2030 年使得人工智能理论、技术与应用总体达到世界领先水平。2021 年，在《中华人民共和国国民经济和

① UK Department for Business, Energy & Industrial Strategy：Industrial Strategy：building a Britain fit for the future, November 2017，（2021-11-05），https：//www. gov. uk/government/publications/industrial-strategy-building-a-britain-fit-for-the-future。

② UK：National AI Strategy, September 2021，（2021 - 11 - 05），https：//www. gov. uk/government/publications/national-ai-strategy。

③ 刘平、刘亮：《日本新一轮人工智能发展战略》，载《现代日本经济》，2020（6）：37 页。

社会发展第十四个五年规划和 2035 年远景目标纲要》中将人工智能作为重点前沿技术领域，提出要加快推进高端芯片、人工智能关键算法的研发突破和迭代应用、培育壮大人工智能产业、加快人工智能安全技术创新、加强人工智能领域军民统筹发展等重点任务。

二、基于发展需求的领域侧重

在战略的优先安排上，面向紧迫的发展需求并选择性聚焦人工智能的某些优势领域是目前主要大国采取的普遍策略。其中，人工智能军事化和经济领域智能化应用是各国关注的重点。

美国认为人工智能对于各领域都将带来重大影响，其中国家安全是首要领域，认为必须拥有相关技术优势才能保持对战略对手的军事优势。美国各知名智库都开展人工智能在国家安全领域中的研究项目，如新美国安全中心的"人工智能与全球安全"、兰德公司的"安全2040"项目、布鲁金斯学会的"人工智能和新兴技术"项目等，这些项目产出了大量具有影响力的研究成果，支撑了为美国人工智能领域政策的制定和实施。而美国军方提出"第三次抵消战略"，强调依靠新兴技术优势来保持其强大军事实力，其中人工智能被视为"改变战争特征"的关键和优先发展领域。[1]美国人工智能国家安全委员会明确提出，"国防部长期以来一直以硬件为导向，主要面向舰船、飞机和坦克等作战平台，现在应加紧向以人工智能为核心的软件密集型结构转变"[2]。2019 年 2 月，美国国防部公布了《2018 年国防部人工智能战略摘要》，提出美国的主要对手正在大力发展人工智能技术，对美国技术和行动优势带来严峻挑战，应进一步明确国防部应用人工智能的目标。一些人工智能技术赋能的武器系统已经开始在实战

①Jesse Ellman, Lisa Samp, Gabriel Coll: Assessing the Third Offset Strategy, Center for Strategic and International Studies, March 2017, (2021-03-02), https://csis-website-prod.s3.amazonaws.com/s3fs-public/publication/170302_ Ellman_ ThirdOffsetStrategySummary_ Web. pdf。

②U. S. National Security Commission on Artificial Intelligence: Final Report", March 2021, (2021-03-02), https://reports.nscai.gov/final-report/table-of-contents/。

中进行检验。① 随着人工智能国家及军事竞争战略的确定，美国依托其强大的资源动员能力、领先的科技创新体系、独特的军民融合制度，迅速完成了人工智能在军事领域发展的布局。一方面，美军构建了其人工智能战略推进机制，包括美国国防部联合人工智能中心（JAIC）负责加快人工智能技术在短期内的作战赋能；美国国防部高级研究计划局（DARPA）重点关注人工智能技术在军事领域的长远发展；国防部国防创新单元（DIU）搭建军民融合桥梁，为美军人工智能发展引入私营部门的先进技术力量。另一方面，经过几年的布局，美国已经在人工智能领域形成了强大的"军工复合体"，谷歌、微软、亚马逊、Palantir 等一大批硅谷科技企业，以及洛克希德·马丁空间系统公司、波音公司等传统军工企业，成为美军人工智能技术的重要供应商。同时，美军非常重视发挥外部力量的作用，大量资助院校、尖端智库、基金组织、咨询公司、科学研讨会等，形成其独特的人工智能"智库方阵"。

　　欧洲注重补齐人工智能发展中的短板领域，认为人工智能发展优先领域旨在服务于提升战略自主水平。欧盟出于对大国地缘政治的焦虑，将技术与产业视为与中美展开竞争的重要领域。欧洲对外关系委员会在《地缘技术政治：为什么技术塑造了欧洲的权力》报告中提出，在技术竞争中，欧洲明显落后于中美，仅仅在监管方面进行了一些开创性的探索，而这并不能改变欧洲所处的相对劣势地位。因为欧洲在 5G、海底光缆等方面独立性不高，标准制定的影响力较弱，技术上的依赖性将会导致国际关系平衡中的脆弱性。② 2020 年 3 月，欧盟发布《"地平线欧洲" 2021—2024 年战略计划》，提出了四大战略目标和六大领域群，支持开发和掌握新一代数

---

①美国无人作战系统对抗技术已经进入实战化阶段，如 2019 年 7 月，美国的"拳师号"两栖攻击舰在霍尔木兹海峡击落了一架伊朗无人机，使用了配备的新式反无人机系统"海上轻型防空综合系统"（LMADIS），通过雷达和摄像机扫描，检测到威胁后利用无线电频率干扰使无人机或无人艇失能。2020 年 12 月，美国空军成功使用人工智能副驾驶控制一架 U2 侦察机和雷达和传感器系统，首次实现用人工智能控制军用系统。

②Ulrike Franke, José Ignacio Torreblanca: Geo-tech politics: Why technology shapes European power, July 2021, (2022-01-15), https://ecfr.eu/wp-content/uploads/Geo-tech-politics-Why-technology-shapes-European-power.pdf.

字技术和关键使能技术，推动实现向绿色化、数字化和公平转型，其中将人工智能列入重要技术方向。法国提出人工智能发展将聚焦于健康、交通、环境以及国防和安全四大领域。因为这四大领域是法国和欧洲的传统优势领域，并且是影响公共利益的重要议题，同时这些领域也需要政府强有力的领导。① 德国积极谋划补齐人工智能技术发展的短板领域，2021 年 9 月，德国联邦教育和研究部成立了技术主权委员会，包括了多名人工智能领域专家和企业高管，编制了《以技术主权塑造未来》的报告，将软件和人工智能技术作为十二大关键性技术领域之一，声称要将德国和欧盟的价值观转化为对技术发展的要求，并推动这些要求转化为国际标准。

俄罗斯体现出鲜明的军民融合特征。俄罗斯虽然在国家人工智能发展战略、国家数字经济规划中对于民用和国民经济领域的人工智能应用进行了详细讨论和规划，但在实际发展中，军事领域智能化技术和设备的发展明显超过民用人工智能应用。俄罗斯提出"世界各国目前在以人工智能为代表的战略竞争，首先将在军事领域中触发，通过军事力量的革命性变革与国家的战略直接挂钩"，② 因此俄罗斯国家人工智能战略带有明确的国防军事特色。俄罗斯国防部专门牵头制定发布了《人工智能十点计划》，同时通过《2025 年前发展计划》《军事科学综合体构想》《国防部无人系统装备计划》《2018—2025 年国家武器装备技术》《机器人技术装备计划》等文件对于无人化军事平台、无人自主技术、智能化机器人系统等技术发展作出了规划部署。与中美欧相比，俄罗斯发展人工智能在军事领域应用的战略导向更加务实。俄罗斯并非追求研制复杂的人工智能系统，而是致力于将人工智能系统直接应用于硬件设备，目标倾向于制造出更好的武器。③《2025 年前先进军用机器人技术装备研发专项综合计划》提出，到

---

① For a Meaningful Artificial Intelligence: Towards a French and European Strategy, March 2018, (2021-11-15)，https：//www. aiforhumanity. fr/pdfs/MissionVillani_ Report_ ENG-VF. pdf。

② 戴仕铭：《俄罗斯人工智能发展的能力约束及参与全球价值链的困境评估》，载《国际关系研究》，2020（1）：96 页。

③ Adrian Pecotic：Whoever Predicts the Future Will Win the AI Arms Race, March 2019，（2021-03-05），https：//foreignpolicy. com/2019/03/05/whoever-predicts-the-future-correctly-will-win-the-ai-arms-race-russia-china-united-states-artificial-intelligence-defense/。

2025 年，要实现 30% 的战斗力由无人系统构成。从人工智能技术专利来看，俄罗斯在全球机器人专利总量占比为 2%，但其在军用机器人专利中占比则高达 17%，排名仅次于中美两国，体现了俄罗斯对军用人工智能技术发展的重视程度和取得的实际进展。[1] 俄军据称已经开始大量列装战斗机器人、无人机等装备，人工智能武器系统正在成为俄国防工业出口的重点领域。俄罗斯还积极在实战中检验人工智能武器，据报道，在 2015 年底叙利亚政府军与极端组织"伊斯兰国"的战斗中，俄罗斯的战斗机器人、无人机和自动化指挥系统就已经参与作战。虽然其还不能自成体系实现独立作战，但是俄军的无人作战平台在叙利亚战场中不仅仅局限于提供支援的辅助作用，还承担了主要作战任务。俄军方希望通过实战化应用检验军用智能系统的效能，并在实践中更新完善。

英国将经济和产业发展作为人工智能发展重点领域，通过技术创新赋能科技成果产业化应用。2017 年，英国政府发布《在英国发展人工智能》政策咨询报告，分析了英国在人工智能技术应用和商业发展等情况，认为英国有庞大的数字产业、活跃的产业生态和较强创新能力的人才基础，提出应继续推动英国成为最适合人工智能企业发展的国家。[2] 基于对于人工智能发展的认识，在国家产业战略中提出以科技进步促进经济发展转型，2018 年 4 月，英国政府发布《产业战略：人工智能领域行动》，意图确保英国在人工智能行业中的地位，在支持人工智能创新提升生产力、培养和引进高技能人才、改进数据基础设施等方面详细制定了具体的政策。通过制定发布首个《国家人工智能战略》，将人工智能发展从产业战略上至国家战略，但促进人工智能商业化发展是英国优先发展重点。

日本的人工智能战略具有自身鲜明的特征，在发展领域上侧重于通过

①Margarita Konaev, Sara M. Abulla：Trends in Robotics Patent：A Global Overview and an Assessment of Russia, November 2021,（2022-01-18）, https：//cset. georgetown. edu/wp-content/uploads/CSET-Trends-in-Robotics-Patents. pdf#：~：text＝The%20United%20States%20ranks%20fourth%2C%20with%20about%2013, as%20well%20as%20robotics%20patents%20with%20AI%20features。

②UK Department for Digital, Culture, Media & Sport and Department for Business, Energy & Industrial Strategy：Growing the artificial intelligence industry in the UK", October 2017,（2021-11-08）, https：//www. gov. uk/government/publications/growing-the-artificial-intelligence-industry-in-the-uk。

发展人工智能来弥补人口不足可能引发的社会经济问题。因此，日本人工智能战略的特点是以解决本土经济社会问题为直接出发点，缺乏全球性战略诉求野心。①

中国重视人工智能领域技术创新，推动人工智能成为赋能数字经济发展的倍增器。针对人工智能关键技术中的短板领域，工业和信息化部实施了人工智能产业创新任务"揭榜挂帅"模式，即围绕关键核心技术、重点智能产品以及公共服务支撑等方向，设定了揭榜任务，旨在加快突破人工智能标志性技术，推动人工智能新技术新产品的落地应用。

三、基于发展基础的路径设定

各国都认识到，人工智能发展具有一定不确定性，希望基于本国的发展基础和相对优势实现人工智能应用落地，推出有针对性的发展策略，加快推动人工智能发展潜力的释放，以提高在本国核心产业的差异化优势。各国也从本国需求出发，展望了本国人工智能发展的应用场景。

美国推动人工智能发展重视发挥企业在技术研发和产业基础方面的优势地位，认为自身企业的产业创新能力在全球处于领先地位，是美国技术实力的重要体现，据统计显示，美国75%的研发支出来自企业。② 2019 年更新的《国家人工智能研发战略规划：2019 年更新》增加了一项战略重点——"扩大公私合作以推动人工智能发展"③，重点探索公私合作发展模式，该规划要求充分发挥美国政府、大学、产业等各类主体在研发生态体系中的作用，汇聚各方资源共同推动制定前沿解决方案，体现出美国注重集聚各方优势资源以期加快人工智能发展步伐的意图。美国也强调依托其在全球的同盟体系优势，发展良好的人工智能合作研发生态。在双边领

①周生升、秦炎铭：《日本人工智能发展战略与全球价值链能力再提升——基于顶层设计与产业发展的竞争力分析》，载《国际关系研究》，2020（1）：90 页。

②James Lewis：National Security and the Innovation Ecosystem, October 2021,（2021-12-15), https：//www. csis. org/analysis/national-security-and-innovation-ecosystem。

③Select Committee on Artificial Intelligence of the National Science & Technology Council：The National Artificial Intelligence Research and Development Strategic Plan：2019 Update, June 2019,（2021-03-05), https：//www. nitrd. gov/pubs/National-AI-RD-Strategy-2019. pdf。

域，美英签署《人工智能研究与开发合作宣言》，提出共建人工智能研发生态体系；美德签署的《德美科技合作联合声明》提出在人工智能基础设施方面开展合作。在多边领域，美国在"五眼联盟"① 推动技术合作和信息情报共享，在北约加强人工智能领域联合开发，提升智能化军用系统的互操作性。2019 年 5 月，美国与经合组织国家签署了关于人工智能的建议，其中反映了美国在推进人工智能进程中的国际合作立场和原则。

欧盟致力于将所有成员国作为一个整体，并按照欧盟的共同价值观来发展人工智能。欧盟委员会牵头推出一系列的政策举措，促进欧洲在人工智能领域处于全球领先梯队。欧洲基础研究实力雄厚，高水平的科研条件和顶尖人才团队处于世界前列，在国际机制、规则制定上具有较强的话语权。但是在投资活跃度、专利申请、数据资源获取等方面存在短板。②
2019 年 1 月，欧盟启动"欧洲联盟人工智能"（AI4EU）项目，汇集了 21 个国家的 79 家顶级研究机构和大中小企业，旨在促进欧洲人工智能生态系统建设，为人工智能技术潜在用户提供服务和支持。欧盟推动人工智能发展重视实用性，要求各国聚焦有基础并有竞争潜力的领域，如工业、卫生、交通、能源、环境、林业、地球观测和空间技术。法国于 2018 年提出启动国家人工智能战略以加强其在人工智能领域的地位，侧重于打造欧洲领先的人工智能研发中心，提出了三大目标：增强对人工智能人才和投资的吸引力、推动人工智能和数据在经济中的应用、推广人工智能治理的模式。法国依托基础科学方面的研究基础和研发优势，提出将吸引和培养人工智能人才作为发展重点，马克龙总统宣布自 2018 年起的五年内将投入 15 亿欧元主要用于科研项目、工业项目以及初创企业发展，遴选法国知名研究机构组建遍布全国的人工智能研究网络。德国人工智能发展相对务实，2018 年 11 月发布《联邦政府人工智能战略》中提出"人工智能德国造"的口号，强化人工智能技术对于其工业 4.0 战略的赋能作用，使德国

---

①五眼联盟指由五个英语国家组成的情报共享联盟。包括美国、英国、加拿大、澳大利亚和新西兰。

②European Parliament：Digital Sovereignty for Europe"，July 2020， （2021 - 03 - 28），https：// www. europarl. europa. eu/RegData/etudes/BRIE/2020/651992/EPRS_ BRI （2020） 651992_ EN. pdf.

成为汽车、工业机器人等领域人工智能技术的领导者。[①] 2019 年 12 月，德国发布《国家工业战略 2030》，将人工智能的应用作为最重要的基础创新领域。

俄罗斯注重调动本国在基础科学领域的研究力量，在苏联时代就已开展了关于人工智能技术的研究项目。俄罗斯拥有高水平的物理数学基础教育、强大的自然科学院校、建模和编程领域的出众能力等，俄罗斯具备成为人工智能国际领导者的巨大潜力，而且俄罗斯已经形成活跃且不断扩大的人工智能数据处理专家团体。[②] 数学、物理领域的传统研究积淀以及成熟的教育体系为俄罗斯发展人工智能提供了人才储备和智力保障。俄罗斯在《人工智能十点计划》中专门提出，成立相关的国家级训练与教育机制，培育人工智能人才。但是在发展环境上，由于俄政府以及大企业主导，中小型创业企业投资人工智能活动活跃度不高，投资环境和产业生态不如其他大国灵活，这在一定程度上限制了俄罗斯在民用领域人工智能应用的创新活力。

英国始终把打造有竞争力的人工智能发展环境作为政策重点，认为自身人工智能发展环境活跃，人工智能企业数量和社会投资规模仅次于中美两国，本土的 DeepMind 等创新型公司受到科技巨头青睐。同时，英国拥有阿兰·图灵研究所、英国工程与物理科学研究委员会人工智能研究所等一流的人工智能研究机构。在一系列战略文件中，英国将培育优化人工智能生态体系作为打造发展优势的首要路径，希望依托科技创新和产业转化方面的传统优势支撑人工智能战略目标的实现。

日本重视依托机械制造、自动化等领域的深厚技术基础，大力发展机器人，在 2015 年就发布了《机器人新战略》，提出"世界机器人创新基地、世界第一机器人应用国家、迈向世界领先的机器人新时代"三大目

---

① The Federal Government of Germany: The Federal Government's Artificial Intelligence Strategy, Novermber 2018, (2021-03-15), https://www.de.digital/DIGITAL/Redaktion/EN/Standardartikel/artificial-intelligence-strategy.html。

②《俄罗斯联邦 2030 年前国家人工智能发展战略》，旅俄学生学者研究会微信公众号，2019 年 11 月。

标，计划通过 5 年时间推动日本尽快实现机器人革命。2016 年，日本在首次提出的"超智慧社会 5.0"愿景中，提出"人工智能是支撑这一愿景的关键性基础技术"，大力推动技术创新。

中国大力推动人工智能技术应用创新和产业发展。围绕落实国家人工智能顶层规划，有关部门制定了人工智能产业发展、人工智能研发等领域的专项政策，人工智能相关部署也纳入了"互联网+"、战略性新兴产业、科技创新、信息化发展等国家顶层政策文件中。① 在产业布局方面，中国支持区域性城市建设新一代人工智能创新发展试验区，推动人工智能产业差异化发展。

四、基于比较优势的规制导向

随着人工智能技术的发展，针对人工智能负面影响的担忧日渐突出，矛盾主要体现在各国的立法进展与人工智能发展速度之间的不匹配。众所周知，以人工智能为代表的新技术应用与运营方式极大冲击了工业时代的监管模式和政策体系，传统的监管系统很难在人工智能安全风险中发挥有力的作用，造成了监管有效性下降。但是，各国也在根据比较优势积极开展人工智能的规制和治理，都将对人工智能监管和治理作为发展人工智能的重要前提，纳入国家人工智能战略，其中政策的差异性折射出各国在意图获取人工智能发展先机和释放人工智能发展红利中的深层次考量。

美国强调人工智能技术必须反映自身的"核心价值观"，如自由、人权、法治等理念。在国际上推动以符合美式价值观和利益的方式促进人工智能技术的发展。因此，美国倡导为人工智能相关技术提供自由宽松的研发环境，提出应评估风险以及成本和收益，建立灵活的政策框架。2018 年 5 月，美国白宫科技政策办公室发布声明文件，主张放宽对人工智能技术

---

① 如国家发改委、科技部、工业和信息化部、中央网信办联合制定了《"互联网+"人工智能三年行动实施方案》，工业和信息化部、国家发改委、财政部联合发布《机器人产业发展规划（2016—2020 年）》，工业和信息化部制定了《促进新一代人工智能产业发展三年行动计划（2018—2020 年）》，教育部制定了《高等学校人工智能创新行动计划》，对促进人工智能和制造业融合发展、提升人工智能研究水平等任务作出了专门部署。

的监管壁垒，利用美国在全球范围内的话语权优势，为美国人工智能产业的发展打开国际市场。2020 年 11 月，白宫发布了《人工智能应用的监管指南》，提出了指导人工智能开发应用的监管原则，涵盖公众的信任、公众参与规则、科研操守、风险评估等内容，总体思路延续了促进人工智能技术创新优先的监管理念，以不影响技术产业发展为前提，要求在制定政策时评估对人工智能创新的潜在影响，尽可能减少人工智能技术发展和应用面临的障碍。

欧盟高度重视人工智能的价值观与伦理问题，体现出在人工智能技术发展不占优势的情况下试图通过引领伦理准则的制定来提升影响力的深层考虑。欧盟《人工智能白皮书》提出，鉴于人工智能系统的复杂性及其潜在的风险，应致力于提升人工智能应用的可靠性。希望通过制定严格的规范，加强立法和监管，最大程度降低人工智能风险。近年来欧盟已在数据保护、网络安全等领域形成了较为系统的政策储备，为构建人工智能规范准则标准等提供支持，放大了欧盟在技术监管规制方面的既有优势。[1] 欧洲还不断推动将道德规范转化为监管行动，2021 年 4 月欧盟提出的《人工智能法案》，是欧盟对于规制人工智能发展理念和思想的最新体现，该法案的准备工作始于 2018 年成立的高级别专家组，其中最引人关注的规制导向是基于功能和用途等要求的分析，提出了针对人工智能技术和系统实施分类、分级监管的理念，即将人工智能应用风险分为不同等级，等级越高的应用场景受到的限制越严格。[2] 该理念最初在 2020 年 2 月发布的《人工智能白皮书》中提出，经过了多轮评估后，最终形成了关于人工智能法案的立法提案。

俄罗斯凭借人工智能军事化方面能力，对相关议题具有较强的国际话语权。俄罗斯认为在国际层面讨论限制致命性自主武器系统发展还为时过早，主张探索开发和利用其潜在优势。这不仅因为俄罗斯在该领域拥有先

---

① 孙海泳：《科技创新与国际关系》，北京，时事出版社，2021：159 页。

② European Commssion：Laying Down Harmonised Rules on Artificial Intelligence（Artificial Intelligence Act）and Amending Certain Union Legislative Acts，April 2021，（2021－11－05），https：//eur-lex.europa.eu/legal-content/EN/TXT/？qid＝1623335154975&uri＝CELEX%3A52021PC0206。

发优势，也是俄罗斯强调不应破坏人文关怀与军事安全利益之间的平衡。①
因此，俄在《2030 年前国家人工智能发展战略》就提出致力于创造有利于
创新的政策发展和创业环境，并探索建立由高层推动、基金支持、联合研
发等协同工作机制。② 从国际上看，俄罗斯的人工智能发展具有一定的封
闭性，主要局限于国内发展。

英国在人工智能规制方面基本保持包容创新的较为宽松的政策导向，
以确保本国促进技术创新研发的政策环境。在早期一系列政策建议报告
中，英国认为应积极应对人工智能带来的监管挑战，在减少带来威胁同时
最大化促进人工智能技术的应用和部署；③ 在产业战略中也提出建立灵活
的监管框架，推动符合国际标准的、开放自由的现代化产业体系。2018 年
英国议会人工智能特别委员会（House of Lords's Select Committee on AI）的
报告指出，不建议对人工智能进行专门监管，而主张通过各领域已有的监
管机构对传统政策工具的适应性调整来开展监管。④ 在 2021 年《国家人工
智能战略》中，英国对于人工智能规制要求有所明确，将"有效监管人工
智能"作为三大支柱之一，提出探索建立国家人工智能监管框架，但同时
也要求确保对于人工智能技术监管能够促进创新、投资并保护公众利益和
共同价值观，其中鼓励创新仍然是监管的重要政策考量。

法国是人工智能道德标准制定方面的积极推动者。法国成立了国家数
字伦理试点委员会和国防伦理委员会，负责加强对人工智能等数字技术的

---

① 华盾：《人工智能时代的俄罗斯国家安全》，载《信息安全与通信保密》，2021（5）：33-39 页。

② 陈定定、朱启超：《人工智能与全球治理》，北京，社会科学文献出版社，2020：26-27 页。

③ 相关报告参见：UK House of Commons Science and Technology Committee：Robotics and Artificial Intelligence，September 2016，（2021-11-08），https：//publications. parliament. uk/pa/cm201617/cm-select/cmsctech/145/145. pdf. ；UK Government Office for Science：Artificial Intelligence：Opportunities and Implication for the Future of Decision Making，2015，（2021-11-08），https：//assets. publishing. service. gov. uk/government/uploads/system/uploads/attachment_ data/file/566075/gs-16-19-artificial-intelligence-ai-report. pdf.

④ UK House of Lords Select Committee on Artificial Intelligence：AI in the UK：ready, willing and a-ble?，April 2018，（2021-11-09），https：//publications. parliament. uk/pa/ld201719/ldselect/ldai/100/100. pdf.

伦理问题监测和反思，并提出治理意见。① 此外，法国联合加拿大推动成立了全球人工智能合作伙伴关系（GPAI），该机制已经成为西方国家在人工智能领域开展合作、互相磋商的重要平台。该平台于 2020 年 6 月成立，同年底就吸收巴西、荷兰、波兰和西班牙等新成员国；同时，平台还接受了联合国教科文组织和经合组织作为观察员参与机制的理事会和指导委员会相关活动。2021 年 11 月，以色列正式成为 GPAI 第 20 个成员。此外爱尔兰、丹麦、比利时、捷克等国家也在申请加入 GPAI。法国总统马克龙在 GPAI 第二届全球峰会致辞中表示，GPAI 已经覆盖全球 40% 人口，作为 2022 年的主席国，法国将积极推进 GPAI 与非洲、拉丁美洲、阿拉伯国家与东南亚国家的合作。

中国提出人工智能治理理念并制订了针对特定领域安全风险的监管举措。中国提出《新一代人工智能治理原则——发展负责任的人工智能》，以 "负责任的人工智能" 为主题提出了八大治理原则主张。2021 年 9 月，发布的《新一代人工智能伦理规范》，提出将伦理道德贯穿于人工智能全生命周期，认为增进人类福祉、促进公平公正、保护隐私安全、确保可控可信、强化责任担当、提升伦理素养是人工智能各类活动应遵循的基本伦理规范，并且聚焦管理、研发、供应、使用等四个环节提出了细化的伦理要求。此外，针对人工智能应用的重要领域，国家网信办等部门推出了智能算法监管相关规定②，保护网络用户合法权利，确保算法服务规范运行和发展。

---

①CNPEN The ethical issues of conversational agents，（2021-11-15），https：//www. ccne-ethique. fr/en。

②2021 年以来有关部门针对智能算法等人工智能应用带来的风险和问题推出了一系列监管举措，引导新技术新应用的健康发展。例如，2021 年 7 月，人社部等 8 部门印发了《关于维护新就业形态劳动者劳动保障权益的指导意见》，保护平台用工形式和新就业形态劳动者的保障权益；同月，最高人民法院通过了《最高人民法院关于审理使用人脸识别技术处理个人信息相关民事案件适用法律若干问题的规定》，对人脸识别技术涉嫌侵犯信息主体人格权的情形等进行了规定；8 月，国家网信办发布《互联网信息服务算法推荐管理规定（征求意见稿）》，从算法透明度、算法解释、退出个性化推送等维度丰富和细化了用户权利；9 月，国家网信办等 9 部门发布《关于加强互联网信息服务算法综合治理的指导意见》，提出建立治理机制健全、监管体系完善、算法生态规范的算法安全综合治理格局。

总之，基于自身战略的认知，各国选择了适合自身发展基础的战略规划，加强人工智能对于国家战略目标和经济社会发展的支撑作用，因此形成了较为鲜明的特色和导向（表3-1）。从发展目标的设定来看，美国奥巴马、特朗普、拜登三届政府持续加码战略部署，将人工智能视为国家安全和经济发展的关键性因素，确保在该领域的全球领先。中国、俄罗斯、英国则提出进入人工智能发展的第一梯队，将其视为国家实力的重要赋能性技术，通过人工智能技术提升维护国家安全和促进经济发展。欧盟强调在大国博弈中维护自身的技术自主，虽未设定更加雄心勃勃的目标，但是希望在人工智能发展中确保重要地位。日本战略具有一定内向性，注重运用技术来解决日本国内面临的一系列社会问题。

表3-1 主要国家和地区人工智能战略部署对比

国家	战略目标	优先领域	发展路径	规制导向
美国	确保全球领先	国家安全	扩大创新优势	鼓励创新
欧盟	加强战略自主性	科技创新	加强规则引领	引领监管
俄罗斯	进入世界领先梯队	国防军事	加强基础研究	鼓励创新
英国	人工智能超级大国	经济发展	投资发展生态	鼓励创新
日本	人工智能强国	智慧社会	促进各领域应用	务实
中国	达到世界先进水平	科技创新	加强技术创新	创新与监管并重

从发展的优先领域来看，各国都将人工智能视为推动军事变革的潜在颠覆性技术，积极探索人工智能在军事领域的应用方式和路径。美国、俄罗斯明确将人工智能技术作为维护国家安全和军事安全的优先领域，近年来已经推出在实战中应用智能化军事技术的案例，相比之下，俄罗斯受制于自身数字经济发展基础薄弱，专注于开发人工智能军事化应用，美国所关注的国家安全概念显然更加广泛，在涉及人工智能等技术议题时，认为对于美国经济繁荣、科技领导力和全球治理体系主导权等国家安全优先事项都至关重要。欧盟、中国、英国依托自身经济发展基础，将科技创新作为人工智能技术应用的重点领域，希望通过构建良好的创新环境，强化对

技术发展的创新能力。日本希望推动其在自动化领域的创新优势，实现社会的发展愿景。

从发展的路径选择来看，美国大力推动在人工智能创新方面的优势地位，一方面，借助在产业基础方面的领先地位，加强公私合作，提升人工智能技术创新的活跃度。另一方面，依托各类国际盟友体系，扩大人工智能国际合作，拓展人工智能产业发展。欧盟注重战略举措的实用性，同时认识到其作为一个整体的竞争力，从科研合作、数据共享、生态培育等方面加强欧盟内部的资源整合，希望发挥内部成员国的优势力量，提升欧洲在人工智能发展中的话语权。俄罗斯注重发挥在科研人才储备方面的传统积累，希望通过提升自身的研发实力来弥补对外合作劣势的现状。英国、日本、中国等致力于打造有竞争力的技术产业生态，培育自身的技术创新能力，同时借助全球化环境，推进开放式的发展路径。

从针对安全风险的监管举措看，欧盟意图成为引领全球人工智能治理的风向标，推动出台了一系列开创性的政策措施，采取了强势的监管导向。一方面增加与中美超级科技企业博弈的监管筹码，另一方面强化欧盟在人工智能全球治理领域的国际引领能力。美国出于自身技术优势的考量，采取了较为宽松的监管导向，主张避免一刀切式的治理路径，积极推动跨境数据流动和数据共享。其他大国出于对于本国数据资源战略价值的重视，采取相对保守的监管路线，既不同于美国主张的过于自由化数据流动范式，也不同于欧盟主导的对于数据流动的强制法律规制路线，倾向于采用一种介于两者之间的"中间路线"，以加强对于本国数据资源保护为目标，主张对数据跨境流动进行不同程度的管制。

第二节　主要大国的人工智能战略前沿

基于各自的人工智能战略部署，主要大国从鼓励技术研发创新、构建协同机制、加强高水平基础设施建设、优化产业生态布局、引领标准制定等前沿方面，加快推进人工智能战略政策实施落地。

一、鼓励技术研发创新

各国不断出台或更新人工智能研发计划，布局人工智能技术研究的前沿领域。

一是将人工智能纳入国家研发重点，持续加强资金支持。人工智能被列入各国重点科研计划，安排了专门资金投入，根据经合组织的统计数据，各国政府对人工智能研发资金总额从 2001 年至 2019 年增长了 17 倍，虽然在金额上与以科技企业为主的社会投资仍有较大差距，但是各国政府投资都在保持高速增长。[1] 例如，特朗普政府发布的总统预算计划中 2020 财年非国防性人工智能投资总额为 9.735 亿美元，首次为各不同部门分别制定人工智能研发预算。[2] 2020 年 2 月，欧盟发布的《人工智能白皮书》提出，尽管 2017 年至 2019 年人工智能研发资金增至 15 亿欧元，较前期增长了 70%，但是在全球范围内，欧洲的投资水平仍然偏低。针对这种情况，欧盟确立了"地平线 2020"计划，将人工智能的年度投资增加 70%，在社会投资方面，将在未来十年中推动公共和私营机构每年对人工智能领域投资至少 200 亿欧元。

英国实施了国家人工智能研究与创新项目，启动人工智能和英国研究与创新计划联合办公室，宣布了一项公私合作关系，将向人工智能相关的开发投入 14 亿美元。2020 年 12 月，德国修订了 2018 年发布的《国家人工智能战略》，将人工智能投入从 30 亿欧元增加到 50 亿欧元，重点是促进技术研究和成果转化，推动创新技术向工业领域应用拓展，为德国工业发展赋能。法国表示人工智能国家战略中所提出的 2018 年至 2022 年投入 15 亿欧元的资金计划，已经完成投资 7 亿欧元，其中接近一半资金将用于人工智能研发和人才培养，并于 2021 年 11 月宣布人工智能国家战略的新计划，计划五年内投入 22 亿欧元。

---

①Izumi Yamashita, Akiyoshi Murakmi：Measuring the AI content of government – funded R&D projects, OECD Science, Technology and Industry Working Papers, June 2021。

②李恒阳：《美国人工智能战略探析》，载《美国研究》，2020（4）：94–114 页。

二是瞄准前沿领域，制定部署专项。美国在人工智能研发投入方面进行的部署较为系统，2018 年 9 月，美国国防高级研究计划局（DARPA）宣布启动开发下一代人工智能技术，强调探索最先进的人工智能技术。美国国家科学基金会通过公私伙伴关系加强对于人工智能基础科学研究的资助。2012 年，俄罗斯效仿美国国防部高级研究计划局建立了先进技术研究基金会，部署推动人工智能前沿项目研发。2019 年 11 月，欧洲投资基金和欧盟委员会推出了一项针对人工智能和区块链的投资项目，计划重点支持欧洲人工智能初创企业。2020 年 12 月，欧盟委员会又提出"数字欧洲计划"投资技术，拟对人工智能投资 21 亿欧元，重点支持人工智能在公共部门应用、可信高效云基础设施建设和促进数据安全存储和访问、测试和实验设施建设等目标。

三是加强资源整合，搭建全国（地区）范围内的研发网络。各国（地区）致力于汇聚全国人工智能优势研发力量，形成研发合力进行攻关。2019 年 1 月，欧盟启动"欧盟人工智能项目"，持续三年支持建设人工智能研究资源平台。法国信息与自动化研究所启动制订国家人工智能研究计划，开展了搭建由四大跨学科人工智能机构组成的研究网络、研制超级计算机、大力培养人工智能领域的博士研究生等多项专项行动。俄罗斯通过组建人工智能和大数据联合体，打造全国性的大型联合机构。日本集合了五大国立研究开发机构，构建人工智能核心研究机构群，推进机构群积极与大学、公共研发机构合作，汇聚国内一线工程师、研究人员等创建"人工智能研发网络"。中国整合了百度、腾讯、阿里巴巴、科大讯飞等相关研究力量，各家企业根据自身优势合理分工，分别在自动驾驶汽车、智能医疗、城市（交通）智能管理和语音识别等方向重点突破。

二、加强多方协同推进

各国都将建立健全相关各层级体制机制视为推动人工智能战略落地的重要保障，为应对人工智能技术发展所蕴含的不确定性，采取了一系列制度化安排，汇聚政府、研究者、企业家、民众等各方智慧和力量，形成推动技术发展的合力。

一是大力构建政府不同部门之间的协调机制。美国较早作出了系统安排，陆续在国会、白宫以及联邦机构等各层面围绕人工智能发展成立一系列专业推进机构。在战略规划方面，2018 年设立了以政府要员、科技企业领袖、顶尖科研机构负责人组成的人工智能国家安全委员会，评估国家人工智能发展并提出政策建议。为推动技术革新，日本采用政府引导、市场化运作、产官学协作的模式，提出组建国家级人工智能综合管理机构，由总务省、文部科学省和经济产业省联动协作，推进技术研发推广。[①] 中国成立了由科技部、国家发改委等 15 个部门组成的新一代人工智能规划推进办公室，负责推进国家规划的实施。

二是建立高层级的政策咨询机构。主要国家普遍引入了具有广泛代表性的专家咨询机构，参与设计制定人工智能发展战略和伦理规则，为人工智能发展优先事项提供专业意见。[②] 例如，美国成立人工智能特设委员会，为跨部门人工智能研发技术提供咨询。2021 年 1 月，白宫科学技术政策办公室下设立国家人工智能倡议办公室，负责落实国家战略政策，协调联合跨部门的人工智能研究，推动政府、学术界以及企业界的人工智能研究协作。同年 6 月，白宫成立国家人工智能研究资源工作组，专门负责制订国家人工智能计划。欧盟成立人工智能高级专家组，为人工智能政策制定提供专业意见。欧洲议会成立了人工智能特设委员会，负责审查人工智能开发、设计和应用的法律框架的可行性。日本于 2016 年成立了人工智能技术战略会议，负责统筹推进国家人工智能发展战略。英国政府成立了人工智能委员会，作为独立的专家组负责引导国家人工智能生态系统建设，推动并监督国家人工智能战略实施，与科技战略办公室、国家科技委员会等部门合作，将人工智能作为优势事项。英国上议院成立了人工智能特别委员会，组织开展了人工智能调查并就人工智能影响提出建议，组建的政府人

---

①朱启超、王姝：《日本"超智能社会"建设构想：内涵、挑战与影响》，载《日本学刊》，2018（2）：60—86 页。

②Roxana Radu：Steering the Governance of Artificial Intelligence：National Strategies in Perspective，*Policy and Society*，2022，40（2）：pp. 178—193。

工智能办公室的主要职责是促进人工智能技术创新并向各经济领域渗透赋能。英国针对人工智能技术在数据接入、隐私、安全等问题及其带来的道德和法律问题，建立了数据道德和创新中心，负责就数据和人工智能应用为政府提出咨询建议。

三是设置专职推进机构。美国在国防领域成立了联合人工智能中心，加快国防领域人工智能技术研发和转化，人工智能和机器学习政策与监督委员会负责协调人工智能长远发展的研发协调工作。在研发环节，DARPA提出的下一代人工智能计划，旨在推动能够构建模拟人类交流能力和进行逻辑推理的智能工具。俄罗斯在政府部门、科研部门、军事部门等层面提出了保障人工智能发展的分工协作计划。俄国防部制订的"人工智能十点计划"，对俄罗斯国防领域人工智能的研究工作以及各部门、各机构的协调分工作出系统性安排。[1] 法国则将推动人工智能发展的相关职能赋予国家科学与自动化研究所等研究机构，而在技术治理方面，如在国家咨询伦理委员会中建立了数字伦理试点委员会，在国防部建立了国防伦理委员会加强人工智能伦理问题的咨询研究。

三、建设高水平基础设施

算力、数据等要素是人工智能发展的重要基础，人工智能技术在高额计算资源的支持下通过海量数据的训练不断优化而得到完善。各国除了从技术创新研发的宏观层面进行部署，还注重提升数据的质量和算力的可及性。

在算力方面，美国白宫发布的人工智能倡议提出在为人工智能研发分配高性能计算资源、制定相关技术标准等方面提供优先保障。欧盟推动了一系列措施为各国人工智能提供算力支持。欧盟委员会的"欧盟人工智能"项目，整合汇聚了 21 个成员国的 79 家研发机构，以及企业的数据、计算、算法和工具等资源，致力于建设欧洲人工智能发展的生态系统。欧盟还制订了"云计算行动计划"，2016 年 4 月，搭建了"欧洲开放科学

---

① 李赐：《俄为人工智能发展制定"十点计划"》，载《中国国防报》，2018-07-27（4）。

云", 促进欧洲科研数据的共享。2009 年末, 法国提出 "仙女座" 计划以组建一个公私合作的大型云数据中心, 德国则在 2011 年提出了 "联邦云" 计划, 尝试建立一个由联邦政府控制的核心云平台。此外, 为了加强欧洲在云计算方面的联合, 2019 年 10 月, 法德发起了盖亚-X 的欧洲云建设项目, 通过建设新一代数字基础设施推动商业和创新生态的发展。

在数据方面, 2019 年特朗普签署了《开放政府数据法》并实施, 推动扩大政府数据的开放和管理, 还提出打造国家研究云计划, 优化研究资源的配置, 旨在使科学家能够访问科技巨头的云数据中心以及用于研究的公共数据集。欧盟于 2020 年 2 月专门发布了数据战略, 提出数据的可用性对于人工智能训练至关重要, 要求加强面向数据的基础设施投资, 支持数据驱动型创新。俄罗斯将数据作为国家重要的战略资源, 实施较为严格的管控, 其在国家战略中要求建立统一的数据采集和标记方法, 提升人工智能技术开发所需数据的可用性和治理, 开发研究基础设施为科学家和研究人员提供计算、数据库和数据集等研究资源的访问权限。同时也明确俄政府机构对公共数据平台的优先访问权。英国在国家人工智能战略出台之前就于 2020 年 9 月发布国家数据战略, 将 "人工智能和数据经济" 作为整体性任务, 并不严格区分人工智能与大数据科学技术之间的差别, 推动制定促进数据可用性的政策框架, 并考虑开放政府数据集支持人工智能技术创新。法国宣布在自愿的基础上, 大力推动数据的主动开放, 鼓励建立跨领域的数据共享平台, 助力实现经济发展各部门从人工智能技术中获益。在健康数据方面, 法国谋划成立卫生健康数据中心, 推动包括医保数据、临床数据和研究数据的开放。

四、优化产业生态布局

人工智能军民两用的特点决定了人工智能技术的主要客户并不仅仅是政府部门, 打造良好的产业生态体系是支撑一国人工智能技术健康发展的关键。在产业生态方面, 西方国家具有良好的产学研基础和天然国际合作优势, 纷纷构建全球化的产业生态体系助力本国人工智能技术创新和成果转化。

一是加强对产业发展的政策支持。美国于 2018 年和 2019 年连续两年在白宫举办人工智能峰会，积极开展与产业界对话沟通。法国于 2021 年 11 月宣布国家人工智能战略实施进入新的阶段，大力推动人工智能研发转化为经济发展潜能，通过人工智能技术来提高法国企业的竞争能力，投资开发新一代嵌入式人工智能、负责任和值得信赖的人工智能技术，建立人工智能软件、模型和应用程序开发平台，具体还包括支持 500 家中小型企业采用人工智能解决方案，拓展初创企业加速器以实现 2025 年人工智能初创企业数量增加两倍等内容。[①] 英国积极依托人工智能领域的科技基础，发挥阿兰·图灵研究所等全球领先人工智能研究机构的独特优势，推动以技术源头创新带动产业化发展的路径，大力支持人工智能初创企业发展。

二是积极培育实用型高端型人才。各国都认为人才是推动人工智能发展的核心驱动因素，人才在算法等人工智能技术领域的重要作用不言而喻。一方面，各国制订人才培育计划，加强本国顶尖人才培育。人工智能顶尖人才资源和高端技术力量供不应求的现状在各国都十分突出，优秀人才已经成为世界各国争夺的焦点，吸引全球人才也成为各国的政策重点。另一方面，各国制订了人工智能等数字技能普及计划，提升全社会运用人工智能等新兴技术的能力和素养，意图在人工智能向经济社会各领域渗透赋能的背景下，更好把握人工智能技术所带来的变革机遇。

因此，多国在人才方面加紧发力。俄罗斯注重强化人工智能领域科学研究，完善人工智能领域人才培养体系等。日本在《人工智能战略 2019》中将人才培养体系改革作为重点，建立了由素养教育、应用基础教育、专家型人才培育组成的多层次的人才培育体系，打造世界人工智能人才大国。[②] 英国投资 4.06 亿英镑，用于培育全民数学、数字技术等相关技能，帮助民众掌握人工智能技能。法国将吸引人才作为发展人工智能的优先任

---

①UNE NOUVELLE PHASE POUR LA STRATÉGIE NATIONALE D'INTELLIGENCE ARTIFICIELLE, novembre 2021, (2021-11-20), https://www. intelligence-artificielle. gouv. fr/fr/actualites/nouvelle-phase-pour-la-strategie-nationale-d-intelligence-artificielle。

②刘平、刘亮：《日本新一轮人工智能发展战略》，载《现代日本经济》，2020（6）：37-38 页。

务，认为吸引最优秀的人才是法国赢得人工智能领域竞争的决定性因素。同时，法国在国家人工智能研发计划中宣布将大部分财政预算用于吸引和培养人才，推出了开展多层面人才培训、促进公私部门人才流动、每年培养 500 名人工智能博士研究生等专项行动。①

五、抢夺标准规范制定先机

当前网络空间行为规范的讨论将日益触及国家利益的核心，② 人工智能等技术标准规范之争也成为各国关注的重点。西方国家在技术规范制定方面占据话语权优势，美国提出其在全球人工智能发展中的领先地位依赖于其在人工智能标准制定中的积极引领作用，联邦政府必须更加深入持续坚定地参与人工智能技术标准制定，推动可信人工智能技术发展。③ 欧盟将制定人工智能技术标准作为维护自身在人工智能时代塑造国际话语权的重要手段，率先推出人工智能治理规则。例如，2022 年 2 月，欧盟委员会发布了《欧盟标准化战略》，强调国家标准化地位影响着欧洲的竞争力、技术主权、独立性和对价值观的保护，宣布将标准作为提升欧洲全球影响力的重要领域。在人工智能领域，欧盟提出打造"可信赖的人工智能"（Trustworthy AI）的理念，意图建立人工智能道德监管框架，发布了《人工智能伦理准则》等系列政策文件，力争主导人工智能国际规则和规范的制定，期望弥补在技术、产业、人才等方面不足的现状。2021 年 11 月，加拿大、法国发起成立全球人工智能合作伙伴（GPAI）并在法国巴黎举行第二届峰会，包括欧盟在内的 20 个成员国（地区）以及智利等发展中国家政府代表、企业家及专家学者参会。峰会旨在以西方价值观为主导，探讨构建人工智能治理规则。

---

①French National Artificial Intelligence Research Program, October 2021, （2021 - 11 - 15）, https：//www. inria. fr/en/french-national-artificial-intelligence-research-program。

②唐岚：《网络空间国际规则博弈的两大新焦点》，载《北京航空航天大学学报（社会科学版）》，2021（5）：29-30 页。

③U. S. National Institute of Standards and Technology：Plan for Federal AI Standards Engagement, August 2021, （2022-01-05）, https：//www. nist. gov/artificial-intelligence/ai-standards-federal-engagement。

第三节　主要大国的人工智能战略对比

各国虽然都高度重视人工智能的战略设计，并在战略实施过程中针对技术的发展特点和演进规律，采取了相似的政策举措，以争夺人工智能发展优势，但是基于路径选择和策略设定却不尽相同。由于各国的发展基础不同，加之此次人工智能发展浪潮技术特点和特征属性，导致不同国家之间的发展水平差距出现分化，呈现出等级化的发展格局。

一、基础条件存在差距

当前各国对于人工智能的战略认知趋同，即率先在人工智能技术上取得突破，获取实力提升先发优势，带动国家各领域发展提速，进而推动国家实力提升。然而，在新一轮人工智能发展中，主要大国的禀赋优势存有差异。联合国贸易和发展会议发布的《2021 年技术和创新报告》（*Technology and Innovation Report*）预想了未来人工智能发展的三类场景：前两类都是基于数据驱动的发展模型占据主导，区别在于海量数据来源于超级互联网平台还是物联网，也就是说训练人工智能的数据是源自人产生的还是物产生的；第三类场景则是知识驱动的发展模式取得突破。[①] 在第一类场景下，因为拥有诸多的互联网平台，中美在汇集个人数据方面具有绝对优势。在第二类场景下，德国、日本、英国等产业数字化基础较高的国家也将获得发展优势。在第三类场景下，欧洲等基础科学水平较高的地区将占据发展先机。但是总体来看，在全部三类场景下，中美两国凭借实力基础、市场规模、产业水平、人才储备等方面的优势，将大概率成为全球人工智能发展的领先国，也将最先享受到人工智能技术带来的发展红利和国家实力的提升这一重大战略利益。

正如第二章分析所述，由于人工智能对于技术基础门槛要求较高，技术

[①]United Nations Conference on Trade and Development：Technology and Innovation Report, February 2021，（2021-04-02），https：//unctad. org/system/files/official-document/tir2020_ en. pdf。

强国在人工智能发展中具有天然优势。从领域上看，由于人工智能技术的发展建立在计算机技术的基础之上，并与数字经济发展存在紧密关联，因此数字经济和技术领先的国家将在人工智能国际竞赛中占得先机。① 得益于诸如庞大市场、强大的科研能力、工程技术人才储备、支持创新的政策和弘扬企业家精神以及对研发的大量投资等因素，美国和中国几乎在这一领域具有天然的基础优势。中美两国的优势主要体现在人工智能技术发展所需要素方面占据了领先地位。例如，全球市值靠前的谷歌、亚马逊、脸书、微软、百度、阿里巴巴和腾讯等超级科技企业全部来自中美两国，这不仅意味着中美两国的超级企业能够借助网络平台获取大量的数据资源，而且这些企业对数据分析的需求和商业模式的打造也为人工智能发展提供了多元化的应用场景。

海量数据建立在较高的数字化发展水平之上，高质量的海量数据是人工智能发展的基础条件。因为数据是机器学习发展的基础，当前，80%的机器学习时间都分配给了与数据相关的任务②，因此，如果拥有庞大的高质量的数据资源就意味着拥有了巨大优势。据统计，全球超大规模的数据中心有一半在中美两国，其中约40%的数据中心由美国公司所有。中国在广大的网民用户基础上已经形成了庞大的数字市场，每天都会产生海量数据。据中国互联网络信息中心（CNNIC）的统计，截至2022年12月，中国网民规模达10.67亿人，互联网普及率达75.6%。③ 哈佛大学发布的研究报告认为，中国信息基础设施建设和数字技术普及带来了大量且丰富的数据资源，如科大讯飞拥有7亿用户，微信支付在中国就拥有9亿用户，90%的中国城市居民日常使用移动支付，这些数据将催生一个关于个人消费者行为的细颗粒数据库，可用于技术开发和应用。④ 有赖于人工智能算法

---

① 傅莹：《人工智能对国际关系的影响初析》，载《国际政治科学》，2019（1）：2页。

② Data Labeling：AI's Human Bottleneck：March 2020，（2021-05-07），https：//medium.com/whattolabel/data-labeling-ais-human-bottleneck-24bd10136e52。

③ 中国互联网络信息中心：《第51次中国互联网络发展状况统计报告》，[2023-03-02]，http：//www.cnnic.cn/n4/2023/0303/c88_10757.html。

④ Graham Allison, Kevin Klyman, Karina Barbesino. et al：The Great Tech Rivalry：China vs the U. S., December 2021, Belfer Center for Science and International Affairs, Harvard Kennedy School, (2022-02-01)，https：//www.belfercenter.org/publication/great-tech-rivalry-china-vs-us。

与数据依赖的密切关系，丰富的数据量意味着较为领先的数字经济发展水平，这些基础条件都是人工智能发展的必要保障。欧盟认为，欧洲数字应用和服务市场主要被美国公司占据和主导，早前欧洲市场产生的数据绝大部分被传输并储存在美国，欧洲的云计算、人工智能等科技发展相对较慢，因此，欧洲也急于改变过于依赖美国、中国等科技公司的局面，力求掌控欧洲在数字技术和网络空间的战略自主权。

除了中美两国在人工智能的发展基础比其他大国拥有相对优势外，其他中小国家以及广大发展中国家与主要大国之间也存在巨大差异。大国在获取数据方面具有天然的优势，而相比之下，由于小国无法"生产"足够规模的数据，如果再无法获得境外数据，将会出现明显的数据短板。历史表明，过去小国实现高生产力和高生活水平是得益于思想相对容易在世界各地传播，但是越来越多的证据表明，这种现象很难重演。近年来，在全球出现了数据本地化和数据民族主义浪潮。据统计，目前世界上 17 个主要国家和欧盟地区已经对跨境数据流动实施了管制强度各异、分类和部门不同的数据民族主义政策。① 中小国家由于人口基数小导致本国数量不够丰富，当前数据驱动下的人工智能发展中存在短板。而且除了几个少数大国之外，大部分国家仍然缺乏数据管控能力，对外部的数据分享高度依赖。因此在人工智能的驱动下，各国面对的将是一个更加不平等的世界。例如，由于数据基础和共享程度较低，印度国内的人工智能企业和人才很难运用本国数据来开发人工智能，而是纷纷移民美欧国家或直接为西方公司服务。② 由于缺乏必要的自主的数据资源，很多发展中国家企业和技术人员只能通过融入西方技术产业进行依附式的发展。

二、发展优势趋向集中

从当前人工智能发展水平来看，主要大国牢牢占据各项指标头部排

---

① 毛维准、刘一燊：《数据民族主义：驱动逻辑与政策影响》，载《国际展望》，2020（3）：21-42 页。

② Mathew Burrows, Julian Mueller-Kaler: Smart Partnerships amid Great Power Competition—AI, China and the Global Quest for Digital Sovereign, The Atlantic Council, January 2021, (2022-02-01), https://www.atlanticcouncil.org/wp-content/uploads/2021/01/Smart-Partnerships-2021-Report-1.pdf。

名，其中，中美两国优势相对其他大国而言更为明显。如果把欧盟作为一个整体来看，勉强具备与中美两国对比的实力基础，但如果是单一的欧洲国家，则很难在数据上对中美两国形成挑战。一些研究推断，由于其他大国难以获得本国的竞争优势，未来只能在现有技术生态基础上缓慢发展或者干脆成为中美欧的人工智能技术附庸。

得益于较大的经济体量和相对充足的资金，大国或强国能够为人工智能技术发展提供更好更先进的基础设施。作为世界第一和第二大经济体，美国和中国最有实力支持超级计算机等技术的发展，也有财力支持更多的科研机构、初创企业进行技术研发。[1] 如图 3-1 所示，从主要大国和地区研发投入的绝对值来看，美国保持着明显的优势，而中国增速最快，已经超过欧盟位列全球第二的位置。欧盟虽然保持了一定的增速，但是与中美之间的差距仍在拉大，英国、日本等其他大国在投入上保持稳定，未能实现明显增长。

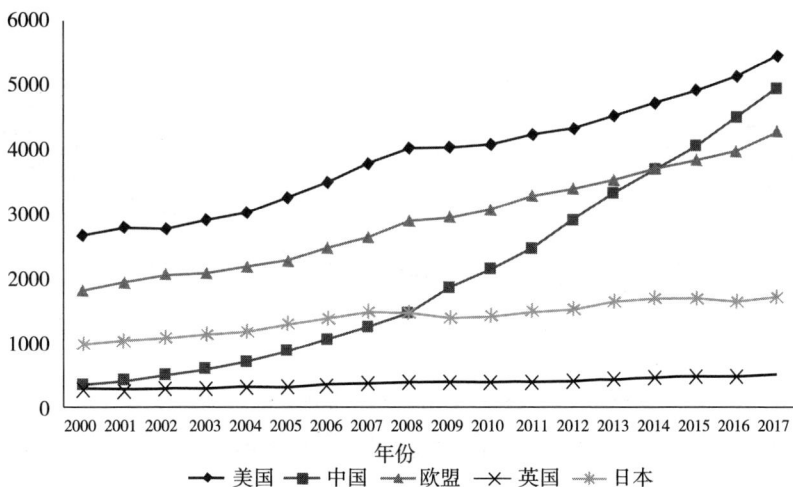

图 3-1　主要国家研发投入对比（2000—2017 年）[2]

---

[1]Samar Fatima, Gregory Dawson, Kevin Desouza, et al: How Countries are Leveraging Computing Power to Achieve their National Artificial Intelligence Strategies, Brookings Institution, January 2022, (2022 - 02 - 05), https://www.brookings.edu/blog/techtank/2022/01/12/how - countries - are - leveraging-computing-power-to-achieve-their-national-artificial-intelligence-strategies/。

[2]资料来源：U. S. National Center for Science and Engineering Statistics（单位：亿美元）

　　从单一指标看，人工智能普遍采取开源方式开展技术创新，虽然获取技术的门槛在不断降低，但是整合集成应用技术的水平是释放人工智能技术红利的关键。在人工智能领域，持续创新能力对于国家而言至关重要。没有持续创新能力，就无法保持人工智能应用所带来的长期的竞争优势。衡量人工智能创新能力的指标之一是高质量论文数量和引用率，根据斯坦福大学 2021 年发布的统计数据，自 2014 年以来五年时间，中国人工智能论文数量增长了 2.5 倍，远高于美国和欧盟。2020 年在全球范围内中国人工智能期刊论文引用次数首次超过了美国，而其他国家在近 20 年时间全球占比水平并未有太大的起伏。[①] 图 3-2 表明，中国的人工智能期刊引用量占比上已经小幅超过美国，占据全球 20.7%，英国、加拿大等其他人工智能领先大国水平与中美之间的差距仍然较大。

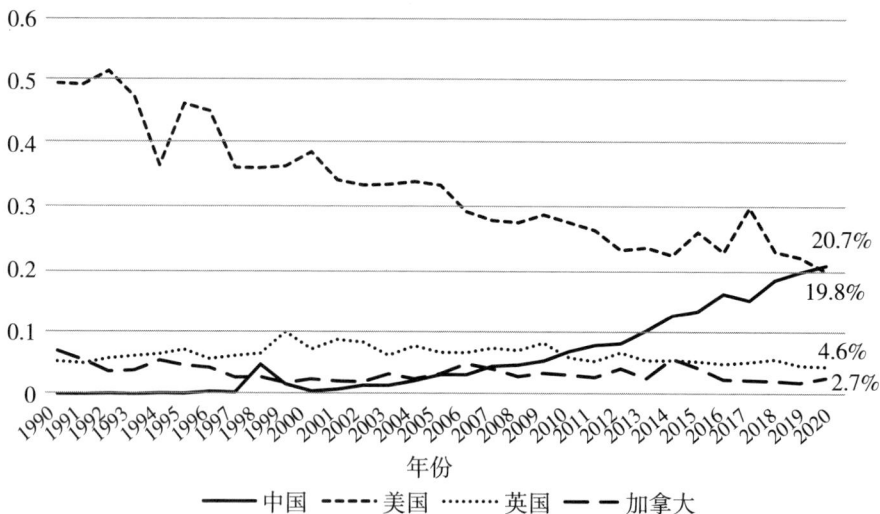

图 3-2　全球人工智能期刊引用量占比[②]

　　专利和投资水平是一国人工智能产业发展活力的重要体现。从专利看，在全球人工智能专利最多申请者前 500 名中，美国占据公司申请者的

　　①Stanford University Human-Centered Artificial Intelligence：The AI Index Report：Measuring Trends in Artificial Intelligence，March 2021。

　　②资料来源：根据微软学术图谱数据制作。

32.7%，中国占据了研究机构申请者的 65.9%，[①]（图 3-3）这体现了两国在推动人工智能发展的不同模式，即美国更多依靠私营部门，而中国政府及附属机构在人工智能研发创新中发挥着重要驱动作用。人工智能领域的私人投资集中度较高，2020 年美国私人投资超过 236 亿美元，其次是中国，达到 99 亿美元，以及英国的 19 亿美元。[②]

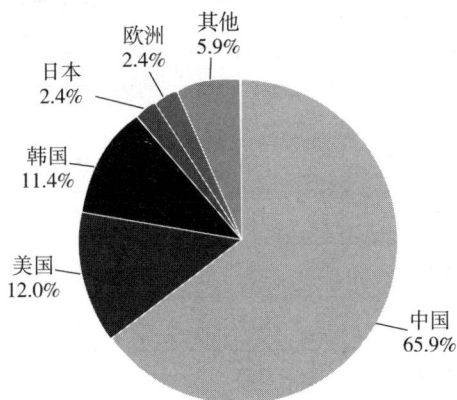

图 3-3　全球人工智能申请人排名前 500 名中各国科研机构占比[③]

　　初创企业是技术创新和应用的重要主体，其数量通常代表了一国人工智能发展的活跃度。罗兰见格管理咨询公司发布的《2019 年关于人工智能的十个议题：从企业的角度看人工智能》显示，2018 年全球人工智能初创企业一半以上来自中美两国，排名前三的国家依次为美国、中国和以色列，分别拥有 1393 家、383 家、362 家，分别占到 40%、11%、11%。如果将欧洲作为一个整体来看，那么其数量将仅次于美国，共拥有 769 家人工智能初创企业，占全球 22%，[④] 这也表明虽然欧洲单个国家缺乏全球竞

---

①World Intellectual Property Organization：The Story of AI in Patents，（2021-04-05），https：//www. wipo. int/tech_ trends/en/artificial_ intelligence/story. html。

②Stanford University Human-Centered Artificial Intelligence：The AI Index Report：Measuring Trends in Artificial Intelligence，March 2021，（2021-03-07），https：//aiindex. stanford. edu/report/。

③资料来源：世界知识产权组织。

④CB Insights：AI 100：The Artificial Intelligence Startups Redefining Industries，2021，（2021-04-03），https：//www. cbinsights. com/research/report/artificial-intelligence-top-startups/#：~：text = CB%20Insights%20AI%20100%20%282020%29%20%20%20，%20China%20%2031%20more%20rows%20。

争力，但若欧洲加强其数字单一市场，将有望成为人工智能发展主要参与者。

表3-2　全球人工智能投资活动①

国家	已披露投资额（亿美元）	增长率（%）（2015—2019）	投资总额估算（亿美元）	增长率（%）（2015—2019）
美国	251.7	194	474.86	36
中国	54.46	71	71.65	324
以色列	30.56	1109	55.84	110
英国	16.55	189	25.75	82
加拿大	8.85	307	16.29	55
日本	5.1	1031	15.74	347
印度	4.86	275	10.72	178
德国	3.56	164	8.02	148
新加坡	3.14	248	3.52	88
法国	3.12	245	5.05	32

人才是技术发展的重要驱动力，高水平人才队伍是增强技术发展竞争力的关键基础。从人工智能领域聚焦的高水平人才数量来看，清华大学科技情报大数据挖掘与服务平台评选出全球人工智能2000名高水平专家，其中，美国人工智能专家数量最多，占比62.2%，具有较为明显的领先优势，中国占比9.8%，德国占比5.7%，英国占比4.0%，加拿大和澳大利亚占比分别为3.4%和2.1%。② 主要原因是美国在人工智能顶尖人才方面拥有其他国家无法比拟的优势，能够通过领先科技企业强大的人才吸引力，使得大量的全球顶尖人才为美国企业服务。同时，作为移民国家，美

---

①资料来源：Zachary Arnold, Ilya Rahkovsky Tina Huang：Tracking AI Investment：Initial Findings from the Private Markets, Center for Security and Emerging Technology, September 2020。

②清华大学人工智能研究院、清华-中国工程院知识智能联合研究中心：《人工智能发展报告2011—2020》，2021年。

国是海外技术移民的主要对象国。人工智能技术普及渗透需要大量的高素质人才基础，其中不仅包括学术型研究人员，也需要熟悉技术研发和应用场景的工程化人才。完备领先的产业生态环境也吸引了全球的科技人才为美国公司服务。

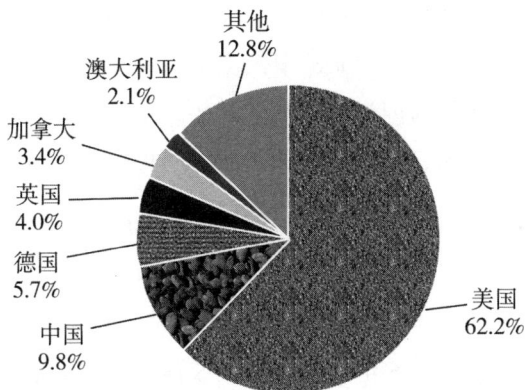

图3-4　全球人工智能高水平人才分布[①]

从技术应用情况看，全球政府应用人工智能技术就绪度排名方面对比分析了各国政府在使用人工智能技术提供公共服务的水平，其中美国位居榜首，具有明显的领先优势，这不仅体现在强大的研发能力、良好的商用环境，还得益于美国拥有最具价值的科技公司提供了产业基础，这些有利因素助力人工智能广泛渗透到美国的经济之中。相比之下，英国排名第三，德国排名第八，法国排名第十一位，日本排名第十二位，中国排名第十五位。[②]

三、竞争态势日益分化

从各国战略布局、推进实施以及发展水平的指标评估可以看到，在全球人工智能发展中，各国政府日益从幕后走向台前，直接布局参与技术研

---

①资料来源：《人工智能发展报告2011—2020》数据。

②Oxford Insights：Government AI Readiness Index 2021，（2022-01-24），https：//static1. squarespace. com/static/58b2e92c1e5b6c828058484e/t/61e95661c567937d21998d14/1642681965033/Gov_ AI_ Readiness_ 2021. pdf。

发、产业布局、规范制定等各个环节，政府主导下的科技竞赛取代了市场竞争。在此背景下，全球人工智能发展格局正在逐步分化，这既是各国根据发展态势作出的主观战略选择，也是客观上发展能力差异的具体体现。

第一，美国保持比较领先优势。人工智能技术研发所需要素和产业链条较长，高度依赖全球化研究资源和产业分工网络，因此在国际化的技术生态体系中，掌握人工智能产业链中关键节点使一国在人工智能发展中拥有更大的优势。美国数据创新中心持续对中、美、欧三方的人工智能领域进展进行综合性的跟踪对比，从人才、研究、发展、硬件、应用及数据等六个方面 30 个指标进行评估打分。评估认为，美国以 44.2 分领先，中国和欧盟分别是 32.3 分和 23.5 分。尽管指标数值上的比较可能会忽略一些关键因素，但也反映美国领先优势的部分原因。例如，在风险投资方面，美国资金规模是中国的 2.6 倍，欧盟的 4.5 倍；人工智能企业收购数量和人工智能企业数量方面，美国与中国和欧盟都保持着较大的差距。

第二，中国同美国实力差距不断拉近，对于其他国家的领先优势明显。在发展基础方面，中美两国拥有庞大的经济体量，数字经济水平领先，数据资源丰富多样，为人工智能发展提供了坚实基础。普遍认为，目前全球只有中美两国有足够的资源争夺人工智能超级大国地位。中国的独特优势在于庞大的国内市场和丰富的应用场景，由此为开发人员提供训练人工智能技术的大量数据集。[1] 英国上议院人工智能特别委员会在对各国人工智能进行评估后也认为，英国无法在人工智能投资规模和人才数量上与中美匹敌。[2] 中国的人工智能应用水平位于世界前列，各领域应用场景日益丰富且逐步成熟。但是也要看到，中国与美国之间的绝对实力存在较大差距。埃里克·施密特（Eric Schmidt）警告称中国已经拥有的超级计算

①Ben Horton, Jinghan Zeng: Can China become the AI superpower?, January 2021, the Chatham House, (2021-12-20), https://www.chathamhouse.org/2021/01/can-china-become-ai-superpower。

②UK House of Lords's Select Committee on AI: AI in the UK: ready, willing, and able?, April 2018, (2021-12-20) https://publications.parliament.uk/pa/ld201719/ldselect/ldai/100/100.pdf。

机数量几乎是美国的两倍,已经部署的 5G 基站数量大约是美国的 15 倍。[1]
如果从超级计算机 Top500 的综合系统性能看,2020 年美国的综合系统性
能为 27.5%,中国为 23.3%。[2] 如果对国家综合计算力进行评估,美国坐
拥全球最多超大规模数据中心,位列全球第一。[3] 拥有更多开放数据源和
数据共享程度较高的国家,人工智能创新发展条件更为有利。在数据开放
性的全球评级显示,美国在全球总体排名第八,远高于中国。[4] 中国数字
经济发展水平领先,拥有较好的人工智能发展条件的同时,经济发展也能
够为技术创新和应用提供资金和场景,为军事、社会治理等领域应用奠定
基础,从而更好地将技术实力转化为国家的竞争优势。

第三,欧盟、俄罗斯等根据自身的禀赋和发展需求,选择了不同的人
工智能发展路径。人工智能是技术密集型、资本密集型的技术领域,在当
前发展态势下,只有中美两国拥有发展人工智能的几乎所有基本要素,如
果其他国家要充分发挥人工智能在经济社会发展和国防军事领域的巨大潜
力,则很大可能需要借助甚至是依附于外部发展力量。

欧洲缺乏具有全球影响力的科技巨头,在人工智能等新兴科技的地缘
政治竞争中处于不利地位。针对技术发展和监管,欧盟各成员国存在不同
的做法和立场,在平衡欧盟整体利益和各成员国特殊利益上面临挑战。[5]
因此,欧盟的人工智能发展立足于以"欧洲人追求卓越和信任的方式"向
前缓慢推进,欧洲率先提出了严格的数据隐私规则,并对谷歌、脸书之类
的数字经济巨头动辄处以数十亿美元的反托拉斯罚款,欧洲希望在全球人

①Eric Schmidt: Silicon Valley could Lose to China, February 2020, (2021-04-03), https://
www. nytimes. com/2020/02/27/opinion/eric-schmidt-ai-china. html。

②Center for Data Innovation: Who is Winning the AI Race? China, the EU, or the United States?
(2021 Update), January 2021, (2021-04-04), https://www2. datainnovation. org/2021-china-eu-
us-ai. pdf。

③浪潮信息、IDC:《2020 全球计算力指数评估报告》,2021 年 2 月。

④Dominic Barton, Jonathan Woetzel, Jeongmin Seong, et al: Artificial intelligence: Implications for
China, April 2017, (2021-04-04), https://www. mckinsey. com/featured-insights/china/artificial-
intelligence-implications-for-china。

⑤European Council on Foreign Relations: Europe's Digital Sovereignty: From Rulemaker to
Superpower in the Age of US-China Rivalry, July 2020, (2021-03-28), https://ecfr. eu/archive/
page/-/europe_ digital_ sovereignty_ rulemaker_ superpower_ age_ us_ china_ rivalry. pdf。

工智能规范方面发挥领导作用。面对美国和中国的技术进步，欧洲感觉已经在人工智能技术领域的竞争中落后。欧洲的短板在于数字单一市场仍未得到充分实施，在电信领域有过多的企业，而在高科技领域缺乏私人和公共投资。麦肯锡全球研究所以"技术差距"为题，评估认为欧洲公司在未来科技发展中处于落后地位，在十项最具潜力的技术领域中大多处于落后，这导致欧洲在与中美技术对比中处于不利地位。[1] 尽管欧盟拥有高技术出口能力，但欧盟如果无法改变其技术发展逻辑以保持竞争力，则可能会浪费这些能力。目前，欧盟及其成员国正在启动一系列计划，但如果不以下一代技术为聚焦目标，这些计划可能力度太小，也太迟了。[2] 英国认为应该积极打造在人工智能领域的软实力，努力将这种软实力输出为国际规则，甚至主导人工智能相关国际规则的制定。[3]

俄罗斯融入全球产业链程度较低，特别注重人工智能的本土化自主化发展，过于偏重军事领域而限制了俄罗斯人工智能发展的灵活性。俄罗斯国内创新环境相对封闭，与全球大市场交流不畅，俄罗斯国内产业链水平较低，限制了其自主创新发展能力。据统计，俄罗斯80%的信息技术产业依赖进口，在复杂的全球生态中只是"二线参与者"。[4] 俄罗斯在人工智能发展过程中坚持以国防军事为重点领域的发展路线，在一定程度形成了不均衡的发展生态，呈现出政府、军事与市场的人工智能发展的基本形态，三个板块存在联系，但在很大程度上也在平行推进。[5] 尽管俄罗斯面临人

①McKinsey Company：Technology Gap：Europe's Companies Need to Keep Up with Future Technologies，May 4，2022，（2022-06-05），https：//www. mckinsey. de/news/presse/2022-05-04-mgi-europe。

②The U. S. -China Race and the Fate of Transatlantic Relations Part 1：Tech，Values，and Competition，January 2020，（2021-03-29），https：//www. csis. org/analysis/us-china-race-and-fate-transatlantic-relations。

③Select Committee on Artificial Intelligence of UK House of Lords：AI in the UK：Ready，Willing and Able? March 2018，（2021-03-28），https：//publications. parliament. uk/pa/ld201719/ldselect/ldai/100/100. pdf。

④Julien Nocetti：The Outsider：Russia in the Race for Artificial Intelligence，Institut français des relations internationals，December 2020，（2021-11-13），https：//www. ifri. org/sites/default/files/atoms/files/nocetti_ russia_ artificial_ intelligence_ 2020. pdf。

⑤华盾、封帅：《弱市场模式的曲折成长—俄罗斯人工智能产业发展探微》，载《俄罗斯东欧中亚研究》，2020（3）：98-128页。

才匮乏和资金不足的劣势，但是在人工智能军事化应用领域仍然具备一定竞争力，其在人工智能军事应用上的水平仍受到国际社会关注。研究认为，俄罗斯的独特优势来自有能力将技术创新与自身作战理念、力量和指挥系统相结合，可以在短期内通过人工智能军事化应用获取战场的优势。

由于竞争逐渐白热化，人工智能的"国家安全化"已经成为各国的普遍做法，美国和欧盟目前都将俄罗斯和中国在人工智能领域的技术进步视为国家安全威胁。各国的战略文件和领导人表态已经不再是将人工智能作为一种普通的前沿技术，而是作为一项国家安全重大议题，呼吁国家和社会层面加大发展力度。① 有学者就认为，人工智能竞赛是由地缘政治、科学探索的动力以及追求利润的科技企业等不可阻挡的力量驱动着。② 以人工智能为代表的高科技竞争日益成为当代大国竞争首要的、决定成败的关键领域，战略意义显著。大国之间争夺人工智能领域发展优势的行动效应可能外溢，在国际体系的大国间互动传导。

本章小结

人工智能的重要性使得任何国家都不甘于在竞赛中落后。随着技术的飞速发展，人工智能技术已经成为赋能经济、政治和军事领域的强大工具。在关键部门率先应用该技术的国家将获得巨大的先发优势，国家间竞争优势的变化将影响全球的力量格局。人工智能已经成为世界主要大国重点发展的战略方向，各国基于国家利益的现实需求，确定了人工智能务实可行的战略定位、路径策略和规制导向，其主要目标是在人工智能技术发展中获得先机并实现领先，以期提升自身的国家实力。

本章所考察的主要大国对于人工智能的战略认知层面基本趋同，突出技术发展的竞争性，希望在技术发展中获取更加有利的竞争优势。鉴于人

---

①Jinghan Zeng：Securitization of Artificial Intelligence in China, *The Chinese Journal of International Politics*, 2021, 14（3）：pp. 422。

②Paul Scharre：Autonomous Weapons are a Game-changer, *The Economist*, 2018-01-25。

工智能的广泛赋能性，除了美国决心保持全方位的领先优势外，其他大国根据自身的发展需求和发展基础，明确人工智能发展的优先次序和重点领域。例如，俄罗斯在产业生态不占优势的情况下，坚持军用优先的发展路线，希望率先实现人工智能技术军事化应用，提升维护国家安全和在与西方战略博弈中的主动权。欧洲依托在科研领域的积累和储备，不断推动内部成员国优势资源的整合，以期在技术创新环节保持传统科研优势，而在监管环节，欧盟积极制定严格的标准规范，希望实现引领国际人工智能治理走向。中、英、日等大国选择较为均衡的发展路线，制定了综合性的发展战略，推动人工智能全面赋能经济社会发展的各个领域。

为加强国家人工智能战略的落实，诸大国从基础设施建设、研发资源投入、体制机制保障、产业生态优化、顶尖人才培育等多方面加强战略落地实施的保障举措。在研发方面，各国积极将人工智能纳入国家研发重点，制订更新了资金投入计划，持续支持前沿的人工智能理论研究和研发探索，同时加强各类优势资源整合，搭建研发网络进行联合攻关。在保障措施方面，各国都加强统筹，建立高层次的咨询机构，针对不确定的技术方向和复杂多变的发展态势为决策提供咨询和智力支持。在基础设施建设方面，美国和欧盟都提出了自己的云计划，面向人工智能技术研究的实际需求提供算力支持。俄罗斯、英国等国家积极推动数据共享开放，为人工智能模型训练提供更多高质量的数据资源。在产业布局方面，加强政府与产业界对话沟通，从宏观层面加强产业布局的统筹谋划，高度重视人才在人工智能竞争中的重要性，大力培育本土人才。在标准规范方面，西方国家注重发挥自身在盟友体系上的优势，通过双边、多边平台大力宣扬西方价值观的治理理念和治理路径。中俄等新兴大国也在积极提出适合本国的监管理念。

与先前太空等领域的大国竞争不同，尽管领先大国具有一定优势，但是人工智能的技术竞争更加激烈，各国都在大力跟进。通过对各国战略的评估对比可以看出，在当前人工智能技术发展中，尽管大国在技术发展上占据优势地位，但是大国之间也存在一定的差异性，呈现出日益等级化的发展格局。主要体现在：深度学习算法的准确性基于海量的数据基础，国家间的数据竞争就可能涉及敏感的主权等问题。由于人工智能依赖数据资源进行落地部署和演进更新，中美等数字基础设施建设水平高、经济社会数字化转型领先的大国拥有发展优势。从高水平论文、专利、投资、应用等指标来看，大国之间的差距出现分化，美国占据绝对领先，中国具备同美国竞争的基础条件，但是两国差距仍然十分明显。而欧盟成员国、俄罗斯、英国等大国与中美之间的发展差距在拉大，其更倾向于基于自身资源禀赋，选择性发展人工智能，希望通过差异化发展最大程度地获取人工智能带来的技术红利。各国围绕人工智能领域博弈中的竞争性的一面在不断上升，这种竞争性的关系将助推大国之间的战略竞争日益激烈，这种竞争压力也将不可避免传导到国际政治中的大国关系互动中。

第四章
人工智能对大国关系影响评估

本章基于对人工智能技术发展水平和全球竞争态势的评估分析，重点关注人工智能技术发展可能对大国关系带来的影响。通过对比借鉴关于冷战后大国关系的既有理论解释，阐述大国之间围绕人工智能领域博弈互动对于国际关系的传导机制，构建人工智能时代大国关系的分析框架，综合分析人工智能因素可能对于国际格局以及大国间战略稳定带来的潜在影响。

第一节　冷战后大国关系的既有解释

冷战结束后，新兴大国的崛起在一定程度上冲击了西方主导的国际体系，非国家行为体借助全球化发展也在国际政治舞台上发挥着一定作用。尽管国内外国际关系学者普遍认为国际政治正在经历着权力转移，即权力和财富正在从西方世界向外扩散，但是针对权力转移对国际格局的塑造以及国际秩序的影响方面，却存在各种不同看法。在不同的理论解释中，对于大国间角色定位、实力分配以及互动方式都存在不同的假设和推演。需要从梳理冷战后国际格局变化理论中对于大国关系的解释入手，探讨人工智能时代大国关系走势。

一、单极体系视角下的大国关系

冷战结束，美国成为唯一的超级大国，主要体现在相较于其他国家的巨大实力优势，这种实力优势不仅仅是某一方面，而是体现在军事、政治、经济、科技、文化等各个方面的综合性优势。秉持单极化视角的学者认为，个别国家可能在一两个领域与美国的实力接近，但综合所有领域来看，美国拥有优势明显，其在经济、军事以及技术实力上的质量与规模优势超群，其他国家短期内难以与之抗衡。那些可能寻求对美国实施制衡的国家将在地区层面首先面临其他大国的抗衡，而无法在全球层面对单极体系形成挑战，因此美国主导下的单极格局具有持久性。[①] 在单极世界的视角下，国际体系内的主要国家并不是同质化的，而是应分为超级大国和大国，超级大国主导的国际秩序依然是影响当前大国关系的基本盘。

面对美国霸权地位持续衰弱的趋势，单极视角坚称自由主义国际秩序并未瓦解，赋能了美国霸权的持久性，"由于美国国内政治制度，及其公民和多元文化认同与长期的现代化事业十分契合，单极世界秩序因而变得更加稳定"[②]。这种视角看到了西方内部以及非西方力量对于现实秩序存在不满，但持这一观点的学者认为，这种冲击力量本身也受益于目前的国际秩序。虽然新兴国家崛起对现行秩序形成了压力，但不会颠覆现有框架，而将会选择通过谈判分享领导权。[③] 因此，尽管美国领导下的霸权秩序受到各种力量的侵蚀面临持续危机，但仍然会继续保持下去。新自由制度主义理论也沿用这一思路，为美国霸权体系的衰落给出了解释。[④] 他认为，霸权国主导创设了国际机制，这些机制在霸权国家衰落后并不会立即崩溃，机制能够维持发展"惯性"，美国所建立的多边规则和制度具有较强

---

①William Wholforth：The Stability of a Unipolar World, *International Security*, 1999, 24（1）：pp. 5-41。

②约翰·伊肯伯里：《以美国为主导的单极世界：继续存在与衰落的原因》，载约翰·伊肯伯里：《美国无敌：均势的未来》，北京，北京大学出版社，2005：310 页。

③John Ikenberry：*Liberal Livathan*：*The Origins*，*Crisis*，*and Transformation of the American World Order*，Princeton University Press, 2011：pp. 7。

④罗伯特·基欧汉：《霸权之后：世界政治经济中的合作与纷争》，苏长和、信强、何曜译，苏长和校，上海，上海人民出版社，2012。

的持久力，能够在促进霸权之后世界中的合作与和平中继续发挥着作用。

在新冠疫情冲击下，面对美国领导力的下降以及自由主义秩序的衰退，秉持单极体系视角的研究者不得不正视美国治下国际秩序的危机，但他们仍宣称霸权对于维持当前国家合作必不可少。他们认为，新冠疫情大流行加剧了世界秩序的碎片化，但目前仍很难找到一个更好的替代方案。同时，自由主义秩序具有独特的自我修正能力，历史经验也表明其在促进世界经济繁荣与发展中发挥着关键作用。① 戴维·莱克（David Lake）在质疑"国际社会无政府状态"的基础上，提出了等级体系概念。他认为，等级是促进合作和利益交换的制度形式，主导国和附属国选择等级安排是利益权衡后的理性选择。② 在这种视角下，国际体系中主导国致力于维护其主导的国际秩序，而附属国希望维持稳定并获得较为安全的国际环境，这种契合且互补的利益诉求形成了达成契约的基础。因此小约瑟夫·奈提出"美国世纪"还未结束，③ 他认为尽管中国、印度等经济体实力持续增长，美国在国际政治经济中的地位也会持续下降，但是尚没有任何国家准备取代美国的霸主地位，美国在国际关系中一直存在着某种程度的领导力和影响力。虽然维持自由主义秩序面临重重困难，但美国仍然在提供一些重要的全球公共产品，而这种能力是他国所不具备的。

二、多极/两极体系视角下的大国关系

国际关系学界针对单极世界视角的质疑声音广泛存在，认为世界正在从单极体系逐步向多极体系演进，超级大国和其他大国在实力上不断接近。有的美国教授认为，2022 年的俄乌冲突正式宣告美国单极时刻的终结，虽然这一趋势已经十分明显，但是这场冲突真正成了一个标志性节点。④ 美国相对实力优势被削弱，大国之间竞争和冲突可能更为直接。米

---

①John Ikenberry：The Next Liberal Order：The Age of Contagion Demands More Internationalism, Not Less, *Foreign Affairs*, 2020, 99（4）: pp. 133-142。

②华佳凡、孙学峰：《国际关系等级理论的发展趋势》，载《国际观察》，2019（6）：48 页。

③小约瑟夫·奈：《美国世纪结束了吗》，邵杜罔译，北京，北京联合出版公司，2016 年版。

④Stephen Walt：The Ukraine War Doesn't Change Everything, *Foreign Policy*, 2022-04-13.

尔斯海默则认为，自由主义国际秩序从形成伊始就存在重大缺陷，因为其既不自由，也不是国际秩序，只是局限于西方世界的有限秩序，所以注定会走向失败。① 塞缪尔·亨廷顿（Samul Huntington）称世界进入了一个"单极—多极体系"（uni-multipolar system），虽然冷战后的世界只有一个超级大国，但并不意味着世界是单极的；因为在单极的国际体系中，除了一个超级大国，没有其他具有影响的大国而只有小国，超级大国能够独自有效解决重要的国际事务。② 因此，他认为美国在处理全球问题时争取其他国家的合作是符合美国利益的，作为多极世界中的一个大国，相比于作为唯一的超级大国，对于美国而言要求更低、争议更少但回报更多。③

力挺多极化观点的学者认为，单极世界是不稳定且是不现实的。肯尼思·沃尔兹（Kenneth Waltz）从结构现实主义理论出发，认为单极体系是最不稳定的结构，因此无法持久。一方面，处于支配地位的国家承担了太多的国际义务，过多的义务从长期来看会削弱其实力地位；另一方面，即使处于支配地位的国家行事有度并自我克制，但他国仍然会感到担忧，对其未来的行为进行防范和制衡。④ 根据沃尔兹的理论，虽然均势格局尚未形成，但是被单极打破的均衡总有一天会重新恢复。在 21 世纪的第一个 10 年，美国凭借绝对优势构建了其主导的单极格局，并为全球范围内的稳定提供了基础。但如今形势已经变化，单极世界会让位于具有多个权力中心的多极世界，国家之间的对抗以及欧洲和亚洲内部的竞争性制衡会再度出现。⑤ 米尔斯海默所推想的新的多极世界实际上是延续进攻性现实主义理论的构想，他认为冷战后形成的自由主义国际秩序将不可避免地走向崩溃，未来将存在三种现实主义秩序，一个促进国际经济合作的"薄秩序"（a thin international order），并在处理气候变化等全球治理议题上发挥重要

---

①John Mearsheimer：Bound to Fail：The Rise and Fall of the Liberal International Order，*International Security*，2019，43（4）：pp. 7-8。

②Samuel P. Huntington, The Lonely Superpower, *Foreign Affairs*, 1991, 78（4）：pp. 35-36。

③同③第48-49。

④肯尼思·沃尔兹：《冷战后的结构现实主义》，载约翰·伊肯伯里：《美国无敌：均势的未来》，北京，北京大学出版社，2005：54 页。

⑤查尔斯·库普乾：《掏空的霸权还是稳定的多极世界》，载约翰·伊肯伯里：《美国无敌：均势的未来》，北京，北京大学出版社，2005：68-98 页。

作用，以及由中美两国各自领导的两个"有界厚秩序"（thick bounded orders），军事联盟是后两个秩序的核心部分。① 在这种世界秩序之下，经济领域可能促成合作，但合作程度较低。因为经济是军事实力的关键基础，在经济领域中的竞争也将同样存在。

多极化倡导者观察到的趋势是权力分配正在从美国主导的西方世界向外转移和扩散。亨廷顿提出，世界由来自不同文明背景的国家组成，文明间的异同是影响国家利益、对抗或者联合的重要因素。② 从文明冲突论视角来看，全球政治已演变成多极的和多文明的。因此，如果只关注美国霸权秩序就忽视了国际体系的演进方式，西蒙·赖克和理查德·勒博认为国际体系已经进入了"后霸权时代"，霸权在议程设置、监管和赞助三大职能中的相关应用已经扩散到各个国家，不再只是集中于一个霸权国家。他们列举了诸多案例表明，欧洲在规范制定中的影响力不断提升，而中国等亚洲国家则对于经济发挥着重要的监管作用。③ 也就是说，其他大国事实上已经在各个领域分享领导权。英国学者巴里·布赞（Barry Buzan）认为，随着全球转型的深化，国际社会正在走向去中心化的"全球主义"（decentred globalism），国家间的权力分配将更均衡且分散，而西方国家将失去在国际社会中的特权地位。④ 在以去中心化的全球主义为特征的世界，将由几个世界性的大国和诸多区域性的强国组成，在这种体系中超级大国将不再存在。⑤ 因此，第二次世界大战后西方主导的自由秩序已经无法确保当前及未来的全球稳定，应借鉴历史上欧洲协调的思路，促进稳定的最佳方案是建立全球大国协调机制（concert of major powers），这是在多极化和意识形态多样化的世界中可行且有效的手段。这项机制中应包含中国、欧盟成员国、印度、日本、俄罗斯和美国，有别于构建僵化的成文规则，

---

① John Mearsheimer：Bound to Fail：The Rise and Fall of the Liberal International Order，*International Security*，2019，43（4）：pp. 7-50。

② 塞缪尔·亨廷顿：《文明的冲突》，北京，新华出版社，2013：7 页。

③ 西蒙·赖克、理查德·内德·勒博：《告别霸权！全球体系中的权力与影响力》，上海，上海人民出版社，2017。

④ 巴里·布赞、乔治·劳森：《全球转型：历史、现代性与国际关系的形成》，崔顺姬译，李佳校，上海，上海人民出版社，2020：252 页。

⑤ 同④，第 253 页。

全球协调机制应该通过对话达成共识。① 大国之间通过协调机制来管控国际体制的权力转型可能带来的多种挑战。在历史上，权力转移进程中往往会导致危机，而大国协调是化解危机的有力工具。这种机制能通过平等对待所有成员国，使其均能在塑造、维持、改变秩序的过程中发挥作用。② 在新冠疫情冲击下，美国并未发挥有效领导力，但全球经济、金融和供应链密切联系的局面意味着大国之间的竞争和合作将长期存在。

随着中国国际地位日益提高，针对中美"两极格局"的讨论不断增多。两极体系的视角从权力转移理论出发，将中美两国作为理解当今国际关系的主导性力量，新兴崛起国与守成霸权国之间的互动也引人注目。一度出现的"中美国"（Chinmerica）、"G2 论"等观点，宣称国际格局将向中美两极转变。阎学通认为，中美综合实力差距缩小，且两国与其他大国的实力差距则在不断扩大。大国综合实力结构正在由美国单极体系向两极化发展。多极化的潜在可能性正在变得越来越小。③ 也有研究者提出，中国成为单独一极并不意味着中国的综合实力在规模和质量上达到或超过美国，因为冷战时期的苏联在经济、军事、科技乃至文化等诸多领域从未达到甚至超过美国的水平，但其超级大国地位无人否认。在这个意义上看，两极和霸权并不冲突。④ 由此看来，中美竞争格局之下更多呈现出不对称的两极体系。尽管中美持续保持对其他国家的实力优势，但中国很难在短期内全面超越美国。随着中美竞争格局的巩固，大多数国家将被边缘化。⑤ 由于中美两国的综合国力仍然存在明显差距，单极体系朝着两极结构的变化还只是量变，而非质变；这种两极体系还只是一种趋势，目前也不能确

---

①Richard N. Haass, Charles A. Kuphan: The New Concert of Powers: How to Prevent Catastrophe and Promote Stability in a Multipolar World, *Foreign Affairs*, March 23, 2021, (2021 - 11 - 05), https: //www. foreignaffairs. com/articles/world/2021-3-23/new-concert-powers。

②哈拉尔德·米勒、卡斯滕·劳赫:《管控权力转移：面向 21 世纪的大国协调机制》，李亚丽译，载《国际安全研究》，2016（4）：65-66 页。

③阎学通:《权力中心转移与国际体系转变》，载《当代亚太》，2012（6）：18 页。

④杨原、曹玮:《大国无战争、功能分异与两极体系下的大国共治》，载《世界经济与政治》，2015（8）：64 页。

⑤阎学通:《数字时代初期的中美竞争》，载《国际政治科学》，2021，6（1）：54 页。

定这一趋势还会持续多久、何时能达到质变的门槛。①

在两极视角下，更多学者从单一领域和区域来界定和理解中美两极结构。有学者认为自 2008 年金融危机以及随后中国成为世界第二大经济体，中国的影响力持续攀升，实际上在东亚地区形成了中美两个彼此竞争的权力中心。从领域上看，中美"两极"结构的军事对抗、硬实力直接对抗色彩较淡，经贸、金融、科技、文化、发展模式及观念等"软"领域成为博弈的主要领域。② 同时也应看到，这种两极的国际格局正在形成中，中美之间关系存在长期性、复杂性等特点，两国均很难单独提供全球领导力，未来走势仍有一定的不确定性。

三、复合多元视角下的大国关系

在去中心化视角下，国际体系不仅经历了从发达国家到发展中国家，从西方到东方的权力转移，而且全球经历着持续的权力扩散。大国间围绕着地位、威望和权力的竞争加剧，日益受到更为复杂的来自非国家行为体的制约和影响。第二次世界大战后美国建立的国际秩序仍然发挥着重要作用，但是随着新兴国家和非国家行为者的崛起，全球权力分布正在发生不可阻挡的变化。美国自身也不愿意承担世界领导者需要发挥的某些作用，美国国内越来越多的人反对全球化，促进美国逐步采取内向性或者民族主义的政策。③ 在这种视角下，研究者们强调当前以及未来的权力转移不仅发生在国家行为体之间，也发生在国家行为体和非国家行为体之间，因此不同的行为体在不同的场景下形成了各异的权力结构，必须用复合且多元的视角来认识国际社会。然而，本研究认为这并不是弱化大国的重要性，反而是对以往过于凸显大国对国际关系影响的一种修正，其目的是更好指

①宋伟：《世界政治视角下的国际战略格局（2001—2021）》，载《太平洋学报》，2022（1）：1-12 页。

②林利民、王轩：《试析中美'新两极'结构及其特点》，载《现代国际关系》，2019（10）：1-12 页。

③Paul B. Stares, Qingguo Jia, Nathalie Tocci, et al: Perspectives on a Changing World Order, June 2020, Council on Foreign Relations,（2021-12-08），https：//cdn. cfr. org/sites/default/files/report_pdf/discussion-paper-collection_ stares-et-al_ final-with-cover. pdf。

导国家行为体在新的时代背景下，尤其是在网络空间和人工智能等技术快速发展的背景下，如何进行战略构建和政策选择。

持复合多元视角的学者认为，除了国家层面的多极化，其他行为体也将对霸权秩序带来挑战。阿米塔·阿查亚（Amitav Acharya）提出了"后霸权的多边主义"（post-hegemonic multilateralism）概念，认为美国实力相对衰落的后单极时代，多边主义已经到来。他认为，随着美国秩序走向衰落，世界秩序将进入一个复合阶段，尽管权力政治不会从中消失，但是与多极世界相比，复合理念限制了大国集体霸权超越其他力量的优越性。[①]这个充满多样性和复杂性的世界将是一个新旧大国并存、地区治理能力扮演更重要的角色以及相对去中心化的秩序结构。[②]因此，阿查亚没有排除美国、新兴大国以及地区行为等在维护后霸权世界秩序时的领导作用，但是认为一个多元复合的世界体现了对弱国更大的包容性以及对弱小行为体自主性的充分尊重，这也是与历史上"欧洲协调"时期国际秩序的重要差异。

小约瑟夫·奈曾用三维国际象棋棋盘来比喻世界权力的分布模式，他认为，情境决定了解读权力结构的方式。在顶层棋盘中，美国的军事实力优势遥遥领先，形成了单极结构。在中间棋盘中，美国、欧洲、日本和中国形成了多极化。在底层的棋盘中则是政府控制能力之外的非传统领域，其主要参与者是非国家行为体，在这一层面上，不论是网络空间安全，抑或是流行病、恐怖主义等诸多问题显然已经超出了国家的控制范围。[③]除了棋盘式视角，有学者提出网络视角也是认识当前世界的有力工具，在棋盘的世界中，人们主要的关注点是竞争以及如何在竞争中获胜；而网络力量来自连接，连通性是衡量权力的关键尺度。[④]在不同的网络之中，连接可能是中心化的、去中心化的或是分布式的。在高度网络化的世界中，国

---

①阿米塔·阿查亚：《美国世界秩序的终结》，袁正清、肖莹莹译，上海，上海人民出版社，2017：13 页。

②同①，第 12 页。

③小约瑟夫·奈：《权力大未来》，王吉美译，北京，中信出版社，2012：XXI-XXIV 页。

④安妮-玛丽·斯劳特：《棋盘与网络：网络时代的大战略》，唐岚、牛帅译，北京，中信出版社，2021：154-160 页。

家为了实现战略目标，必须持有开放的理念，尽可能保持与其他国家和非国家行为体的联系。

对于国际体系的演进方向，还有学者持有更为激进的观点，美国俄亥俄州立大学教授兰德尔·施韦勒（Ranall L. Schweller）就将热力学中的"熵"的概念引入国际关系研究，他认为国际体系中权力扩散的同时也带来权力的耗散：拥有权力的行为者越来越多，但其所拥有的权力却仅够阻碍其他行为者执行有效统治，却远不够自己行使统治权威。[1] 随着系统中的熵增多，国际体系不会回到过去的传统多极均势体系——"将不会再由一个、两个或少数几个大国支配"[2]，而是表现出更多的失序和功能失调。

四、既有理论解释的评述与借鉴

通过梳理对比能够看出，不同的理论解释选择各自的观察视角来分析当前国际格局演进和大国互动演变的主导逻辑，并以此为基础推导未来国际体系的发展趋势，体现出不同理论范式的差异性和独特性，但同时也会在特定场景暴露出一定的解释局限性，无法说明当前国际体系变迁动力和发展趋势的全貌。特别是在新兴技术对大国关系影响越来越突出的现实中，人工智能等技术因素带来的更为复杂影响将超越单一理论范式的解释力。综合来看，单极、多极/两极视角可以关注大国实力格局的起伏变化，描述大国之间的权力博弈的走势，但是当今的大国竞争是在不同且重叠的规则下同时进行的复合型竞争，大国在军事、政治、经济等不同领域存在的权力格局的特征则有所差异，需要对各领域中的场景差异和条件变量进行区别分析。相比之下，复合多元的视角揭示了全球化和数字化等发展趋势下国家行为体与非国家行为体之间的权力扩散现象，但是缺少对新兴技术驱动下权力扩散的非均衡性进行深入阐述。

综合来看，既有国际关系研究文献对于当前大国关系走势关注点的共

①兰德尔·施韦勒：《麦克斯韦妖与金苹果——新千年的全球失序》，高婉妮、邓好雨译，上海，上海人民出版社，2021：34 页。

②同②，第 83 页。

通性和差异性可以总结归纳为三个方面：第一，美国主导下的国际秩序在冷战后仍然具有持续性，这也是当前国际体系的基本背景，当前国际秩序在防止国家间冲突和促进国家间合作中发挥着一定作用。同时，美式自由主义国际秩序的衰落也被不同视角的研究者所认同，但是对于其衰落的程度和未来发展趋势存在不一样的判断，这种判断是不同视角研究者假设的主要区别之一。各方的不同点集中于国际秩序其本身的变化趋势，以及对于维护大国之间关系所发挥的作用特点。第二，关于以实力为基础的权力优势的博弈和争夺仍是国家间互动的主要形式，其中既包括以军事、经济、科技等领域发展水平为基础的硬实力，也包括制度、文化、意识形态等为基础的软实力。但是不同视角对于大国关系中的关键领域的强调存在差异，选择不同领域的实力基础作为判别重点也决定了对于大国关系中关键变量的不同理论解释。第三，对于国际体系中实力分配的解读方式体现了不同视角对于国际格局发展趋势的预期。权力转移和权力扩散是解释国际体系力量格局变化的两个分析维度，两大趋势虽然被不同研究者所承认，但是对于其重要性及其发展程度仍然存在不同的解释。因此，针对冷战后大国关系的现有研究虽然对上述三个方面具有基本的共识，但是对于其实际发展程度和走势却存在不同的认识。

由于人工智能将对上述三个方面带来新的影响因素，因此也将对大国关系的发展趋势带来新的变化。本章第二节将从关系特征、互动方式、实力分配三个方面来考察人工智能对大国关系带来的变革性影响。

第二节　人工智能时代大国关系的基本假设

当今世界是单极世界，也是多极世界，还是无极世界，主要差异在于理论视角和论述议题。一般来看，美国作为唯一超级大国的地位在今后相当长的时期内仍将延续，美国的绝对优势依然存在，真正意义上的两极或者多极的世界在短期内还很难有实现的基础条件；但是这并不意味着国际秩序仍然是完全美国主导的单极世界，美式霸权已经发生了深刻改变，其在一些特定领域正在呈现出无极、两极或多极等不同形式的力量格局。在全新的国际体系形成之前，国际体系仍将保持着一个越来越不平衡的一超多强的格局，所有国家都必须在这样一个复杂的力量格局下促进发展并维护安全，不断提升自身的影响力，世界可能在新的磨合碰撞甚至冲突中震荡，直到达成新的均衡。而人工智能会对这一进程中的各环节产生不同程度的影响。

基于此，本研究在第二章发展了软实力的概念，提出并阐述了软霸权的概念假设，并基于人工智能技术发展对于软霸权的概念进行了进一步发展。小约瑟夫·奈提出的软实力概念拓展了美国综合实力的理论解释，美国日益通过隐形实力对他国施加影响，从而达成对外政策的战略目标。实质上反映了美国霸权的"软"的一面，特别是在当前美国硬实力相对优势持续衰落，核威慑限制了大国付诸大规模战争的有效战略选项，软霸权成为美国霸权的主要表现形态和国际体系的重要特征。

因此，在以软实力和软霸权为主导逻辑的国际体系下，人工智能时代的大国关系将基于三项基本假设：

第一，在关系特征方面，人工智能时代大国竞争将是全球化背景下的软实力竞争。当前核平衡限制大国间爆发大规模冲突和战争对抗的可能性，相互依赖下各国人工智能发展仍然受益于国际产业合作和分工体系，大国间博弈形式将转向"软性"竞争。

第二，在互动方式方面，大国博弈领域将聚焦以人工智能为核心的技术领域。随着人工智能对于国家实力赋能作用的凸显，大国互动的重点逐步向技术领域聚焦，这仍将是人工智能时代大国竞争博弈的基本大背景。

第三，在实力分配方面，大国将在人工智能发展中获得更大的实力优势。技术带来的颠覆性影响将会拉大国家间的实力差距，由于大国在人工智能等技术发展中具有强大的实力基础，在人工智能技术红利分配不均衡性的放大下，将造成强国与普通大国、大国与中小国家之间的实力鸿沟。

一、关系特征

由于核威慑形成的国际战略稳定的基础仍然存在，各国都能从和平、稳定的国际环境中受益，在防止爆发大规模战争和冲突方面大国间存在相同的利益诉求和战略共识。很多学者认为，核武器减少了国际体系核心产生暴力性变革的可能性。[①] 2022 年 1 月，五大拥核国家发布了防止核战争与避免军备竞赛的联合声明，重申了避免核战争的共同承诺，也再次为大国之间的战略竞争划定了底线。由此可见，虽然大国争夺主导权和影响力的竞争日益激烈以至于发生冲突，但是在核武器互相摧毁的前提下，大国依然会保持自我克制。

在核战略平衡下，大国仍然受益于相互依赖下的国际贸易体系。国际贸易催生了全球产业分工，加强了国家间的相互依赖，如今主要大国之间在全球化发展中已经形成了利益交融的格局，尽管相互依赖程度有所不同，但是不论多边还是双边层面上，各国在生产分工、经贸交流、金融网络等维度有着广泛的共同利益和共同需求。世界正在更加紧密地联系在一起，并且不断形成一个深度互动的网络系统。[②] 尽管新冠疫情严重冲击了正常的国际贸易合作，也促进各国将部分产业链供应链转向区域化和本地化，但是以人工智能为代表的新兴技术仍然依赖于全球层面的产业分工和技术生态。人工智能领域的关键软硬件技术主要被技术强国主导，依托全球化生态体系发展而来，单一国家在短期内很难实现自给自足。这从疫情以来人工智能领域巨头企业业绩发展也能得到印证，2021 年英伟达、谷歌等企业的营收依然保持增长，它们的客户来自全球。主要是由于这些企业提供的技术和服务难以被替代，因此以其为主导的全球人工智能技术生态体系保持了较强的稳定性。

如图 4-1 所示，随着人工智能等技术影响力提升，对新技术的控制和垄断成为权力的重要来源，大国博弈"已经由以战争为终极表现形式的'硬竞争'转化为以创新力比拼为根本表现形式的'软竞争'"。[③] 由于人

---

①罗伯特·杰维斯：《世界政治研究中的现实主义》，载彼得·卡赞斯坦、罗伯特·基欧汉、斯蒂芬·克莱斯纳：《世界政治理论的探索与争鸣》，秦亚青、苏长和、门洪华译，上海，上海人民出版社，2018：406 页。

②尚会鹏：《从"国际政治"到"国际关系"——审视世界强联结时代的国际关系本体论》，载《世界经济与政治》，2020（2）：38 页。

③李巍、张哲鑫：《战略竞争时代的新型中美关系》，载《国际政治科学》，2015（1）：50-51 页。

工智能技术发展严重依赖全球化生态体系，其构成的核心软硬件的设计和制造高度复杂，产业链运行建立在国际分工体系之上，相互依赖应当是大国关系互动的基本条件。相互依赖也使得各类行为体以更有效且紧密的关系相连接，若要符合网络与信息技术的发展规律，国际体系很难再倒退至冷战式的相互隔离、互不来往的对抗体系，互联互通才是唯一正确的选择。

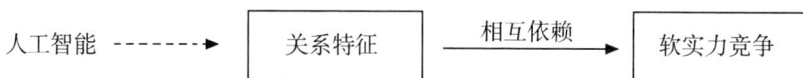

图 4-1　人工智能对大国关系特征的影响机制

　　第二章针对软霸权的论述中阐述了相互依赖的非对称性，虽然从政治和经济层面观察国际格局已经显现出多极化特征，但是美国在全球核心技术产业体系的相对优势依然明显。以人工智能为视角，人工智能发展的理论基础、底层技术、产业分工等大多是在美国科研机构、企业以及研究人员的主导下完成，至今美国依然通过为全球人工智能发展提供公共产品保持着较强的引领作用。除了技术领域外，在人工智能对军事、经济等赋能提升中，美国也获得了先发优势。知识是国际关系中结构性权力的重要来源之一。[1] 如果将人工智能等技术因素作为观察的影响变量，由于在技术领域存在明显的头部效应，一国对外技术合作的可替代性不强，只会局限在几个主要强国之间，国际格局更加呈现出中心与边缘逐渐分野的等级化特征，以美国技术为基础建立起的全球人工智能技术体系也为美国带来了相对的结构性权力优势。随着美国硬实力相对持续衰落以及意识形态、价值观、文化传统等软实力的吸引力不断下降，这种以人工智能为代表的技术优势作为结构性权力，已经成为美国护持霸权体系的主要工具手段，美国的霸权正在向以软霸权为特征的方向上演进。

---

①苏珊·斯特兰奇：《国家与市场》，2 版，杨宇光等译，上海，上海人民出版社，2012：140-141 页。

二、互动方式

人工智能对大国关系影响的首要特征将会推动大国战略重点向技术领域聚焦，由于认识到人工智能可能对于各领域带来的颠覆性效应，大国对于实力地位的争夺将导致其在技术领域的互动和博弈日益频繁。当今的大国竞争是在复杂和重叠的规则下进行的综合竞争、复合竞争、多维度竞争，与冷战期间简单粗暴的军备竞赛、太空竞争等相比更为复杂且难以预测。经济上的相互依赖（尽管会逐渐减弱）和核心战略利益的分歧长期存在，无论从经济、政治、军事领域竞争来看，技术优势的争夺是大国竞争的焦点。[①] 如图 4-2 所示，地缘政治的角力的背后更多的是大国技术领域实力的起伏，对于技术带来实力优势的预期，不论是霸权国与其他大国，还是其他大国之间都将技术领域作为维护国家利益和提升国家实力的关键因素，这将导致大国之间围绕技术发展的互动和竞争更加激烈。

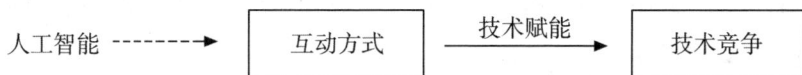

人工智能 ------→ 互动方式 ——技术赋能——→ 技术竞争

图 4-2　人工智能对大国互动方式的影响机制

从软霸权视角来看，国际体系结构仍处于从冷战后美国所主导的单极体系向多极或两极体系演进的过程中。但是随着未来人工智能对国家实力不断赋能，技术强国将凭借在技术领域的优势地位来减缓甚至改变全球范围的权力转移进程。对于霸权国而言，一方面，技术优势成为护持霸权的重要基础，美国通过抢占技术发展前沿带来的优势，以此达到提升科技、经济等领域实力的目标，从而巩固对于他国的实力优势。另一方面，技术优势也日益成为支撑霸权合法性的核心支柱之一，美国通过推动技术优势转化为美式标准和规范作为维护自身战略利益的重要工具。技术实力对美

[①] Dominik P. Jankowski：Russia and the Technological Race in an Era of Great Power Competition, Center for Strategic and International Studies, September 2021, （2022-01-25），https：//www.csis.org/analysis/russia-and-technological-race-era-great-power-competition。

国提供公共产品的能力起到关键作用，技术本身不仅是国际社会公共产品的内容，而且也是美国提供公共产品的重要基础。例如，美国信息技术领域优势使其拥有掌控国际公共舆论的能力，为其霸权合法性提供了有力支持。①

三、实力分配

人工智能对大国实力分配的影响是需要观察其对于国际体系影响的重要方面。以往有关大国关系的理论普遍认同当前国际体系中美国的实力地位在持续降低，但是对于其他"极"的不同研判代表着对于国际体系中各个战略力量的实力对比的不同认识。人工智能技术凭借智能化、高效性以及对垂直领域的有效应用，已经成为国际公认的"力量放大器"。② 如图4-3所示，人工智能和核武器、导弹等离散型技术不同，很难能够短时期非对称性地增大国家实力，更多是与传统军事、经济等优势结合，产生倍增效应，因此在发展趋势上也将更有利于大国。主要大国有实力和基础在此轮智能化浪潮中获取先机，建立起技术和知识优势，创造出其他国家难以逾越的技术壁垒。

人工智能 ------→ 实力分配 ──不均衡性──→ 实力鸿沟

图4-3 人工智能对大国实力分配的影响机制

尽管国家行为体在人工智能发展中仍然占据着主导地位，但是超级科技企业、科学家团体等非国家行为体的重要性在提升。它们通过对关键基础设施和数据资源的掌控，不断提升着自身的影响力；它们还有能力承担计算软硬件集群所需要的高额成本，掌握着研发和训练人工智能所需要的海量数据和现实的应用需求。有鉴于此，人工智能时代的权力也正从政府手中向这些行为体扩散转移。当然，这些非国家行为体的利益诉求在很大

①刘杨钺：《美国世纪的终结?》，载《世界经济与政治论坛》，2010（2）：90页。
②刘杨钺：《技术变革与网络空间安全治理：拥抱"不确定的时代"》，载《社会科学》，2020（9）：47页。

程度上与所在国政府是一致的。因此拥有超级科技公司和科学家团体的国家在人工智能发展中占据了显著优势。总之，拥有超级科技企业和科学家团体的国家在技术发展和国际话语权方面将得到提升，而其他国家不仅在技术发展中处于劣势，在技术应用中也通常被迫采取相对保守的立场，借助技术实现发展的政策灵活性大打折扣。

尽管有时候非国家行为体与国家行为体的利益不一致，但是，国家行为体依然能够通过市场监管、出口管制、金融管制等手段，对非国家行为体进行约束。另外，国家对于他国的科技企业的信任度不断下降。虽然各国都希望借助跨国科技企业的优质资源服务于本国发展，但同时采取供应链审查、网络安全评估、数据本地化存储等政策法规加强对跨国企业的防范和监管。与此前的发展阶段相比，跨国企业特别是超级科技企业在追求自身利益诉求的灵活空间被压缩，本国和东道国对企业的安全合规要求都在提高。在这种内收外压的大趋势下，跨国企业既要照顾本国的利益，又要尽量兼顾东道国的要求。

第三节　人工智能时代大国关系的影响机制

基于人工智能对大国关系影响机制的基本假设，本节将对人工智能时代大国关系特征进行分析说明。如图 4-4 所示，第二节所列的三项基本假设是相互影响、相互联系的，构建起人工智能时代大国关系的一种解释视角。在软霸权体系之下，以相互依赖为背景的关系特征决定了大国间关系的主要特点，大国间博弈互动的方式聚焦于人工智能等前沿技术领域，其博弈竞争带来的预期结果将带来实力分配的不均衡性，三者之间的相互作用构成了考察人工智能时代大国关系的基本框架。

（技术竞争）

互动方式

人工智能

关系特征   实力分配

（软实力竞争）   （实力鸿沟）

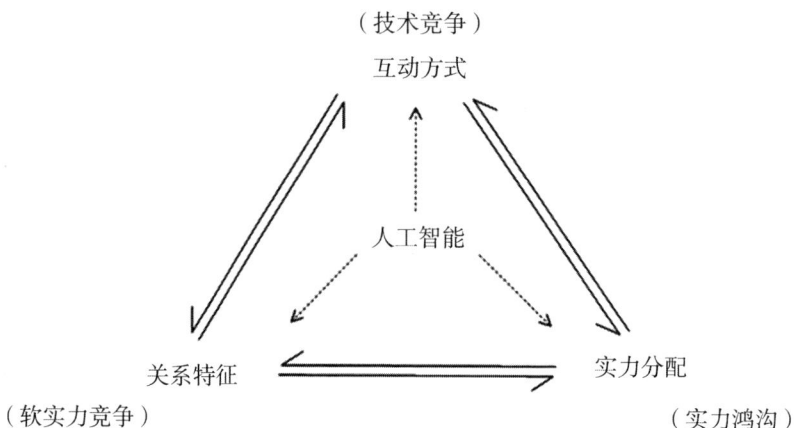

图 4-4　人工智能对大国关系的影响机制

一、相互依赖下的软实力竞争

"合作"和"冲突"是大国关系常见的两种形态，战争与和平是国际关系研究的永恒议题。当前的大国关系互动处于一种"竞争"的中间形态，学者们也认为向大国竞争时代的回归是大势所趋。大国关系经历的结构性变化既不是霍布斯式的对抗，也不是康德式的合作，而是洛克式的竞合关系。[①] 虽然美国霸权地位的下降导致了在一些领域内国际规则规范的失效或失灵，但是霸权体系所建立的国际制度依然发挥着维系国际合作的重要作用。20 世纪中期的第三次科技革命以来，技术领域全球化分工构建的相互依赖关系仍然是各国技术发展所要依托的重要基础，目前各国从战略层面都提出了加强人工智能领域国际合作的重要性，由于各国对于这种相互依赖关系的敏感性和脆弱性较强，短期内重构的难度和成本较高。

全球化时代，绝大多数技术发展都很难仅仅局限于一国范围内，技术扩散在全球范围内受市场行为的驱动。虽然大国博弈限制了关键核心技术的大范围流动，但是技术创新资源和要素还是能通过跨国企业等以知识产权、产品服务等形式实现扩散。作为信息技术的人工智能，全球性是天然

[①]刘胜湘、陈飞羽：《大国竞争关系生成与传导机制论析——兼论美苏冷战与中美战略竞争的比较》，载《当代亚太》，2021（5）：5 页。

的属性，如同网络是全球性一样，网络技术标准也有全球性特点，网络技术优先的国家能拥有全球标准的制定权，不同于地缘战略只能从局部地区向全球拓展。① 人工智能技术的全球化特性是建立在整个信息技术产业制造和供应链体系的跨国发展之上，人工智能从基础研究、学术交流到软件开发，再到硬件生产，其产业链的各个环节都包含着大量国际产业链高水平的分工协作，一个产品往往包含来自多国的技术元素。例如，人工智能依赖的高性能芯片是高度全球化的产业，包括研发、设计、制造和组装等各个环节，分别由具有相对优势的企业来执行各自的任务，生态体系高度复杂，参与企业遍布全球。据统计，半导体的产业链平均有 25 个国家参与，半导体的产品在到达终端用户前，需跨境转运超过 70 次。② 人工智能技术建立在全球生态体系生产的软硬件基础之上，技术扩散、人才交流、商业拓展等都是在全球化环境下进行，其本身具有鲜明的全球性特征。例如，在知识交流方面，arxiv 网站成为人工智能预印本论文分享的重要平台，使得全球范围人工智能前沿性研究的互相交流效率和更新迭代的速度大大提升。

　　各国人工智能政策的出台也需要全球视角进行规划和布局。从第三章对主要国家人工智能战略部署的梳理来看，各国都已经意识到，人工智能发展必须依靠全球创新环境和产业生态系统，在吸引投资、人才、市场等发展要素上积极推动开放发展，借助全球市场提升自身人工智能发展水平是各国的共识。对企业而言，采用主流且成熟的深度学习框架，能够缩短开发周期，降低实际的代码开发量，减少开发者的工作量，提升技术方案部署效率。特别是在人工智能相关的框架、算法的开发中，更需要来自全球的开发者共同组成的技术社群，拥有更多开发者参与的框架或是模型，也将拥有更加完善的生态体系。

　　当前的国际环境与"相互依赖理论"提出的时代已不可同日而语，但是在全球化大潮下，各国经济上的相互依赖加深增加了爆发大规模冲突的成本。从技术的视角来看，每个国家的人工智能技术发展无法做到完全孤

---

①阎学通：《超越地缘战略思维》，载《国际政治科学》，2019（4）：3-6 页。

②全球半导体联盟、埃森哲公司：《半导体生态系统的全球化和复杂性》，（2020-10-19），ht-tps：//www. accenture. com/cn-zh/insights/high-tech/semiconductor-ecosystem。

立，国家间的发展是相互关联且同步推进的，仅用传统意义上的军备竞赛来做经验判断并不能完全准确理解人工智能的全球化发展特点。由于大国之间关系已经变得十分紧密，主要力量间相互完全脱钩式的全方位对抗可能性极小，国际体系也很难完全倒退至冷战时的权力政治状态。同时，大国之间不同维度的、全方位的博弈越来越明显，美国作为霸权国的实力确实在下降，在维持经济全球化中的推动力已在减弱，国际体系中的一些规则和区域出现了失灵。一些国家和地区转向强调"经济主权""技术主权""数据主权"，希望将事关国家安全和经济发展的核心技术、产业和数据资源留在本土。尽管如此，目前各国仍处于一个相同的技术生态和规则体系之下，最大限度地借助全球合作环境带来的效率优势发展符合国家的利益。

由此可见，人工智能是数字技术和互联网浪潮中的代表性技术，是依赖开源软件、国际顶级期刊、数据共享等全球化环境下发展起来的，不同国家的、多学科的研究团队通过跨国合作为人工智能创新贡献力量。人工智能今后的发展仍然需要全球范围内的国际合作。人工智能技术最常用的基础编程语言和软件框架都是开源的，依靠全球技术社区的协作和资源共享。例如，深度学习框架依赖开源模型，吸引全球的软件人才参与开发，实现模型集的不断完善以及系统的不断迭代。目前，领先的超级科技企业和相关社群均采用开源策略，推动深度学习框架易用性、开放性、友好性的发展，借此形成由其为主导的人工智能发展生态。因此，一个框架一经推出，就在全球范围内提供服务，并在竞争中优胜劣汰。人工智能研发依赖广泛的和动态更新的知识通过高质量的学术论文进行分享，目前大多数人工智能论文在发表前就会在 arXiv 预印本网站上发布，项目开发的软件代码在 GitHub 托管平台上共享。① 以深度学习为代表的人工智能技术需要

①arXiv 论文预印网站于 1991 年创立，旨在为研究者提供在正式同行评议前分享论文的网络平台，以更加便捷的方式共享研究成果，加强研究社区交流。由于人工智能迭代速度较快，这种通过网络分享技术成果的方式受到全世界研究人员和工程师的欢迎，2022 年初该网站收录的论文总量超过了 200 万篇。GitHub 是面向开源软件或者私有软件的代码托管平台，来自全世界各国的开发者通过加入 GitHub 社区共同为开源项目贡献力量，目前超过 5000 万开发者正在使用。由于深度学习软件框架等通过开源形式为各国研究者共同维护使用，同时也大大提升了人工智能算法开发的效率，该平台日益成为全球人工智能技术开发者交流协作研讨的重要链接。

依靠应用的数据输入不断更新完善，通过结果反馈实现"越用越好用"，因此，庞大的市场规模是实现技术迭代完善的重要基础。率先建立起技术竞争力的人工智能系统或解决方案又能得到市场的认可，实现下一轮的技术创新，从而进一步扩大技术优势。

对于各国而言，如果要依托人工智能提升国力，则必须依靠全球化的技术生态体系。即使对于技术领先的霸权国而言，掌握所有关键节点技术的成本是无法承受的也是不现实的。至少就目前来看，人工智能作为一种通用性技术，要保证关键零部件的安全稳定供应甚至是技术领先，不仅需要巨额的持续的研发投入，且必须经过长时间的技术沉淀和积累。全球化背景下演化出的网络化相互依赖关系虽然不是驱动大国关系的唯一动力，但是影响了大国竞争的性质。如果大国无法回避竞争，但通常可能会选择软制衡（soft balancing）手段。与此相比，如果在"去全球化"条件下，大国可能会因为缺乏权力竞争的限制而采取更多传统博弈手段。[1] 有学者借鉴"软制衡"概念，进一步引入了"软修正主义"概念，即国家通过非军事策略来改变国际协定、机构和制度，在"软性"政策导向的驱使下，国际秩序的变迁将更加和平。[2] 这也从一个角度解释了全球化和相互依赖与国家战略稳定之间的复杂关系，大国必须通过全球化生态体系维持自身在人工智能等新兴技术领域的竞争力，同时也需要在对外合作中确保自身的利益。在此背景下，大国之间的博弈将主要转向"软实力"竞争。为提升竞争力，国家需要进一步平衡维护自身发展和减少对外依赖之间的关系，兼顾提升经济效率和维护国家安全的关系。

二、国家互动博弈重心转向技术领域

由于主要大国都把人工智能视为维护国家安全、驱动国家发展的关键技术，从战略层面加强部署，推动人工智能技术在武器装备、赋能经济发

---

[1] Norrin M. Ripsman：Globalization, Deglobalization and Great Power Politics, *International Affairs*, 2021, 97（5）：pp. 1317-1333。

[2] Kai He, Huiyun Feng, Steve Chan, et al：Rethinking Revisionism in World Politics, *The Chinese Journal of International Politics*, 2021, 14（2）：pp. 159-186。

展、提升社会治理效能中的创新应用。人工智能时代的大国之间权力竞争的重点将聚焦在技术优势的竞争。随着主要大国之间的竞争趋于激烈，技术领域竞争态势也可能通过正反馈效应进一步刺激大国间的竞争行为，在国际规范尚未成型之前，可能引发更多领域的竞赛和混乱，而加剧国际体系的不信任和脆弱性。

由技术引发的变革性影响的规模和速度前所未有。2014 年，英国国防部曾认为量子信息处理领域对于近期的国防和安全应用来说"过于不成熟"，但在 2020 年 6 月英国国防科学技术实验室就声称，量子技术在国家和全球范围内取得了显著进展。日本多年前曾经在量子计算领域具有优势，但是政府多年来没有重点投资推进，只是后来看到了中美等国在量子领域的激烈竞争，日本文部科学省才从 2019 年起，大大加强了对量子技术领域的研发投资力度，其驱动力即是当前大国竞争带来的发展压力。

竞争加剧也促进技术问题政治化趋势不断强化，政治因素向数字领域渗透，国际合作的信任基础正在削弱，技术发展让位于技术带来的安全风险的考量。如今，人工智能等新兴技术对国家安全的威胁越来越受到关注，越来越被视为大国博弈的新领域。多种技术的发展和政治演化进程的融合，形成了一个充满未知变量的新环境。如前文所言，人工智能领域的领先能够转化成为其他领域的相对优势。2011 年，源自社交媒体的"阿拉伯之春"席卷中东，让全世界认识到技术发展并不单纯，对价值的判断、对国家安全的担忧逐渐开始影响新兴技术全球化的发展方向。社会制度的差异、意识形态的不同逐步取代了技术产业合作的客观经济规律，成为各国开展数字领域合作的首要评判标准。一方面，以往技术发展遵循线性、波浪式前进，如今政治考量的介入带来了不可控因素，以安全为借口遏制技术发展，新兴技术创新阻力正在不断增大。另一方面，因意识形态分歧削弱数字领域国际合作的战略信任基础，正在造成技术路线分裂成截然不同的体系，陷入某种程度上的安全困境、碎片化网络甚至是对立的阵营。在这样一个充满竞争的领域，必须有更具战略性的人工智能发展路线图来指导。随着大国竞争时代的发展，大国之间对网络主权的重视不断提升，一些国家加强技术主权、数字主权的政策倾向，与国际社会对人工智能等新兴技术的不信任和质疑趋向相互交汇，放大了不同国家在人工智能的价值观、政治文化、法律理念、历史传统等主观属性上的差异，围绕新兴技术的竞争局势正在加剧，人工智能国际治理的基本信任基础受到了极大的削弱。

　　主要大国对于技术颠覆性作用的认知也发生了转变，由于技术领域具有牵一发而动全身的意义，越来越多的国家将网络空间视为巩固与提升国家权力与影响的"战略要地"，大国之间围绕网络展开的实力之争、技术之争、规则之争越发激烈。① 人工智能的全球治理无法脱离大国权力政治的大背景，未来全球治理秩序将呈现出大国回归多边博弈的基本态势。② 科技战和经济战逐渐成为大国博弈的重要领域，高科技领域的竞争会越来越激烈，市场逻辑让位于国家逻辑，各国会越来越强调自主研发能力。③ 随着经济利益让位经济安全，客观规律受制于政治考量，各国针对人工智能技术的认知已经改变，风险与机遇并存、安全逻辑大于发展逻辑等看法已经占据了主流。美国智库大西洋理事会认为，全球将很快迎来"地缘技术"年代，新兴技术实力和数据资源的掌控能力将对地缘政治、国际竞争与合作产生重要影响，各国对于新兴关键技术和数据的掌控能力将决定地缘政治竞争方式和走向，世界各国推动人工智能创新发展的动力将超出以往。④ 欧洲对外关系委员会也提出，技术具有地缘政治属性，是国家间权力再分配、国际关系重构的重要力量，欧盟必须改变仅从经济角度看待技术问题的方式，转而深入参与技术的地缘政治竞争，减少对非欧洲供应商的技术依赖，努力增强在竞争中的权力。⑤

---

①李艳：《疫情与变局之下的网络空间国际治理态势》，载《信息安全与通信保密》，2021（3）：2-8页。

②任琳：《后疫情时代的全球治理秩序与中国应对》，载《国际问题研究》，2021（1）：112-123页。

③任琳、黄宇韬：《技术与霸权兴衰的关系——国家与市场逻辑的博弈》，载《世界经济与政治》，2020（5）：131-153页。

④Atlantic Council Geotech Center：Report of the Commission on the Geopolitical Impacts of New Technologies and Data，March 2021，（2021-12-20），https：//www. atlanticcouncil. org/wp-content/uploads/2021/05/GeoTech-Commission-Report-Full. pdf。

⑤Ulrike Franke，José Ignacio Torreblanca：Geo-Tech Politics：Why Technology Shapes European Power，July 2021，（2022-01-05），https：//ecfr. eu/wp-content/uploads/Geo-tech-politics-Why-technology-shapes-European-power. pdf。

三、实力分配不均下的实力鸿沟

历史上，技术进步带来的相对优势始终集中于少数大国，能够抓住技术变革机遇的国家往往能得到国力的提升，同时技术变革不断加剧了国家之间的实力差距。联合国贸易和发展会议考察了工业革命以来历次重大技术变革对于各国发展的影响，发现以美国、欧洲国家为代表的，包括澳大利亚、加拿大、日本等在内的国际社会中的领先国家，与其他边缘国家的人均 GDP 差距呈现快速拉大的趋势；特别是第二次世界大战后科技水平的发展，信息通信技术和工业自动化技术得到广泛应用；在领先国家经历了人均 GDP 倍增的同时，边缘国家增长幅度则相对平缓。①

前文中已经谈到，人工智能技术的研发将由国际体系中的少数大国主导，大国从中获得的实力增量将远远大于小国或弱国所获取的实力增量。如果从军民两用人工智能和单纯的军用人工智能两个层面来判断人工智能军事化的扩散效果，纯军事人工智能系统难以复制和扩散，而军民两用人工智能系统扩散程度取决于商业化程度，而且商业导向性较强，传播扩散的速度越快。② 因为不同于隐形、精确制导等传统军事技术，作为一项典型的军民两用技术，人工智能发展的主要动力来自学术机构或企业等民用领域。然而，与全球卫星导航系统等传统军民两用技术不同的是，一方面，人工智能民用级应用和军用级应用存在能力差别，即使掌握了民用级人工智能算法，也与其军事化应用效果存在较大差异；另一方面，人工智能赋能性特征意味着其技术本身与应用场景的融合程度在很大程度上决定了融合效果，带来一系列技术难题不亚于研发阶段的技术挑战。

与软件等信息服务的扩散特点相似，人工智能复制推广的边际成本很低，因此人工智能技术扩散难以被垄断。互联网技术的扩散似乎也证明了权力的分散化，即从国家行为体逐步向科技公司、技术社群、个人等非国

①United Nations Conference on Trade and Development：Technology and Innovation Report，February 2021，（2021-04-02），https：//unctad. org/system/files/official-document/tir2020_ en. pdf。

②Michael Horowitz：Artificial Intelligence，International Competition，and the Balance of Power，*Texas National Security Review*，2018，1(3)：pp. 36-57。

家行为体扩散，所谓"世界是平的"等观点即如此产生。但是，技术扩散后再复制仍然需要一定的技术门槛，需要较强的硬件技术基础和人才储备，只有大国才能从这种技术扩散中快速获益。无论技术研发或是应用，硬件方面专用设备、能耗、数据获取等条件意味着巨额的开发和运行成本，软件方面开源算法也远不能与工业级、军事级的算法相提并论。因此，即使越来越多的人工智能技术在全球扩散，但是人工智能核心技术仍然被主要强国垄断。

由此推断，作为新一轮科技革命的核心驱动力，人工智能最大的可能是将会带来数字权力的集中化。当然，发展人工智能需要巨大的前期成本，除了人才短缺问题，数据资源、运算网络能力等数字基础设施等障碍也需要解决。较高的发展门槛必然拉大国家间的发展鸿沟，技术强国所获得的收益不断增加，发展中国家有可能面临"人工智能边缘化"的潜在风险。在军事上，随着高性能智能化无人作战体系的发展，技术强国将保持军事优势。正如第二次世界大战后，在全球的去殖民化运动中，打破西方军事优势的是 AK-47 冲锋枪、迫击炮、火箭弹等轻型步兵武器在发展中国家的普及，而第三世界国家即使获得了如喷气式战斗机那样先进复杂的武器，却并没有掌握维护这类武器的专业技术，而往往无济于事、发挥不出作用。[①] 目前虽然很多国家都拥有不同程度的人工智能军事化应用，但其性能之间的差异十分明显。例如，在目前拥有无人机的近 90 个国家中，大多数国家尚未拥有武装和先进的无人机，未达到先进水平的无人机不仅航速较低，且无法抵挡地面防空系统或者空中的打击，使用无人机的作战场景也有很大局限性。在技术能力的巨大落差下，技术弱国极有可能将永久性成为技术强国的附属，最终导致国际政治权力格局的固化。

人工智能技术无法均等地适用于每一个国家，技术渗透程度和供需之间必然造成不平衡。虽然发达国家也会受到技术发展带来的不平等、失业潮等问题，但是发达国家的人口文化程度较高、具备较为完备的社会保障

---

①巴里·布赞、乔治·劳森：《全球转型：历史、现代性与国际关系的形成》，崔顺姬译，李佳校，上海，上海人民出版社，2020：198-199 页。

体制以及在国际产业链中的优势地位，遭受冲击更大的主要集中在以低成本劳动力作为竞争优势的发展中国家。人工智能可以替代低效率的密集型人工岗位，拥有大量劳动力的发展中国家将在经济发展中面临困境。英国牛津大学的一项研究显示，尼泊尔、柬埔寨等发展中国家，在工业化时代借助全球产业分工建立了自己的工业体系；但是在人工智能兴起之后，这些国家的工业体系将面临人工智能竞争，从而产生"过早去工业化"风险。发达国家可能会逐步减少对发展中国家劳动密集型产业的需求，将进一步削弱发展中国家在全球经济体系中的作用。据麦肯锡咨询公司预测，人工智能对经济发展的潜在红利在国家间并不是平均分配，领先国家将获得 20% 至 25% 的净利益，而发展中国家只有 5% 至 15% 的净利益，马太效应将更加明显。[1]

实力差距也反映在国际话语权之中，当前全球人工智能相关规则规范制定的对话体现出严重的不平等态势，非洲、南美洲和中美洲、中亚等地区的代表性不足，发达国家正在塑造人工智能发展的主流叙事，掌控着绝对主导权。[2] 此外，发展中国家受限于自身发展水平，缺乏必要的技术手段来保护自身的数据安全，没有足够能力应对他国的数据攫取和技术干涉行为，面临着被技术强权干涉乃至颠覆的巨大风险，此类干涉活动既可以是长期通过政治宣传、传播政治观点、意识形态渗透和进攻等方式，推动社会思潮潜移默化的变化；也可以是短期内针对某一政治热点，通过一系列煽动、鼓吹等手法造成政治恐慌，进行颠覆和破坏活动。例如，非洲、东南亚等发展中国家和地区对于技术治理和数据安全的监管基本处于空白或者十分薄弱的状态，用户权益保护无从谈起。然而对于这些国家而言，数据主权、技术安全等风险往往还不是其面临的首要问题，现阶段发展中国家无能力实施有效的数据保护和完备的治理模式，能否从与大国之间人工智能等领域的技术合作中，

---

[1]McKinsey Global Institute：Notes from the AI Frontier：Modeling the Impact of AI on the World E-conomy，September 2018，（2021-03-21），https：//www.mckinsey.com/featured-insights/artificial-intelligence/notes-from-the-ai-frontier-modeling-the-impact-of-ai-on-the-world-economy。

[2]Anna Jobin，Marrello Ienca，Effy Vayena：The Global Landscape of AI Ethics Guidelines"，*Nature Machine Intelligence*，2019，1（9）：pp. 389-399。

获得推动基础设施建设和经济发展的利益才是这些国家最重要的关切。[①]技术领域不均衡性的加深也引发可能带来长期的不平等性，技术垄断者不断获取大部分的利润，形成某种意义上的"技术殖民主义"。

本研究认为，由于人工智能形成对人力的替代效应，发展中国家通过廉价劳动力参与世界生产来实现从"边缘"到"中心"跃迁之路或被彻底封堵，以传统劳动力为主的比较优势将逐步丧失，赶不上此次智能化技术浪潮的发展中国家可能被永久困锁在国际权力结构的"边缘"位置。人工智能发展所带来的国家实力差距可能将催生一种"中心—外围"的分野。有别于金字塔型格局，中心区域的国家通过全球产业分工和产业链协同，共同分享人工智能技术发展带来的红利，在国际事务中拥有较高话语权。其中不仅包括大国，也包括了个别掌控产业链关键节点的小国，如在半导体领域技术全球领先的荷兰、通信领域技术全球领先的瑞典和芬兰、军事武器装备领域技术全球领先的以色列，这些国家在人工智能产业的价值链中占据着不可替代的作用。相比之下，无法进入中心区域的发展中国家，将很难取得追赶的机会。

第四节　人工智能时代大国关系的趋势评估

为进一步说明人工智能对大国关系影响机制的趋势，本节将围绕复合型竞争、规范标准和科技巨头三项基本假设，对人工智能技术发展可能对其带来的趋势分别进行评估。如图 4-5 所示，在关系特征方面，人工智能将加剧大国之间的复合型竞争，并对大国的对外战略谋划提出更高的要求。在互动方式方面，由于人工智能导致大国围绕技术领域竞争提速，掌控技术标准规范话语权成为助力技术发展的有利条件，技术的标准和技术治理规范成为大国博弈的前沿领域。在实力分配方面，来自少数强国的超

[①]Jun-E Tan：What Does the US-China AI Rivalry Mean for Southeast Asia?, January 2022, （2022-02-13）, https：//engagemedia. org/2022/artificial-intelligence-southeast-asia/。

级科技巨头成为影响技术红利分布的关键性因素，对于大国之间的实力对比带来重要影响。

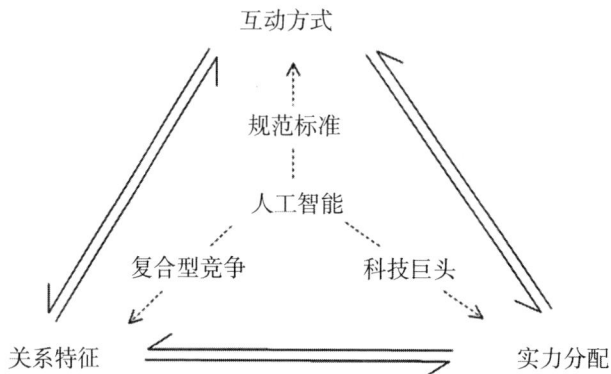

图 4-5　人工智能对大国关系影响的趋势评估

一、复合型竞争成为软实力竞争的重要形式

人工智能技术将使大国竞争趋向于复杂复合型态势，这类技术不会对传统工业技术进行简单的"替代"，而是呈现出复杂的系统性，其中伴有技术本身不确定性的原因。人工智能等前沿技术正释放出难以预测的能量，对人类社会的潜在影响无法用线性方式加以推断，加剧了人们对国际体系复杂性和变革性的预期。[1] 人工智能等新兴技术发展以及其广泛的渗透性拓展了大国竞争的维度，对大国战略谋划提出了挑战。在保持对全球技术生态中相互依赖的同时，人工智能技术发展也考验大国保持技术领先性的能力。即使对人工智能领域领先的国家或超级科技巨头来说，依然面临"不进则退"的竞争压力，竞争的残酷性是不争的事实，"赢家通吃"等规律依然适用于数字技术的演进。例如，在半导体技术发展过程中，由于技术、资金等的困难，联电、格芯等厂商陆续宣布退出新一代工艺技术研发。在移动通信领域，通信技术每演进一代，就会有厂商退出市场，如在 3G 向 4G 演进中，博通、德州仪器、英伟达等一批基带芯片厂商因跟不

---

①刘杨钺：《技术变革与网络空间安全治理：拥抱"不确定的时代"》，载《社会科学》，2020（9）：41-42 页。

上技术演进步伐，而纷纷退出市场竞争。就国家来说，数字技术迭代创新快、技术门槛高等发展特性，对于一国的长期技术积淀、持续高额研发投入、广阔应用市场、高水平人才储备、适用新技术发展的制度环境等要求都在不断提高，往往是在激烈的竞争中稍有失误，将可能错失技术的更新迭代，而导致永久性的掉队。

世界的网络化、数字化使得主权国家权力的边界将变得更加模糊，其他非国家行为体逐渐具备形成新权力中心的可能性。① 那些真正掌控海量数据并拥有强大算法的网络平台以及拥有类似力量的政治团体才是这场信息博弈、数字博弈的大玩家。② 这些行为体已经开始将其所掌控的技术实力转化为政治影响，而如何有效运用这些来自私营领域的技术力量成为各国需要面对的重要议题。当前，对于超级网络平台的监管成为全球关注的热点话题，主要大国都启动了针对超级科技企业的反垄断调查。众多平台掌控了海量数据，信息内容、个人数据都被平台基于智能算法管理使用，网络平台成了"有墙的花园"（walled garden），为科技巨头带来巨大的话语权。但同时，超级科技企业又是推动新兴技术研发创新的重要力量和主体。如何平衡促进发展和合理监管之间的关系考验大国的综合性谋划能力和超前的治理能力。

二、规范标准成为技术领域博弈的重要前沿

大国将技术标准作为人工智能发展的前沿竞争领域。规范标准是指导人工智能技术的发展方向，包括道德准则、伦理原则、法律规范、技术标准等。标准能够将原则规范固化到技术应用和推广中，因此标准也是人工智能技术发展和合作的重要基础。统一的、可互操作性的人工智能标准和监管规范有利于减少市场壁垒，加强人工智能系统的互联互通互认。反之则会加剧人工智能发展的碎片化格局。技术标准的作用是促进互联互通并

---

①Taylor Owen, *Disruptive Power: The Crisis of the State in the Digital Age*, Oxford University Press, 2015: pp. 1-24。

②封帅：《从民族国家到全球秩序：人工智能时代的世界政治图景》，载《外交评论》，2020（6）：99-129 页。

确保技术系统的兼容和互操作，但是技术标准也会带来锁定效应和路径依赖性，对于标准制定的控制权会带来实质性的市场影响力和竞争优势。人工智能技术研发依赖于全球化的产业体系和开源生态，技术应用以网络互联、数据共享为重要基础，技术标准对于人工智能发展必要性不言而喻。虽然考虑到人工智能与通信技术不同，制定一套全球一致的人工智能技术标准十分困难，但是技术标准互联互通能够消除贸易壁垒，有利于本国企业的市场拓展。因此尽可能推动本国技术标准被更多国家认可将带来较强的竞争优势，掌控技术标准制定将拥有影响技术发展路径的话语权。

各国都认识到，随着数字技术与不同领域广泛融合发展，未来的金融、娱乐、电子商务、能源、教育等领域都将依赖数字规则，但相关国际标准和规则尚未成型，因此掌握先机的行为体将能够占据优势。近年来欧盟致力于将其前沿技术标准推广上升为事实上的国际标准，日本、韩国等国为满足欧盟跨境数据传输机制的充分性认定程度，也在不断推动本国数据保护规定和标准逐步向欧盟推出的《通用数据保护条例》（GDPR）的相关要求靠拢。欧盟还在着手制定人工智能监管法规，意图引领全球人工智能发展和治理方向。地缘政治维度的博弈将逐渐向规则标准竞争转变，[1]这种博弈在新兴技术领域中最为明显。人工智能标准是主要大国在技术领域竞争最为激烈的领域之一，各方都在制定符合自身价值观的人工智能标准或者准则。

在当前人工智能国际规则规范尚无广泛共识的情况下，一些国家和机构都抢着发布规范文件，试图对未来的全球治理和国际规则制定有较强的引导和示范作用。这些规则有可能被参照或者引用，久而久之则上升为国际共识。西方国家拥有一定的领先优势，由于国际规则缺位，由西方专家撰写的"学说"虽不具有法律效力，但很可能显现出"专家造法"的作用，成为指导国际问题的参考指南。[2]尽管大国都在强调要推动技术标准的公平性和包容性发展，但是其背后意图无不是通过促进技术标准的制定

---

①郎平：《互联网如何改变国际关系》，载《国际政治科学》，2021，6（2）：90-121页。
②黄志雄：《网络空间国际规则制定的新趋向——基于《塔林手册 2.0 版》的考察》，载《厦门大学学报（哲学社会科学版）》，2018（1）：6-7页。

向有利于自身发展的方向转变，助力本国企业在技术竞争、海外拓展、国际合作等方面获得有利的发展环境，提升自己在技术发展中的竞争力。

近年来，美国联合盟友抢先发布了一系列人工智能领域的联合声明，宣传倡导以西方价值观为主导的人工智能治理原则和发展规范。例如，2018 年七国集团发布的人工智能联合声明、2019 年经合组织发布的人工智能原则建议报告等。美国加紧建立符合其利益和西方价值观的技术准则，并着力推动西方技术规范上升为人工智能国际标准规范。美国国务卿安东尼·布林肯在其首次外交政策演讲中明确将"确保美国技术的领先优势"作为八大优先事项之一，并频频加强与盟友在人工智能等新兴技术领域密切合作。为了降低对于他国依赖所带来的脆弱性，大国纷纷加快人工智能等技术领域的部署进度。例如，欧洲急于引领全球人工智能标准制定也是基于此类考量，如果欧洲成为人工智能道德标准的领导者，将促使其他国家遵守其规定，这将确保欧洲的价值观和文化理念在人工智能技术中得到体现。① 基于这种观察，有学者认为，欧洲在世界舞台上没有衰落，因为欧盟正在通过制定规则和标准塑造跨国公司的发展模式，在这一过程中，促使欧洲标准成为全球标准。欧洲这种获取权力的方式，则被称为——布鲁塞尔效应（the Brussels Effect）。②

三、科技巨头成为影响实力平衡的重要变量

网络空间"去中心化"的结构在政治层面助推了传统的权力中心逐渐向非国家行为体弥散，弱化了层级制的国家管理结构和治理方式，日益呈现出不同主体"平等化"但又相互交织的复杂化场景。然而，随着人工智能向网络空间各类应用的渗透，权力不断向超级平台企业集中。民众所能看到的信息越来越依赖于智能算法的推送，人工智能不仅能够监测、感知

---

①Ulrike Franke, José Ignacio Torreblanca: Geo-tech politics: Why technology shapes European power, July 2021, (2022-01-15), https://ecfr.eu/wp-content/uploads/Geo-tech-politics-Why-technology-shapes-European-power.pdf.

②Anu Bradford: *The Brussels Effect: How the European Union Rules the World*, Oxford University Press, March 2020: pp. 4-24.

网络舆情的热点和走向，也正在成为引导舆情、塑造舆情，甚至影响受众意识的重要工具。而其中超级科技巨头扮演着制定和实施运行规则的核心角色，由于科技巨头提供服务具有较强的公共基础设施属性，因此这些规则往往能在社会中产生较大的影响力。

超级科技巨头企业已经无可争议地成为网络空间和现实世界中举足轻重的行为者，也将在国际政治中扮演更加重要的角色。这些公司掌控着越来越多的数据流、网络连接和前沿技术，实际上掌握了当今社会运转所依赖的基础设施和生态系统。2019 年，全球市值前十的企业中有 7 家是科技巨头，① 其中苹果和亚马逊 2019 年营业收入均超过 2000 亿美元，脸书的用户数已超过 20 亿，微信用户也突破 10 亿大关。庞大的用户量极大提升了科技巨头所能获及的可用数据。2020 年新冠疫情促使各国生产生活纷纷转向线上，数字化转型步伐加快，同时也进一步增强了科技巨头的影响力。这种优势对于科技企业来说，能够掌控巨量数据，科技巨头大力研发人工智能算法来挖掘所掌握数据资源的价值，在创造了巨大的商业利益的同时，也推动了人工智能创新要素向科技巨头集聚。

随着跨国科技巨头能够通过获取安全、生产、金融和知识等国际政治经济中的结构性权力，它们作为影响国际事务的政治角色日益凸显。科技巨头凭借经济实力和垄断优势左右各国监管政策和制度，通过提供公共产品提升制度权力；在全球化经营中输出特定的价值理念，增强国际话语权而成为全球公民社会中的核心力量。② 2022 年 2 月，Meta 公开威胁欧洲国家，宣称如果无法建立新的美欧数据传输规则，其脸书和 Instagram 等应用服务将退出欧洲市场。这些超级科技公司事实上已经能够在监管规则等方面与国家进行博弈。而跨国运营的平台企业，其业务本身涉及母国和东道国之间的双边关系，也已经成为能够影响国际关系的重要行为体。

在技术研发方面，超级科技巨头也逐步担负起主力军的角色。在 20 世纪五六十年代人工智能诞生之初，各国政府特别是军方是资助技术发展的

①PWC：Global Top 100 Companies by Market Capitalization，（2020-07-19），https：//www.pwc.com/gx/en/audit-services/publications/assets/global-top-100-companies-2020.pdf。

②蔡翠红：《高科技跨国公司的全球影响力探究》，载《人民论坛》，2019（12）：35-36 页。

最大来源，1956 年的达特茅斯会议就是美国海军经费支持下组织的。直到 21 世纪初的前十年，人工智能重要进展仍然来自政府背景的实验室。如今，人工智能创新中心向产业界特别是超级科技巨头企业转移已是不争的事实，超级科技巨头成为技术创新的最重要的推动力。

有很多研究提出，科技巨头公司对于人工智能研究的多样性带来了诸多负面影响。政府在人工智能技术发展的话语权和影响力开始下降，企业研发人工智能技术的重点不是专注于提升技术领域的竞争力，而是更加关注技术应用效果和商业化前景。有研究对比发现，即使在顶尖企业的人工智能实验室，深度学习技术的研究议程并无法保持与国家竞争力相一致。[①] 此外，科技企业在技术研发中过于强调成果的产出和技术的转化，在技术创新中重视当下利益、较为短视；在人才招聘时通常要求在短期内形成成果，而真正有影响力和突破性的成果通常必须经过一定时间的攻关和沉淀。但不可否认的是，超级科技巨头已经成为新兴技术研发投入的主要来源，这对一国人工智能的发展发挥着至关重要的作用。例如，在半导体领域，2019 年美国产业界的研发投入接近 400 亿美元，是政府投资的 23 倍，推动了美国半导体行业的创新步伐，带来经济增长繁荣。[②] 当前全球人工智能的主要研究成果也往往来自科技巨头企业以及它们的实验室。越来越多的人工智能技术领军人才离开大学，进入科技巨头企业工作。有数据显示，2004 年至 2018 年，谷歌、亚马逊等科技巨头企业就聘请了 52 名人工智能领域的终身教授。2004 年，高校还没有人工智能学科的教授离职，而 2018 年有 41 位教授离职去了企业。[③] 这充分体现了科技巨头企业对于人工智能发展的优势资源的吸引力。与美国相似，根据国家统计局、科学技术部和财政部联合发布的《2020 年全国科技经费投入统计公报》显示，2020

---

① Rebecca Gelles, Tim Hwang and Simon Rodriguez: Mapping Research Agendas in U. S. Corporate AI Laboratories, Center for Security and Emerging Technology, April 2021。

② Semiconductor Industry Association: Sparking Innovation: How Federal Investment in Semiconductor R&D Spurs US Economic Growth and Job Creation, (2020-07-19), https://www.semiconductors.org/wp-content/uploads/2020/06/SIA_ Sparking-Innovation2020. pdf。

③ Nathan Benaich and Ian Hogarth: State of AI Report, October 2020, (2021-03-28), https://www.stateof. ai/。

年我国企业研发投入占全国研发经费比重达 76% 以上，企业日益成为技术创新投入的主体，中国互联网企业在技术能力、商业模式和运营经验等方面持续积累之余，大力投资信息技术研发甚至是基础研究。①

人工智能的发展提升了发展要素的集中度，扩大了网络效应，出现了垄断市场的典型特征。超级科技公司在在线搜索、社交平台、电子商务等应用领域占据了主导地位，几乎垄断了用户数据，由于人工智能应用对于数据的高度依赖，这些企业也成为人工智能技术的主要供给者。数据显示，2016 年全球人工智能研发和收购资金在 260 亿至 390 亿美元之间，其中 200 亿到 300 亿美元来自中美的超级科技企业。② 在各种数字化应用场景下，超级平台企业掌握着主要的数据接口，依托着海量的用户资源，因此掌控着应用场景下产生的大量数据。例如，社交媒体网站向用户提供免费的网络服务，在通过广告赢得利润的同时收集了大量用户信息，并通过人工智能技术分析、画像，向用户提供定制化的推送内容以提高用户的黏性。这也使初创人工智能企业在大规模的数据集方面，需要跟专业企业特别是平台企业合作，以便获取数据来训练人工智能算法。人工智能的高研发门槛、巨额资本投入和长期技术积累等特性，导致科技巨头企业很难被其他科研机构、中小型科技企业挑战。超级科技巨头企业依托资本、数据、技术等近乎垄断的优势，正在扭转前 20 年由于互联网的普及而助推的网络空间权力和影响力"平等化"的趋势，趋于转向不平衡发展态势。各种势力通过网络操纵政治的技术门槛正在降低，从近年来发生的围绕"网络干预美国大选"的国际争论就可以看出，只有拥有足够的高质量的数据，人工智能技术就能够依托精准的算法对社会舆论施加有针对性的影响。

超级科技企业在人工智能浪潮中的迅猛崛起对大国关系带来了深远影响，这些企业在数字技术储备、数据资源掌控、产业生态构建等方面具备

①数据资讯：《全球互联网头部企业科研产出》，载《中国科学院院刊》，2022（1）：130-137 页。

②Bhaskar Chakravorti：Big Tech's Stranglehold on Artificial Intelligence Must Be Regulated"，August 11，2021，（2021-12-20），https：//foreignpolicy. com/2021/08/11/artificial-intelligence-big-tech-regulation-monopoly-antitrust-google-apple-amazon-facebook/。

领先优势；深度学习开源社区、软件协议、开发工具等也是由几家超级科技企业创建和维护，为全球的开发者提供服务，企业因此在大国竞争中扮演着越来越重要的角色。国家的权力受到巨头企业以及资本力量越来越严重的侵蚀。面临资本权力的扩张，部分国家出于防御性目的，加强针对他国甚至本国超级科技巨头的监管，画红线、列禁区，甚至有意打压限制其发展。可以看出，大国收紧对巨头企业的监管力度，背后是政治考量压倒了经济利益，成为对外经济合作的首要因素。例如，美国拜登政府上台伊始，明确要求美国企业在经济活动中将所谓的"国家安全"放在更加重要的位置并且必须维护西方的基本价值观，欧盟也收紧了欧美跨境数据流动管理规定，美国企业将不得不停止在位于美国的服务器上存储欧盟公民的信息。

不可否认，尽管各国重视科技巨头企业的重要地位，但是在国际层面，科技巨头企业在重塑全球秩序的作用和角色仍存有争论。持肯定观点的学者认为，众多科技巨头公司正在改变地缘政治格局，其作用和权力事实上已经等同于国家；预计未来十年，政府和科技公司将在物理和虚拟世界中争夺主权。因为科技公司的影响力不仅仅限于线上，已经能够对公共舆论、经济和私人生活等方面施加影响。现在经济发展所需要的关键信息基础设施基本被科技公司垄断，随着它们向国家安全领域拓展，这些公司逐步拥有了监控世界的能力，对于传统意义上的国家主权造成了侵蚀，当前的法律显然跟不上技术的发展步伐。[1] 然而，这种观点也受到质疑，认为科技巨头企业无法在国际体系中取代国家。首先，国家所承载的物理空间是生存的基础，相比之下数字空间只是可选项，而且科技公司的基础设施、设备也无法与物理空间脱钩。其次，科技公司仍然受到政府的监管，无法拥有公民对其的忠诚度。最后，科技公司只是近代以来崛起的跨国型科技的代表，并没有本质上的区别，如近代以来很多钢

---

①Ian Bremmer：The Technopolar Moment—How Digital Powers will Reshape the Global Order, November 2021,（2021-12-20），https：//www. foreignaffairs. com/articles/world/2021-10-19/ian-bremmer-big-tech-global-order。

铁、石油等行业巨头的地位随着时代的发展早已今非昔比。[①]

　　主要大国都意识到，全社会、全政府的发展路径在人工智能发展中具有独特优势。人工智能等技术商业化模式将彻底改变政府与企业的关系，国家资源和私人资本逐步走向融合，科技巨头与其所在国的利益日益绑定。当前，国际政治形势越来越严峻，美国挑起大国对抗，全球化遭遇挫折。在国际政治框架下，国家行为体重回国际舞台中央。至少有两大因素助推了这一进程。其一，新冠疫情暴发从多个维度上调整、塑造并重构了全球治理体系，大规模混乱使国家成为缓解经济危机和驱动经济复苏的主要动力。[②] 在疫情冲击下，自由主义国际秩序和全球贸易合作的基础受到破坏，国家特别是国际体系中的大国出现了新一轮的大博弈态势。其二，技术问题已经超出了传统范畴，与政治、经济、文化、军事等议题交织，技术议题的复杂性不断提升，在此背景下，各国普遍针对科技巨头企业加大监管力度。由于意识到数据对于国家发展和国家安全的重要意义，以及民众对于技术的不信任感上升，政府纷纷从数据、算法及应用场景等角度出发加强对超级科技企业的监管力度。欧盟率先推动出台的《数字服务法案》要求科技公司公开算法和内容审查的具体标准，进一步扩大对于超级科技企业经营活动的监管范围。欧盟的一系列针对超级科技企业的监管政策背后，明显是出于制衡美国和中国在网络空间优势的深层考虑。同时，大多数政府也在采取措施防止算法被科技公司所垄断。这也反映出，跨国科技企业尽管能够获取"超级权力"，但这种权力是不稳定的，可能随时被削弱。

---

　　①Stephen Walt：Big Tech won't Remake the Global Order, November 2021, （2021-12-20），https：//foreignpolicy. com/2021/11/08/big-tech-wont-remake-the-global-order/。

　　②Ashley J. Tellis：Covid-19 Knocks on American Hegemony, U. S. National Bureau of Asian Research, May 2020, （2021-12-16），https：//www. nbr. org/publication/covid-19-knocks-on-american-hegemony/。

本章小结

本章梳理了冷战后针对大国关系的理论解释，其中的单极视角承认冷战后美国霸权的衰落和国际政治中权力转移的现实，但是同样认为维持霸权领域的基础仍然存在，国际秩序不是仅仅靠权力维持的，规则和制度等因素在构成国际秩序中有着复杂的关系。持有多极视角的研究者认为，美国所主导的单极格局是不稳定的，实际上的国际格局多中心格局已经形成，尽管对于多极化程度和方向仍存在分歧，但是这些学者普遍认为多极化是当前国际格局演进发展的大势所趋。其中，也有学者提出，所谓的多极化趋势正在日益向中美两极格局演变，由于科技实力日渐成为国家实力的重要影响因素，中美是具备在新一轮科技变革中把握机遇的两个国家。复合多元的视角则更加关注国际体系中的权力扩散趋势，认为小国和弱国以及非国家行为体的作用不应被忽视，应该运用多维度多场景的视野来看待不同行为体之间的关系和互动。

基于对于不同理论解释的梳理和借鉴，本章借助软实力的分析视角来阐释人工智能时代的大国关系，从关系特征、互动方式和实力分配三方面的基本假设出发，对人工智能时代大国关系的影响机制和趋势进行分析。在这一基本判断上，提出了人工智能对大国关系影响的分析框架，并对人工智能时代大国关系的发展趋势进行评估。

如图 4-6 所示，从关系特征来看，核威慑平衡之中，大国间仍然需要依靠相互依赖的全球化的技术生态体系，大力发展人工智能技术并以此获取国力上的提升。虽然减少对外依赖的脆弱性将是所有国家的共同政策选择，但依靠全球分工体系来发展人工智能也将是难以改变的。在相互依赖之下，大国博弈将转向以技术实力为核心的"软实力"竞争，以此达到获取实力分配优势的目标。由于人工智能技术的不确定性与复杂化的国际环境等因素相互交织，复合型竞争是大国竞争的重要形式，同时也考验着大国的战略谋划能力。

从互动方式来看，技术竞争将成为大国互动关注的焦点，技术发展的速度日益加快不断超过先前的预期，各国都将人工智能等前沿技术作为获取相对竞争优势的重要途径。同时，人工智能发展的不平衡对大国关系增加更多不确定性，国际体系中的大国意识到国家把握突破性技术的能力和发展态势将影响权力分配，并推动国际格局的变迁。由于标准规范日益成为大国巩固技术领域优势的手段，大国之间围绕技术标准的博弈更加频繁和激烈。

从实力分配来看，全球范围内的资本和人才会进一步流向人工智能技术先进国，而人工智能颠覆性创新的技术属性，使得落后国跟随并抓住技术发展机遇的空间所剩无几。较高的技术门槛可能拉大国家间的发展鸿沟，技术强国所获得的技术发展收益不断增加，后发国家却越来越难追赶上领先国家，实质上催生了一种"中心—外围"的实力分化，中心区域的国家通过全球产业分工和产业链协同，共同分享人工智能技术发展带来的红利，无法进入到中心区域的发展中国家，面临永久"技术边缘化"的潜在风险。由于科技巨头企业在人工智能研发和应用中扮演着重要推动者的角色，其也日益成为影响大国实力的重要影响变量。

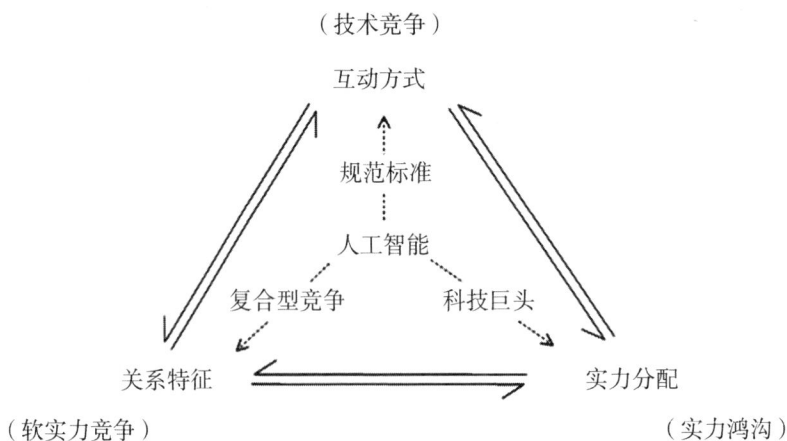

（技术竞争）

互动方式

规范标准

人工智能

复合型竞争   科技巨头

关系特征   实力分配

（软实力竞争）   （实力鸿沟）

图 4-6   人工智能时代大国关系的分析框架

第五章
人工智能条件下大国博弈场景预测

高度复杂微妙的竞合关系是大国关系的常态，本章针对大国围绕人工智能技术的博弈，基于上文对人工智能发展态势及其对军事、经济、网络、数据、科技等领域的赋能效应的分析，力求进一步推演和预判未来即将出现的基于人工智能技术的各类或对抗，或合作的场景，以体现出大国之间既在安全威胁等领域展开日益激烈的竞争，又需要在科研合作、应对气候变化等重大议题上开展密切合作的复杂关系。同时，通过梳理人工智能的治理机制现状以及相关治理规则，深入分析人工智能目前面临的治理困境，探讨大国对人工智能主导权的争夺引发治理冲突的原因和趋势，并阐述以"人类命运共同体理念"为价值导向缓解大国间治理冲突的重大意义。

第一节　人工智能的对抗场景

2022年2月爆发的俄乌冲突，再次将人工智能在国家间对抗中的应用方式带入民众视野。社交媒体上海量的假新闻、假图片、假视频层出不穷、真伪难辨，国际和国内舆论来回反转，网络战、信息战等对抗方式已经成为战争冲突中的重要模式。在这种"混合战争"模式下，人工智能在战争冲突的各个层面介入国家间对抗之中。这种冲突不仅仅限于俄乌双方，更是牵制进了台前或幕后不同立场、不同阵营的众多国家甚至是黑客组织、国际技术机构乃至个人等非国家行为体。虽然技术发展和应用模式尚未成熟，但基于人工智能技术的各类对抗场景已经不再仅仅停留在理论上或局限在特定范围内，而是成为国家间特别是大国间博弈的重要场域，在治理规范规则仍未完善的情况下，其可能带来的潜在风险需要引起高度关注。

从自动武器系统到面部识别技术再到决策算法，人工智能技术的军事化应用可能放大国家间冲突的风险；同时还在一定程度上模糊战争与冲突的界限，一旦"舆论操控"等人工智能应用与军事能力相结合，未来战争范式将被彻底颠覆。而目前的国际裁军协议和军事管控机制尚未有效覆盖人工智能军事化应用，大国之间针对人工智能治理的合作进程仍处于初期。埃隆·马斯克（Elon Mask）等116名全球知名企业领袖认为，自主武器系统将构成继火药、核武器之后的第三次战争革命，极力呼吁采取有效措施加强管制。① 更为大胆的预测认为，随着机器人、算法以及自动化的广泛普及，技术将从根本上改变社会运行的秩序，全球政治不再仅仅由人类占据且未来也不由人类来主宰，无论是基于人性的霍布斯式自然状态②，还是关注社会性的英国学派提出的基本假设都将不再适用。在人工智能技术的赋能下，地球上的行为体、关系结构和运行秩序将重新配置，世界运行的基本规则从地缘政治转向地缘技术（Geotechnics），这种系统性变化超过了单极或是多极体系的讨论。③ 此类预测和争论都是基于对于人工智能技术应用带来的不确定性的担忧。

人工智能技术发展带来的诸多不确定性与地缘政治风险交织，可能会引发出不同形式的、以数据和算法为核心的人工智能对抗场景，这些场景下尚未形成共识性的国际规范来管控风险。一方面，体现了大国之间围绕

①Samuel Gibbs：Elon Musk Leads 116 Experts Calling for Outright Ban of Killer Robots, August 2017，（2021-03-05），https：//www. theguardian. com/technology/2017/aug/20/elon-musk-killer-ro-bots-experts-outright-ban-lethal-autonomous-weapons-war。

②霍布斯认为在自然状态下不存在有效的强大的政治权威来确保安全，在没有超脱政府的情况下，将是一种"一切人反对一切人"的安全困境，人性不可避免地将社会带向严重的冲突之中。

③Jairus Grove：From Geopolitics to Geotechnics：Global Futures in the Shadow of Automation, Cun-ning Machines, and Human Speciation，*International Relations*，2020，34（3）：pp. 432-455。

人工智能博弈的激烈性，人工智能将会对国家安全产生直接威胁，突出了人工智能治理问题的必要性；另一方面，对于人工智能对抗场景危害性的预判和治理机制缺失的不匹配，也凸显人工智能治理的急迫性。

一、智能无人集群的作战对抗

正如前文对人工智能赋能国家军事实力的分析中叙述的，人工智能技术将从提高战场感知能力、提升决策速度以及降低军事行动成本等方面提升国家的军事作战效能，推动形成由无人作战单位组成的"去中心化"智能作战体系。人工智能算法与自动控制技术相结合，赋能先进的、自适应的智能无人作战单元广泛应用于军事行为中，基于智能无人单元组成的"去中心化作战体系"将极大提升作战系统的韧性；相比单一中心或多中心的作战体系，当部分单元被打击或摧毁时，具有相同或者相似功能的多个单元可以快速重组完整的作战体系重新投入作战。

在图 5-1 中可以看出，重要大国自主武器系统发展的步伐并未减缓，正在研发数量可观的武器系统。基于智能化的无人机"蜂群"不仅提高了作战效能，而且增强了行动灵活性和抗打击能力，降低了传统"中心化作战体系"的脆弱性。在未来战场上，敌对双方基于智能无人作战单元可能会发生蜂群式军事对抗，由智能算法和强大运算能力支持的作战系统可在短时间就能计算出战斗结果，而算法赋能的整体作战效能将直接决定对抗的成败。美国国防部启动了多项无人化作战研究项目，美军提出的"马赛克战"（Mosaic Warfare）概念即利用人工智能和自主系统，将大规模、体积小、功能少的作战单元整合起来，形成智能无人系统和自主作战平台，实现灵活重组、具有自适应能力的体系和作战能力。[①] 其自组网、自适应、自调整、自同步等特点能够快速对于敌方关键节点进行饱和式打击，极大提升传统作战平台的防御难度。未来，智能无人集群之间的对抗将成为大

---

①Bryan Clark，Daniel Patt，Harrison Schramm：Mosaic Warfare：Exploiting Artificial Intelligence and Autonomous Systems to Implement Decision-centric Operations，February 2020，（2021-03-05），https：//csbaonline.org/research/publications/mosaic-warfare-exploiting-artificial-intelligence-and-autonomous-systems-to-implement-decision-centric-operations。

国之间军事行动的重要模式。

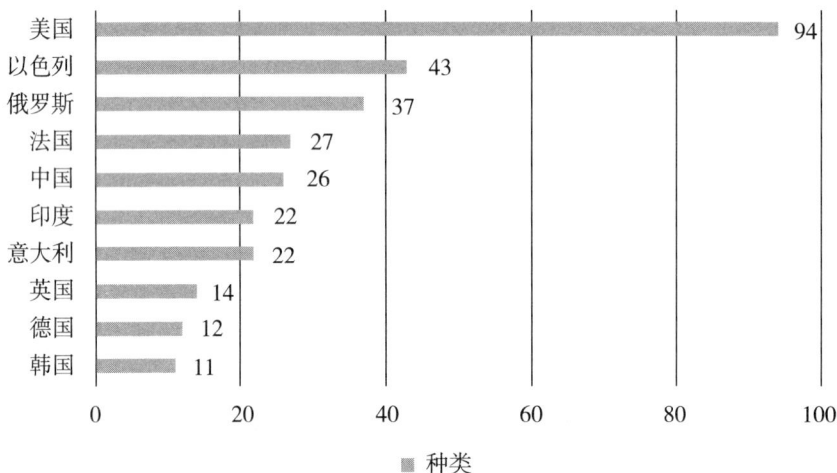

国家	种类
美国	94
以色列	43
俄罗斯	37
法国	27
中国	26
印度	22
意大利	22
英国	14
德国	12
韩国	11

■ 种类

图 5-1　各国自主武器系统发展情况对比（1950—2017）[①]

二、高强度的网络战对抗

人工智能的进步对网络安全构成了重大挑战，人工智能赋能网络武器，将加剧网络战的激烈程度。随着人工智能应用范围的扩大，也会有更多的可能遭到黑客攻击，如自动驾驶汽车被黑客攻击；同时，人工智能也可以被用来实施大规模的网络袭击。因此，人工智能网络防御系统必须能够快速应对高强度的网络攻击，否则会有被摧毁的风险。网络武器的攻击可能破坏一国的指挥系统与预警系统，甚至有效降低敌军的核反击能力，使核威慑趋于失效。基于这种假设，如果一国相信其反击能力被削弱，那么其率先发动进攻的可能性便会大增。[②] 目前，发动网络攻击主要靠的是精通网络攻防技术的人才，这样的人才是稀缺资源。而今后依靠人工智能技术发动网络攻击对人才的依赖相对减小，只是在资金上能受到更大的约束。例如，对大多数的机构和个人而言，目前最具挑战性的网络攻击类

[①]资料来源：Stanford Human-Centered Artificial Intelligence：Artificial Intelligence Index 2019 Annua Report，2019。

[②]Andrew F. Krepinevich：The Eroding Balance of Terror：The Decline of Deterrence，*Foreign Affairs*，2018，97（2）：pp. 62-74。

型是高级持续性威胁（APT）攻击，攻击者会积极寻找防御者的安全漏洞，耐心地等待防御者出错。这在当前仍是一种劳动密集型活动，通常需要技术娴熟的技术劳动力。随着机器学习和人工智能的能力逐渐增强，不仅进一步降低了发动网络攻击的门槛，同时这种"寻找漏洞"的活动将会达到目前无法企及的自动化程度，攻击方能够借助人工智能攻击手段不间断扫描识别对手系统上的漏洞，而且攻击速度可能让人力控制的防御系统无法有效应对。由于网络战自身的特点，未来大国之间的冲突或对抗极有可能率先在网络空间打响。

三、极速战模式的战略对抗

智能化系统将为技术实力更强的一方赋予速度优势，能够更快收集和处理信息、规划任务、提供决策支撑并实现高效的指挥运行。有研究提出，人工智能辅助的指挥决策系统与致命性自主武器系统的结合，将大大超过传统发动战争的速度，并催生出一种新的战争形态——极速战（hyperwar）[1]。在这种预想场景下，如果战争发展到战斗速度超出人类的反应能力，将出现必须将军事行动的控制权交给机器的情况。在这种情况之下，人类可能会失去对战场的控制权，且机器以比人类更快的响应速度进行战斗。因此，战场决策中的"观察—定向—决策—行动"（OODA）作战循环将被大幅压缩，对作战人员而言，很难有足够的时间作出合理准确的决策判断。由于人工智能赋能下的自主决策和自主武器系统的高速运行模式，率先启动战事的国家将获得显著军事优势，有可能引发冲突的意外升级，即一旦一个国家启用，其他对手国家可能跟随效仿，从而导致冲突螺旋式上升。美国智库兰德公司曾经以战争推演方式模拟中美在东亚大量部署无人装备的场景，其推演的结果是两国在缺乏沟通和高速运转的战场

---

①Darrel M. West, John R. Allen：How Artificial Intelligence is Transforming the World, April 2018, （2021-03-06），https：//www. brookings. edu/research/how-artificial-intelligence-is-transforming-the-world/。

上失去了对危机的掌控力而最终引发了一场局部战争。[①]

四、舆论操纵渗透等心理战对抗

人工智能已经成为针对意识形态和社会心理进行渗透攻击的潜在工具，目前主要的应用场景集中于互联网平台，其中数据资源丰富、可获取性较强的社交媒体是重要的应用领域。人工智能通过处理大量的个人信息，针对大规模群体开展心理干预实验，以达到预测甚至操纵其行为和观念的目的，实现对于他国舆论操控和渗透。美国国会研究服务局在 2021 年 9 月更新发布的《国防新兴技术》报告中提出，人工智能技术能力已经广泛地用于"灰色区域"的信息战之中，深度造假等技术手段能够用于进行定向的政策误导。俄罗斯则从混合战争的角度提出了"虚拟社会战"，即运用人工智能技术对敌人的社会心理和意识形态进行网络攻击，制造混乱和恐慌，破坏对手的社会基础；当然这也将被俄罗斯视为政治安全面临的主要威胁。[②] 在人工智能的加持下，国家间的信息战、心理战、认知战对抗将导致未来大国之间战争与和平之间的界限逐渐模糊。

几年前曝出的"剑桥分析事件"等案例已经证明，企业掌握的人工智能系统被用于分析民众政治立场，研判社会舆情并开展有针对性的舆论宣传，同时也能够用于伪造虚假信息和舆论热点，进而影响和左右一国的政治进程。调查显示，大约三分之二的受访者对数字技术的发展速度感到担忧，并且他们觉得自己有时并不能分清现实与虚假现实。[③] 人工智能通过社交媒体参与政治的现象越来越常见。最近有研究指出，12.6% 参与政治话题的推特账户是机器人操控，推特允许机器人在不违反平台操作规则的情况下访问网站。如果这些机器人没有违反推特的规则，就不会被贴上标

---

①Yuna Huh Wong, John Yurchak, Robert W. et al: Deterrence in the Age of Thinking Machines, RAND Corporation, 2020, (2022-02-20), https://www.rand.org/pubs/research_reports/RR2797.html.

②华盾：《人工智能时代的俄罗斯国家安全》，载《信息安全与通信保密》，2021 (5)：33-39 页。

③Darrell M. West, Nicol Lee: How Technology and the World have Changed Since 9/11, August 2021, (2022-02-20), https://www.brookings.edu/blog/techtank/2021/08/27/how-technology-and-the-world-have-changed-since-9-11/。

签。由此看来，人工智能技术很可能会以前所未有的速度和规模，利用人性的固有弱点来操纵大众；所有依赖于公众意见、大众认知或公民参与的治理都将面临极大风险。

人工智能如果被用于国家之间的对抗能够带来巨大的想象空间，其对于信息的操纵将成为未来大规模军事冲突的核心特征，如影响舆论、破坏军事决策者和政治领导人所依赖的信息获得性和准确性，或者被用来破坏信息的真实性并放大虚假信息。在人工智能技术的帮助下，所有这些手段都可能被大规模利用，从而导致虚假信息的泛滥。例如，可以使用人工智能即时生成的虚假信息和传播来影响其他国家立法、贸易、经济和国防领域政策的信息，从而实现地缘政治目标。在极端场景下，竞争对手可能会使用从公共媒体报道或截获的通信中获得的实际指挥官的视频或音频记录来生成伪造的命令，向作战部队发布错误或自相矛盾的命令。也可以使用生成性对抗网络来创建虚假的卫星情报图像，从而歪曲战场事实或生成虚假情报。

虚拟现实、算法推荐和数据垄断正在重塑信息的生产方式，在某些方面加强了意识形态的可操纵性。[①] 信息接收的弱化和窄化可能造成受众的认知偏狭，加剧社群的隔离和分化。当然，既然人工智能技术可以用来制造和传播虚假信息，也可以用来识别虚假信息并限制其传播。人工智能的这种双重作用在地缘政治和大国关系中尤为重要。但值得注意的是，社交媒体机器人利用算法控制，通过自动化和人工策略有针对性地在网络上分发误导性信息。这就造成尽管针对这种操控行动的手段在不断升级，但是随着人工智能自主学习能力的提升，媒体机器人以及控制的虚假账户在模仿人类行为方面越来越真实，导致检测手段有效性在不断下降。[②]

人工智能算法还被用来通过社会工程学实施网络攻击，该种攻击方法可以无数次在数百万人身上测试哪些推送内容有效、哪些无效，直到他们

---

①张爱军、李圆:《人工智能时代后真相现象的消解、再塑及矫治》，载《中国行政管理》，2019（8）：61—65页。

②Alina Polyakova, Spencer P. Boyer：The Future of Political Warfare：Russia, the West, and the Coming Age of Global Competition, March 2018,（2021-03-13），https：//www. brookings. edu/re-search/the-future-of-political-warfare-russia-the-west-and-the-coming-age-of-global-digital-compe-tition/。

做出反应，然后根据反馈去完善修改算法和模型。在 2020 年美国大选中，大选安全问题再次成为候选人辩论和媒体关注的焦点。据统计，2016 年关于美国总统大选的推文中，大约有五分之一是由僵尸程序自动发布的。在英国脱欧投票的所有推文中，更是有三分之一是机器人操作发布的。[1] 这些事件虽未有精准的直接证据，但是美俄间及英国内部爆发的相互指责和攻讦严重影响了大国关系，造成了各国内部的深度分裂。

第二节　人工智能的合作场景

突如其来的新冠疫情促使人类重新思考生命与世界。涉及生命、自然、宇宙等方面的基本科学问题表现出复杂系统的重要特征，生命科学、社会变迁、气候变化等前沿领域的系统性和复杂性挑战日益显著。2021 年诺贝尔物理学奖颁发给了对于理解复杂物理系统作出开创性贡献的三位科学家，他们的研究成果强调，不能将单一预测作为无懈可击的真理和理解系统行为的有效方法，凸显了复杂系统研究以及从无序现象中发现规律对科学发展的重要意义。当前，随着数据采集能力和数据存储技术指数级提升，在自然科学和社会科学方面都积累了海量的研究数据。利用人工智能算法、模型来分析和挖掘这些信息资源，已经成为理解复杂性科学、开展跨学科交叉研究的工具手段之一。如果要发挥人工智能的重要作用，迫切需要全球科学界的相互交流借鉴和通力合作。

与此同时，新冠疫情的持续蔓延极大促进了互联网的普及，2020 年全球互联网普及率增长了 10.2%，2021 年更是高达 19.5%，达到了 49 亿人，占全球总人口的 63%。[2] 人类在应对大流行病、防止核扩散、打击恐怖主义、应对全球金融危机、打击海盗、应对气候变化等危机时可以长期合

---

①Jeff Berkowitz：The Evolving Role of Artificial Intelligence and Machine Learning in US Politics，December 2020，（2021 - 03 - 20），https：//www. csis. org/blogs/technology-policy-blog/evolving-role-artificial-intelligence-and-machine-learning-us-politics。

②ITU：Measuring Digital Development：Facts and Figures 2021，（2021 - 01 - 01），https：//www. itu. int/en/ITU-D/Statistics/Pages/facts/default. aspx。

作。当前，全球各国都呼吁进一步发挥人工智能的潜力，推动科技向善，构建普惠、合作的全球合作愿景。全球性的议题需要深层次的国际合作，在一些全球性危机和热点焦点议题方面，也许能够成为大国加强人工智能合作的重点方向。

一、人工智能理论研究和技术研发合作

人工智能是一项日益复杂且资源、人才密集型的研究工作，研究人员之间的跨国合作有利于更好地推动人工智能理论突破和技术研发验证。反之，缺乏国际合作可能滞缓技术进步速度，导致重复投资，同时增大各方的投入成本。历史上前两次人工智能发展高峰基于符号主义的假设，由知识、算法、算力为驱动要素，第三次发展浪峰基于数据、算法、算力的突破。目前看，无论行为主义的强化学习、联结主义的深度学习，还是符号主义的专家系统都无法准确地反映人类的认知能力。面对瓶颈，除了技术路径等理论上的制约外，当前人工智能还面临大量技术难题需要攻克。如果主要大国各自为战，势必会导致技术发展速度和收益递减，带来成本以及系统复杂性增加，滞缓技术的创新进步。

首先是算力瓶颈。当前大多数人工智能系统都由深度学习驱动，深度学习通过复杂人工神经元网络传递信息，这些神经元网络会针对可能遇到的成百上千类问题进行训练，让模型可以从数据中识别模式。而半导体的摩尔定律正在逼近物理极限，计算性能要实现大幅增长已经十分困难。随着摩尔定律走向终结，单纯依靠计算和存储能力的增强越来越无法支撑下一代人工智能的发展。[1] 同时，随着人工智能模型和所需数据量的日益膨胀，其能耗成本也呈爆炸式增长。一项 2019 年关于训练深度学习模型能耗的评估研究显示，训练一种语言模型将产生相当于约五辆汽车在整个生命周期内产生的二氧化碳排放量，[2] 而这仅仅是单次训练该模型的最低估

---

[1] Ion Stoica, Dawn Song, et al: A Berkeley View of Systems Challenges for AI, October 2017, (2021-03-05), https://www2.eecs.berkeley.edu/Pubs/TechRpts/2017/EECS-2017-159.pdf。

[2] Emma Strubell, Ananya Ganesh, Andrew McCallum: Energy and Policy Considerations for Deep Learning in NLP, June 2019, (2021-03-05), https://arxiv.org/pdf/1906.02243.pdf。

计，而其运行一次的计算成本高达 94 万至 320 万美元。[①]

第二是数据瓶颈。全球数据量呈指数级增长，根据麦肯锡咨询公司测算，从 2005 年至 2014 年，全球数据量从 4.8Tbps 暴增到 211Tbps，增长了 45 倍。[②] 但是，经过标识的数据量不足、数据的透明性欠缺、数据污染问题等都成为人工智能面临的新难题；加之各国数据保护和数据本地化的政策都在收紧，对于互联网平台收集个人信息的行为监管日益严格，数据获取的难度陡增。

第三是算法瓶颈。深度学习模型存在"黑箱"难题，训练效果往往无法预知，还存在个人经验主义和没有记忆能力等问题。"可解释性"作为未来人工智能研究工作的重点已经成为国内外各界的基本共识。越来越多的声音开始质疑目前对于深度学习算法的过度依赖，认为人类认知的核心是基于小数据的抽象能力和概述能力。[③] 各界正在反思深度学习发展路线的弊端，2020 年底，被谷歌解雇的人工智能伦理学者蒂姆尼特·格布鲁（Timnit Gebru）在一篇具有争议性的论文中列举了大型模型潜在的四大危害，她提出针对深度学习的研究投入带来了机会成本，相反人们并没有将太多精力投入能够实现理解、使用更小但设计更精巧、消耗更少的人工智能模型上。[④]

第四是知识门槛。对于知识作为人工智能发展要素的重视程度再次提升，但是，知识获取的来源由早期的从专家获取，开始转向从大数据中挖掘获取，从基于海量数据的分析中提炼知识成为知识获取的重要途径。但

①Karen Hao：Training a Single AI Model can Emit as Much Carbon as Five Cars in Their Lifetimes，MIT Technology Review，June 2019，（2020-12-01），https：//www.technologyreview.com/2019/06/06/239031/training-a-single-ai-model-can-emit-as-much-carbon-as-five-cars-in-their-lifetimes/。

②Mckinsey Global Institute：Digital Globalization：The New Era of Global Flows"，March 2016，（2021-03-23），https：//www.mckinsey.com/business-functions/mckinsey-digital/our-insights/digital-globalization-the-new-era-of-global-flows。

③Gary Marcus, Ernest Davis：*Rebooting AI：Building Artificial Intelligence We Can Trust*，New York：Pantheon Books，September 2019。

④Emily Bender，Timnit Gebru，Angelina McMillan-Major，et al：On the Dangers of Stochastic Parrots：Can Language Models Be Too Big？，March 2021，（2021-03-07），http：//faculty.washington.edu/ebender/papers/Stochastic_ Parrots.pdf。

是针对当前深度学习算法是否能够达到更高水平的智能一直存在争论，反对者认为深度学习路线对数据的需求过多，在不同领域之间转移能力较弱，缺乏推理和知识表示的能力，并没有在本质上解决真正的智能问题。[1]未来，取得突破的关键是能否将丰富的、碎片化的知识具体化，并与基于规则的经典人工智能方法相结合，从而形成一种融合技术路线。从研发到技术应用落地也面临着巨大的使用鸿沟，隐性知识的提炼被认为是人工智能发展的关键，通常用于描述没有被提炼出的知识或者经验，也被认为是各行业领域人工智能应用的隐性门槛。

受制于上述要素的局限性，人工智能现阶段仍然只能在一些特定领域解决特定问题。由于人工智能缺乏归纳、抽象、推理等能力，智能算法在系统之间的迁移能力较差，人工智能尚不能完成需要相关能力的复杂任务。在动态变化的环境中，在短时间和信息不对称下也难以作出决策和采取行动。目前，人工智能前沿研究主要集中于超级科技企业及其资助的实验室，而企业往往以商业利益为目标，过于集中于单一的技术路线。一项研究显示，来自企业的人工智能研究人员倾向于专门研究数据密集型和计算密集型深度学习方法，[2] 这将导致人工智能研究的多样化不断下降，使得其他更有潜力的理论路线的研究探索无人进行，这对于人工智能的长远发展十分不利。

此外，人工智能具备多学科的天然属性，下一阶段的人工智能需要结合多学科交叉融合进行理论探索，各学科的理论创新是人工智能技术发展的重要驱动力量。因此借助数学、逻辑学、统计学、脑科学、社会科学等多学科融合是人工智能理论突破的重要基础。人工智能领域本身还有大量的理论和技术难题，这些难题需要各国携手合作、共同攻克，如今还没有哪个国家能够完全掌控人工智能技术发展的所有要素，全球性的人工智能发展生态在短期内仍然是该技术发展必须依赖的基本条件，有赖于具有较强技术实力的大国之间的协作。

---

① Gary Marcus：The Next Decade in AI：Four Steps Towards Robust Artificial Intelligence，（2021-03-05），https：//arxiv. org/abs/2002. 06177，February 2020。

② Joel Klinger，Juan Mateos-Garcia，Konstantinos Stathoulopoulos：A Narrowing of AI Research？，September 2020，（2021-01-05），https：//arxiv. org/abs/2009. 10385。

二、生命科学等领域的研发合作

人工智能在图像识别、数据分析等方面已经成为生命科学发展的重要工具。随着脑机接口、生物芯片等技术发展，生物世界的数字化步伐加快，所产生的大量数据为人工智能应用提供了基础条件，无论从数据收集和处理，或是人工智能算法的复杂性都需要全球科学界共同合作，利用人工智能在更多领域造福人类。例如，本书第二章所提出的 Deepmind 已经运用深度学习框架成功预测了蛋白质结构，目前该公司开源了其算法模型并建立了公共数据库，世界各国的科学家团队开始使用这些成果来研究攻克癌症、抗生素等相关研究课题。

在新冠疫情防控中，以人工智能为基础的智能化应用的重要支撑作用更为凸显，深度学习模型为新冠疫苗药物研发提供预测，通过分析大量流行病学、生物学数据集来加速治疗方案的研究。2020 年 1 月，美国的 Moderna 公司运用中国发布的新冠病毒基因序列，在两天时间内就绘制了疫苗的设计蓝图。人工智能技术帮助识别病毒传播链，追踪接触者以判断感染途径，实时监测疫情传播带来的影响，为限制传染决策提供支撑。[①] 在一些小数据样本的研发领域，数据的可用性将是制约深度学习算法提升应用的主要障碍，例如，利用人工智能模型预测心肺移植的成功率，由于目前在全球进行的这种手术只有几百例，在没有全球性合作的情况下，很难想象能够实现技术上的真正突破。因此，未来可能推动成立基于人工智能技术的生命科学联盟，实现特定病例的全方位数据共享，作为支撑提升人工智能技术应用水平的基础，促进各国携手攻克全人类共同面临的生命健康难题。

三、应对气候变化等全球性危机合作

气候变化是国际社会日益关注的全球性议题，2021 年 11 月，中美在

---

①OECD：Using Artificial Intelligence to Help Combat COVID-19，April 2020，(2021-12-18)，https：//www. oecd. org/coronavirus/policy-responses/using-artificial-intelligence-to-help-combat-covid-19-ae4c5c21/。

联合国气候变化格拉斯哥大会期间发布联合宣言，双方重申认识到气候危机的严峻性和紧迫性，承诺采取加速行动，开展广泛合作来应对气候危机。在碳达峰碳中和"双碳"战略指引下，随着风电、光伏等绿色能源快速发展，新能源的大规模并网对智能电网的安全运行带来挑战，要克服绿色能源波动性、随机性等特征，发展人工智能对于提升用电效率、消纳多样化能源的能力必不可少。有智库建议，中美间可以共享有关重大风险挑战的数据和专业知识，如天气预测建模、高效能源使用、跟踪气变影响、加强野生动物保护等。[①]

智能电网通过智能电表等终端和人工智能控制系统实现电力供给和使用的实时监控，并自动化控制配电网络，让电网能够以更高效率和容量运行。依托能源互联网的发展，能够加强能源体系的优化整合，加强能源系统的供需对接，满足用户个性化的能源需求。以光伏发电为例，网络平台可以在房屋业主、物业和光伏厂商间建起沟通连接的桥梁，促进市场对接。根据估计，如果智能化在电力行业普及，到2025年全球将减少至多约88亿吨的二氧化碳排放，并创造约4180亿美元的经济价值。[②] 智能化手段在一、二、三产业中的应用，有助于减少各环节能源浪费，提升经济效益。在农业领域，通过物联网传感器和人工智能技术可以监测农作物的生长状况并对其自动采取措施。在工业领域，智能车间、工业互联网发展提升了生产效率，有效降低能源消耗。在服务业领域，随着智能汽车的发展以及共享出行模式的铺开以及整个城市交通体系的优化重构，以技术赋能交通，实现公共交通领域的减排降碳。

此外，在保护生物多样性方面，深度学习算法能够用来分析识别卫星图像、视频、图片、声音等信息，通过无人机巡视人类难以进入的自然保护区，识别稀有物种和植物生长情况，发现非法砍伐、捕猎、掠夺式开发等其他非法活动，帮助有关机构提前应对山火等生态危机，为防止发生生态灾难

---

①Ryan Hass, Zach Balin: US-China Relations in the Age of Artificial Intelligence, The Brookings Institution, January 2019, (2021-03-21), https://www.brookings.edu/research/us-china-relations-in-the-age-of-artificial-intelligence/。

②Global Enabling Sustainability Initiative: Digital Solutions for Climate Action, October 2020, (2021-06-20), https://gesi.org/research/download/52。

提供技术手段。例如，在非洲地区，先进技术被用于国家公园的管理和物种保护，赞比亚卡富埃国家公园（Kafue National Park）部署了人工智能系统来分析红外热摄像器捕捉的信息，来提升打击偷猎行为的反应速度和效率；非洲加蓬的国家公园管理局与科技公司合作运用图像分类算法进行大规模生物物种识别，极大提升了图像分析的效率和准确率。巴西利用深度学习技术分析处理亚马孙河流域的卫星图片，为观察水资源分布及变化趋势提供了依据，从而能够有效判断水资源流失情况，提前采取防范措施。[1]

四、弥合数字鸿沟和数字减贫合作

技术发展的公平性和可持续性是全世界共同关心的议题，当前发达国家和发展中国家的互联网普及率存在巨大鸿沟，发展中国家民众运用数字技术、数字应用的技能严重不足。随着人工智能对于传统劳动力密集型岗位的替代效应，发展中国家经济结构面临转型压力。由此发展下去，技术发展将加剧全球范围内的不平等，造成一些后发展国家的产业空心化。随着人工智能技术发展，全球数字鸿沟有进一步拉大的风险，加剧国际政治和经济秩序中的不平衡性。发达国家和发展中国家在互联网连接和使用方面，存在较深的数字鸿沟，在数字经济发展中，发展中国家可能长期处于从属地位。[2] 不公平的国际秩序是引发地区性不稳定甚至冲突的诱因，也是制约世界经济发展的因素，不利于全球的可持续性发展。因此，弥合数字鸿沟和通过数字技术发展缓解和消除贫困问题是全球性挑战，面对人工智能等技术发展带来的发展机遇，需要保证发展中国家在数字技术发展中的话语权，并推动构建科学合理、务实公平的数字治理秩序。技术强国还应提供必要的资金、技术等资源帮助欠发达国家或地区建设数字基础设施，提升民众的数字技能，促进国际秩序的公平化发展。

---

[1] Graeme Green：Five Ways AI is Saving Wildlife—From Counting Chimps to Locating Whales，*The Guardian*，February 21，2022，（2022-02-22），https：//www. theguardian. com/environment/2022/feb/21/five-ways-ai-is-saving-wildlife-from-counting-chimps-to-locating-whales-aoe。

[2] United Nations Conference on Trade and Development：Digital Economy Report 2021—Cross-border data flows and development：For whom the data flow，August 2021，（2022-01-01），https：//unctad. org/system/files/official-document/der2021_en. pdf。

第三节　人工智能治理现状及困境

当前人工智能治理机制的构建仍处在早期阶段，其主要作用是管控技术可能带来的风险和促进国家间的相关合作以促进发展。正如在第一章中所阐述，各国积极开展人工智能治理对话，在综合性层面以软法的形式进行治理，在法律法规等强监管层面，聚焦重点环节和场景开展了积极的治理探索，如算法领域、数据安全、隐私问题，从场景来看有自动驾驶、医疗健康等。由于不同机构和学者从各自视角对人工智能的概念进行界定，反映出人工智能技术的与时俱进和快速更新的特点，因此也不难理解当前人工智能治理理念的多元化和复杂化。

一、人工智能风险类型及治理需求

认识和衡量风险是进行有效治理的前提，首先需要清晰认识人工智能可能引发的潜在风险的来源和类型。随着人工智能技术应用渗透到社会活动各个领域，技术本身的风险逐步显现。虽然针对人工智能潜在风险的评估大多是前瞻性和预测性的，但是对人工智能可能产生颠覆性影响的担心一直存在。亨利·基辛格就警告说"人工智能威胁着我们意识和思维的一场不可预测的革命，以及我们对于真理和思维的一场不可预测的进化""无论从哲学层面还是认知层面，人类社会还没有为人工智能技术的崛起做好准备"[1]。2014年6月，著名物理学家斯蒂芬·霍金（Steven Hawking）、麻省理工学院物理学家迈克斯·泰格马克（Max Tegmark）、计算机专家斯图尔特·罗素（Stuart Russell）、诺贝尔物理学奖得主弗朗克·维尔切克

---

[1]Henry A. Kissinger：How the Enlightenment Ends, May 2018.（2020-10-05），https：//www.theatlantic. com/magazine/archive/2018/06/henry-kissinger-ai-could-mean-the-end-of-human-history/559124/。

（Frank Wilczek）曾联合发表文章表达了对人工智能技术潜在风险的极度忧虑。① 可见人工智能将对人类知识体系、认知方式以及国际社会带来的冲击之大。而这些先驱者的警示未必都是危言耸听，人工智能潜在的风险挑战正在逐步隐现，如何应对和消解人工智能技术的负面效应将是发挥人工智能潜能的先决条件，也是各国决策者需要平衡考量的重点议题。

如图5-2所示，治理机制的形成常常源自发展实际和风险挑战的倒逼作用，根据现阶段人工智能暴露出的问题来看，人工智能技术发展带来的风险大致可以分为三类，分别是人工智能技术本身的安全风险、人工智能应用对社会治理带来的安全风险以及人工智能军事化带来的安全风险。

第一大类风险关注微观层面，即人工智能技术本身存在的风险，这种风险来源于深度学习技术特点可能衍生和关联到算法安全、数据安全和隐私安全等问题。

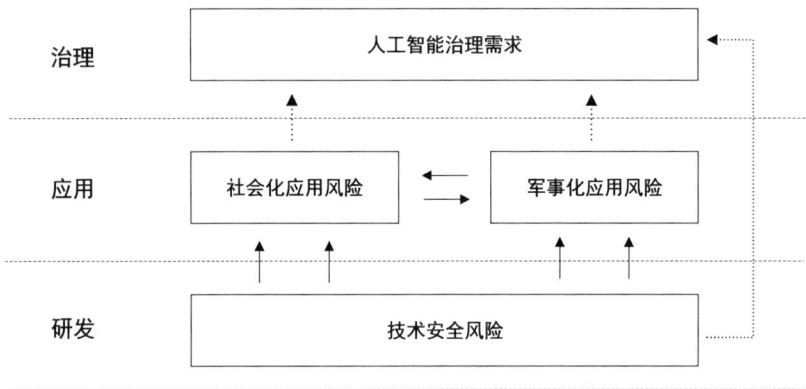

图5-2　人工智能风险类型及治理需求对应关系

人工智能本身存在算法偏见、技术黑箱等问题，在监管治理手段不匹配的情形下可能带来不可预知的风险。"黑箱问题"长期困扰着人工智能，尤其是深度学习的技术发展，缺乏对人工智能系统如何工作的了解，也是对人工智能安全、道德和法律普遍担心的原因之一。算法黑箱导致算法模

---

①Stephen Hawking, Max Tegmark, Stuart Russell, et al: Transcending Complacency on Superintelligent Machines, June 2014, (2021-03-20), https://www.huffpost.com/entry/artificial-intelligence_b_5174265。

型输入和输出之间存在无法解释的隐层，因而极易受到隐含的偏见和误导并反映在训练结果中。人工智能技术提供的预测与人脸识别等应用都饱受伦理争议，算法中存在的偏见反映出数据中原有的歧视，因此需要将伦理标准作为人工智能项目的固有研究内容，以充分评估不公平算法带来的社会危害。[1] 2016 年，微软公司为名为 Tay 的聊天机器人申请了推特账号，由于其他用户不断对其发布攻击性、干扰性信息，Tay 在不到 24 小时时间内就开始模仿网上的种族主义语言。最后，微软公司被迫关闭了这个聊天机器人。人工智能系统还容易受到对抗性攻击、数据中毒等问题影响，这些问题都很难通过传统的网络安全手段来监测和解决，浅层伪造、深度造假和社交机器人等技术的应用，带来很多监管空白，各国对此都明显准备不足。

此外，人工智能用于数据挖掘增加了个人隐私暴露和数据安全的风险。目前，个人数据经过汇总后，可以惊人的详细程度展示一个人的思想、偏好和习惯。当合法或非法的渠道获取到这些碎片化的个人数据之后，人工智能技术可以轻而易举地结合和匹配个人在诸如亚马逊上的购买历史，谷歌搜索历史，推特，脸书照片，账户余额，信用历史，奈飞（Netflix）观看习惯等信息，进行精准的人物画像。联合国发布的一份研究报告也曾警告，人工智能算法以多种且通常不透明的方式收集、共享、合并和分析有关个人的信息。数据的长期存储带来了特殊风险，因为未来数据可能会以未知的方式被利用。人工智能工具执行的推论、预测和监控，包括寻求对人类行为模式的洞察，引发了严重的隐私安全担忧。人工智能系统依赖的有偏见的数据集可能导致歧视性决策，而这些风险对于已经边缘化的群体来说最为严重。[2]

第二大类风险聚焦国内公共政策层面，即人工智能在经济社会各领域中的应用对社会治理造成冲击，引发出一系列不稳定的风险，本质上是社会治理的政策法规体系与技术创新应用不配合所造成的。此类风险主要表

---

①Elizabeth Gibney：The Battle for Ethical AI at the World's Biggest Machine-learning Conference，January 2020，（2021-03-20），https：//www. nature. com/articles/d41586-020-00160-y。

②United Nations Human Rights Office of the High Commissioner：The Right to Privacy in the Digital Age，September 2021，（2022-01-15），https：//www. ohchr. org/EN/Issues/DigitalAge/Pages/Digital-Reports. aspx。

现为各国国内问题，但不同国家的问题表现有所不同。

在经济方面，人工智能冲击了各国就业市场，短时间内能造成大规模的失业潮。学界对于人工智能影响就业的预测有乐观和悲观两种观点，乐观主义者认为人工智能替代的是岗位而不是工作，新就业岗位的出现就会吸收多余的劳动力。而悲观主义者认为，人工智能和历史上其他技术类似，更容易替代低技能岗位，低技能的劳动力一旦失业，在短期内将难以找到能够胜任的新岗位。据测算，到 2030 年，美国将有 47% 的就业岗位可能被机器人代替，在受调查的 702 种职业中，行政、销售等都属于高风险岗位。[1]《技术陷阱》[2] 一书认为，从工业时代到未来的人工智能时代，技术的进步往往会改变社会经济和政治权力分配，在提升生产效率的同时，会对传统就业岗位造成冲击，造成了技术发展过程中的"陷阱"。这不仅仅限于中低技能需求的岗位，传统意义上的律师、记者等创造性工作也同样面临着被智能算法替代的风险。[3] 斯坦福大学的迈克尔·韦伯（Michael Webb）使用自然语言处理算法对人工智能专利文献进行分析，与工作描述中的特定词汇进行对比来判断未来哪些类型的工作最有可能受到影响。结果显示，最容易受到人工智能影响的可能是那些需要较高预测能力的工作，而不是常规的机械性工作。[4] 人工智能将扩大信息时代已经出现的社会财富分配不均问题，并进一步加剧社会贫富分化。[5]

在政治方面，许多人工智能技术具有缺乏透明度、复杂性、不可预测性和部分自主性行为的特点，由此会带来一系列社会问题。新闻报道中曾曝光了大量关于大数据和人工智能技术引发种族歧视、操纵选举等现实案

①Carl Benedikt Frey, Michael A. Osborne：The Future of Employment：How Susceptible are Jobs to Computerisation?" *Technological Forecasting and Social Change*，Volume 114，January 2017，pp. 254–280。

②Carl Benedikt Frey：*The Technology Trap：Capital, Labor, and Power in the Age of Automation*，Oxford：Princeton University Press，2019。

③Martin Ford：*Rise of the Robots：Technology and the Threat of a Jobless Future*，Basic Books，2015：229–240。

④Michael Webb：The Impact of Artificial Intelligence on the Labor Market，January 2020，（2021–04–03），http：//dx. doi. org/10. 2139/ssrn. 3482150。

⑤杰瑞·卡普兰：《人工智能时代：人机共生下财富、工作与思维的大未来》，杭州，浙江人民出版社，2016：8 页。

例，对于社会稳定带来了诸多的潜在危害和治理难题。[①] 2018 年，美国亚利桑那州的一辆优步无人驾驶汽车引发了交通事故，优步公司被证明没有任何犯罪行为，而汽车的安全驾驶员却面临着交通肇事罪指控，引发了关于行为认定的广泛讨论。此外，人工智能技术在资本助力下强化了超级网络平台的垄断优势，这种优势的建立产生了对数据的虹吸效应，形成支撑社会运行的重要基础设施，但资本本身的趋利性也引发了对于技术遭滥用的担忧，与超级平台应当承担的社会责任产生了内在冲突。美国视频网站奈飞曾拍摄了一部名为《监视资本主义：智能陷阱》的纪录片，其中就试图揭示现代社会人工智能技术引发社会问题的背后逻辑，网络平台全方位监控收集用户数据，并通过心理学理论构建了预判用户行为的模型，运用"说服性科技"改变了用户的行为。平台治理、算法监管、隐私保护等方面暴露出的一系列问题凸显了现行法律制度和监管能力的短板，带来了一系列的治理困境，也引发了人工智能技术赋能下出现"技术利维坦"[②] 的担忧。在资本的驱动下，技术和数据的垄断持续固化，将会对传统的国家治理体系带来冲击，势必引发国家权力结构的调整。

　　在文化方面，加剧了信息茧房（information cocoons）现象，催化社会冲突对立。人工智能促进社交媒体的生态发生微妙变化，海量的信息流被分解为碎片化的信息，并定向投送给目标人群，形成了信息的"回音壁"。人工智能限制了信息的获取，基于一个平台消费者的标签可能会与其他平台分享，因此，未来接触到的信息和人都带有标签属性，使得人们的社交网络越来越朝着喜欢的方向趋于同类聚合，无形中限制了接触更为广泛信息的途径和权利。[③] 在信息过剩的情况下，互联网催生的大数据和人工智能形成相互投喂的态势，带来了某种程度上的"信息黑洞"，智能化的信

---

　　①凯西·奥尼尔：《算法霸权：数学杀伤性武器的威胁》，马青玲译，北京，中信出版集团，2018 年版。

　　②技术利维坦源自霍布斯提出的"利维坦"（Leviathan），借以代指具有超级权威的国家。随着人工智能、大数据等新兴技术的飞速发展，超级科技企业越来越集技术、资本等要素于一身，为其带来了某种程度上的超级权力，通过技术触角对政治、经济、社会和意识形态等各方面产生了巨大的影响力，也带来对于国家事务的话语权。

　　③Cass Sunstein：*Infotopia：How Many Minds Produce knowledge*，Oxford University Press，2006。

息推送技术从中立化可能转变为群体极端化的加速器。推荐算法会不断推送用户感兴趣的内容，限制用户接触持相反观点的新闻内容，从而加剧了社会舆论的两极分化。有研究显示，人们在社交媒体上看到与自己一致的政治观点确实会令其自身更加愤怒，并且更可能在某一特定问题上有更强烈的看法。[1] 智能算法能够将人性中细微的差异性不断放大，导致社会群体的对立，从而造成社会极化迅速加剧。

第三类风险是人工智能军事化应用可能对国际安全稳定带来的风险，这类对于国际关系层面影响更加直接。因此相比于前两类，军事化应用风险是人工智能国际治理更为关注的议题。由于人工智能军民两用特性，人工智能在国防军事领域应用与商业领域应用存在一定差异性，人工智能系统和致命性自主武器正在成为大国军事领域发展的重点方向。

在对方意图不确定性的情况下，带来大国之间相互猜忌而发生对抗冲突的风险。由于难以客观判断各自的战略意图和实力差距，国家在对外决策中往往难以采取谨慎态度，不得不做出极端的政策选择。[2] 由于各国无法直观准确地判断人工智能技术上的实力差距，可能导致各国在冲突风险判断中不得不最大化推定潜在对手所带来的威胁。[3] 由于国际上尚未就人工智能军事应用的标准与政策达成一致，竞争很可能会导致人工智能系统变得不安全与不可靠，最终威胁整个人类的利益。许多国家都支持签署一项禁止发展与使用自主武器的公约，但是美国、英国、俄罗斯等军事大国并不希望加入此类条约，因此在短期内，在军事领域禁用人工智能技术的可能性很小。如果人工智能武器的关键功能缺乏人类的主导与监督，机器人的滥用极有可能引发人道主义灾难。在战场上的复杂决策中，机器作战

①Paul Barrett, Justin Hendrix, Grant Sims: How tech platforms fuel U. S. political polarization and what government can do about it, September 2021, (2022-02-20), https://www.brookings.edu/blog/techtank/2021/09/27/how-tech-platforms-fuel-u-s-political-polarization-and-what-government-can-do-about-it/。

②John H. Herz: The Security Dilemma in International Relations: Background and Present Problem, *International Relations*, 2003, 17 (4): pp. 411-416。

③Michael Horowitz: Artificial Intelligence, International Competition, and the Balance of Power, *Texas National Security Review*, 2018, 1 (3): pp. 36-57。

系统稍有不慎将带来无法挽回的后果。越来越多的专家呼吁人工智能武器不得逾越法律与人道主义的边界，在联合国大会上有关特定常规武器的讨论中，专家表示武装冲突法应规定在所有军事行动中必须有人类参与。在网络攻击的所有可能目标中，最令人担忧的是使用人工智能来瞄准核指挥和控制系统。虽然尚无证据表明核军事设施可能受到网络武器的攻击，但绝不应该排除这种可能性。人工智能技术实现新的突破，或者让高精度的常规武器更容易摧毁加固的洲际弹道导弹发射井，从而提升了打击对手核武器的能力，而为了防止核武器库被全部摧毁，大国可能竞相扩充核武器库，以减少可能被全部摧毁的风险，从而引发军备竞赛。① 人工智能在决策中可能带来冲突和危机场景下的错觉和误判。针对自主化和智能化的武器发展竞赛，可能会加剧风险积聚造成不稳定局面。②

当前阶段的人工智能风险集中于常规武器领域，其风险来源是主要大国对人工智能安全挑战的认知不一致。在常规武器领域，有观点认为现阶段人工智能或许有利于国际和平和稳定，远程武器的应用其实有利于避免军事冲突的激化。自动化武器有助于实现"精准打击"，从而避免大规模的军事行动和非作战人员的伤亡。③ 虽然一方面自动化武器降低了国家参与战争的代价，但这种新技术也同时减少了决策者面对升级危机的压力。换句话说，与传统武器相比，使用自动化武器的成本和风险都要低很多。但是这种认知有低估人工智能在军事领域应用程度的风险，人工智能系统本身的不确定性很难保证在复杂的战场环境中输出可靠的决策支撑信息，"战争迷雾"以及无时无刻变化着的应用环境可能放大人工智能系统的脆弱性。从现有案例来看，人工智能支持的无人化系统在军事领域应用已经

---

①Paul Bracken：The Intersection of Cyber and Nuclear War", January 2017, (2021-03-04), https：//thestrategybridge. org/the-bridge/2017/1/17/the-intersection-of-cyber-and-nuclear-war。

②Elsa B. Kania：Battlefield Singularity：Artificial Intelligence, Military Revolution, and China's Future Military Power, November 2017, (2021-01-05), https：//www. cnas. org/publications/reports/battlefield-singularity-artificial-intelligence-military-revolution-and-chinas-future-military-power。

③Erik Lin-Greenberg：Remote Controlled Restraint：The Effect of Remote Warfighting Technology on Crisis Escalation, PhD diss. , Columbia University, 2019。

走向实战，如人工智能用于精准打击①、"斩首"行动②等。《纽约时报》报道称，2020 年的伊朗科学家遭到暗杀事件就是基于人工智能算法的辅助下实施的，人工智能无疑已经成为新兴手段对国际政治领域产生影响。③

中美之间的大国竞争加剧，全球未来有可能形成两套人工智能技术标准体系。但是各方专家都坚持认为，全球性的、统一的标准体系是维持创新力的首要条件和最优选择。极有可能在形成成熟的国际治理框架之前，大国间就已经形成了人工智能军备竞赛局面，即竞相发展人工智能技术，将不成熟的、带有偏见的技术应用到现实之中。因此绝不应低估人工智能所带来的风险挑战，在核国家完全采用人工智能技术之前，它的发展甚至有可能对相应国家之间的战略稳定关系产生影响。例如，一国可能会认为，对手在人工智能方面的投资，即使是非核相关的，也可能会威胁该国未来的二次打击能力。这足以造成不安全感，并导致该国采取可能降低战略稳定和增加核冲突风险的行动。人工智能的高速发展和广泛应用也引发了人们对于技术可能会加剧不平等、放大社会偏见、侵犯个人隐私等问题的担忧，同时也给国际法带来诸多挑战。④

二、人工智能治理现状及特点

人工智能所带来的风险挑战加剧了制定人工智能道德准则和治理规范

---

①2020 年 10 月，爆发的阿塞拜疆和亚美尼亚军事冲突中，阿军使用土耳其提供的 TB-2 型攻击无人机摧毁了亚军 600 多个重要目标，并将攻击坦克、装甲车甚至阵地上士兵的视频在互联网上公布，对亚军士兵心理造成强烈震撼，这一仗也使 TB-2 型攻击型无人机一战成名。

②2020 年 1 月 3 日，伊朗伊斯兰革命卫队圣城旅指挥官卡西姆·苏莱曼尼被美军无人机"斩首"，执行本次任务的是美军的 MQ-9 Reaper 无人机（又名收割者、死神、掠食者）和地狱火导弹，行动过程未动用美军一兵一卒，便直接斩杀了对方将领。

③2020 年 11 月，伊朗首席核科学家穆赫辛·法克里扎德遇袭身亡，媒体在时隔一年后报道称，实施这次暗杀袭击的武器是一支由卫星远程控制的"计算机化的机关枪"（computerized machine gun），整套系统中人工智能技术发挥了关键作用，智能算法通过计算来减低信号传输时延、枪体后坐力等带来的现实误差，并且使用人脸识别技术提升射击的准确度。引自 The Scientist and the A. I. -Assisted, Remote-Control Killing Machine, The New York Times, September 18, 2021,（2021-09-21），https：//www. nytimes. com/2021/09/18/world/middleeast/iran-nuclear-fakhrizadeh-assassination-israel. html。

④李享、罗天宇：《人工智能军事应用及其国际法问题》，载《信息安全与通信保密》，2021（1）：99-108 页。

的现实需求和紧迫性，上述所梳理的三类风险对各国而言都具有普遍意义，也引起了全球人工智能治理的探讨交流。世界经济论坛认为，全球人工智能治理的历史演进主要经历了四个阶段。一是 2010 年之前：随着人工智能发展复苏，其治理问题开始得到宏观公共政策和微观技术准则的关注。二是 2010 年至 2016 年：人工智能技术落地应用带来了迫切的治理需求，法律法规很难跟上技术进步的步伐。三是 2016 年至 2019 年：围绕人工智能风险，各类主体开始制定发布人工智能伦理和治理规范。四是 2019 年至今：原则性规范开始转化成可操作性的治理机制，人工智能治理成为政府和企业在确保人工智能发展中的关键优先领域。①

近两年来，全球各类主体争相发布了大量的人工智能治理原则和伦理准则，据算法观察组织（AlgorithmWatch）发起的"全球人工智能道德准则清单"（AI Ethics Guidelines Global Inventory）统计，全球发布的人工智能准则规范已经超过 170 项。一些针对人工智能治理原则的研究成果②显示，全球针对人工智能治理的讨论在原则层面已经逐步走向共识。不同国家、政府间组织、科研机构和产业界发布的治理原则所传达的理念共识性交集正在扩大。但也需承认，全球针对人工智能的治理进程仍处于初步阶段，原则背后的深层战略导向和文化差异尚难以弥合，很多方面都有待进一步发展和成熟，从原则性共识走向场景化实践困难重重，人工智能应用多样化特点决定了人工智能治理原则的落地并非易事。

第一，从治理主体来看，参与人工智能国际治理的行为体来源日益多样化。目前开展人工智能治理议题的主体范围较为广泛，既包括国际组织、政府部门，又包括大型科技企业、学术团体、科研机构、智库、技术社区等。其中，主要政府间国际组织和平台有：联合国的相关机构、国际

---

①World Economic Forum：The AI Governance Journey：Development and Opportunities"，November 2，2021，（2021-12-18），https：//www. weforum. org/reports/the-ai-governance-journey-development -and-opportunities。

②请参见 Jessica Fjeld et al：Principled Artificial Intelligence：Mapping Consensus in Ethical and Rights-based Approaches to Principles for AI, A Report of Berkman Clein Center for Internet & Society，2020，（2020-08-20），https：//cyber. harvard. edu/publication/2020/principled-ai；Anna Jobin, Marcello Ienca, Effy Vayena：The Global Landscape of AI Ethics Guidelines, *Nature Machine Intelligence*，2019（9）：pp. 389-399。

电信联盟（ITU）、二十国集团（G20）、经济合作与发展组织、国际标准化组织（ISO）、国际电工委员会（IEC）、电气与电子工程师学会（IEEE）、国际标准化组织和国际电工委员会第一联合委员会（ISO/IEC JTC1）等①，这些组织提供了讨论人工智能相关技术标准问题和某些特定的政策议题的国际合作平台。从事人工智能治理研究的机构及项目涉及更加广泛的主体范围，影响力较大的有美国生命未来研究所的人工智能项目、美国哈佛大学伯克曼克莱因中心的人工智能伦理与治理基金、美国纽约大学、美国斯坦福大学的人工智能百年研究、英国牛津大学的战略人工智能研究中心、英国阿兰图灵研究所、清华大学人工智能国际治理研究院等，以及谷歌、微软、英特尔、IBM、旷视科技、百度、商汤科技等科技企业。这些机构、企业通过参与发布治理原则、研究报告、召开会议等方式阐述对人工智能治理目标的理解，提出了具有影响力的治理理念。这些倡议、原则和理念注重在公共政策领域的规制和引导人工智能技术的研发和应用，反映了多元化的主体对于人工智能技术发展及治理问题的高度关注和担忧，这些研究有助于设定人工智能全球治理的议程和研究方向。但是作为一项正在快速发展的技术，现有的治理进程仍远远滞后于人工智能技术的发展，主要治理主体对于治理规则、治理理念难以达成共识，导致目前国际上仍缺乏有效的人工智能治理规则。2020 年 12 月，世界经济论坛发布的《2021 年全球技术治理报告：在新冠疫情期间利用第四次工业革命技术》中对人工智能等新兴技术的监管和治理面临的挑战进行了分析，在当前阶段，人工智能面临着算法偏见和不可解释性、虚假信息传播和数字操纵、数据隐私等挑战，这些问题已经引起各国政府和专业组织的关注。而人工智能面临着致命性自主武器监管和禁用的争议、地缘政治技术

---

①近年来国际社会开展的人工智能治理项目逐步增多，比较有代表性的成果有：2016 年，联合国发布了《关于机器人伦理的初步草案报告》，关注人工智能可能带来的伦理问题；国际电联组织召开"人工智能造福人类峰会"（AI for Global Good Summit），讨论人工智能发展促进可持续发展目标的举措和路径；2019 年，G20 通过《G20 人工智能原则》，倡导人工智能发展应尊重法律原则、人权和民主价值观；2019 年，OECD 发布了《负责任地管理可信任的人工智能的原则》，提出了人工智能的政府间政策指导方针；2017 年 ISO/IEC JTC1 成立了人工智能分技术委员会，开展人工智能标准化研究；2016 年，国际电气电子工程师学会发布了《符合伦理的设计：利用人工智能和自主系统最大化人类福祉的愿景（第一版）》，提出人工智能伦理问题和具体建议。

竞争加剧、技术红利分配不均、监管手段不透明等短期和长期挑战,[1] 这些治理问题很多也是其他新兴技术共同面临的难题。

第二,从治理维度来看,针对人工智能治理的全球讨论可以分为两个层面。不同主体发布的人工智能道德和伦理准则的关注层面有所不同,这两个层面既相互区别也彼此相连。

第一个层面是侧重于技术本身的治理问题。2017 年 12 月,国际电气电子工程师协会发布的《人工智能设计的伦理准则》白皮书,提出确保自主和智能系统的设计开发优先考虑伦理问题,推动技术进步增进人类福祉。白皮书提出,合乎伦理地设计、开发和应用这些技术,应遵循人权、福祉、问责、透明、慎用等一般原则。众多科技公司所发布的人工智能原则也多关注技术应用层面。例如,谷歌提出了人工智能道德原则,包括对社会有益、避免不公平、测试安全性、对人负责、隐私设计、卓越高标准等内容。微软提出人工智能技术发展应该遵循的"公平、可靠和安全、隐私和保障、包容、透明、责任"六项原则。科技企业出于推动技术落地的需求和企业社会责任,通常更加关心技术的安全性和可靠性问题,将道德规范融入产品的设计、开发、部署和应用的全周期。[2] 同时也面临一些国家和地区的监管压力,纷纷制定推出了人工智能道德原则。

第二个层面是侧重于技术应用可能带来风险的治理问题。一些部门和机构发布了本领域的人工智能准则。例如,2020 年 2 月,美国国防部正式采纳五项人工智能伦理原则,该原则由一个独立的顾问委员会——国防创新委员会 2019 年 10 月提出,概述了美国在军事上使用人工智能技术需要遵循的伦理规范,包括负责任的、公平的、可追溯的、可靠的、可控的。同年 7 月,美国情报界发布了人工智能伦理原则和伦理框架,提出了六大原则:遵纪守法,知行合一;透明负责;客观公正;开发利用,以人为

①World Economic Forum:Global Technology Governance Report 2021:Harnessing 4th Industrial Revolution Technologies in a COVID-19 World, December 2020,(2021-03-05),http://www3. weforum. org/docs/WEF_ Global_ Technology_ Governance_ 2020. pdf。

②Tim O'Brien, Steve Sweetman, Natasha Crampton:How global tech companies can champion ethical AI, January 2020,(2022-02-24),https://www. weforum. org/agenda/2020/01/tech-companies-ethics-responsible-ai-microsoft/。

本；确保安全，适应力强；通过科学技术为决策提供信息。相比之下，国际组织和各国政府倾向于关心人工智能发展带来的全局性影响，如引发社会公平性、国际合作等问题。在这方面，经合组织发布了人工智能政策指南，提出了五项人工智能发展原则，即促进包容性成长、可持续发展和福祉，基于以人为本的数据生态系统，塑造有利的政策环境，提高人力资源能力，加强国家间合作。

第三，从治理特征看，"软法"是人工智能治理的常见形式。软法是一种提出实质性期望但不能由政府直接执行的治理机制。作为一种人工智能治理方案，其具有灵活且适应性强、合作性和包容性强、通过激励而非惩罚的手段等重要优势。[①] 2016 年左右开始，各国政府、组织、企业开始关注人工智能治理，随后在全球范围内更多治理规范、准则纷纷发布，普遍认为现有规则和制度无法有效引导人工智能有序发展，其中有的主张通过传统的治理途径来规制技术发展，但是大多数举措仍然关注"软治理"机制。[②] 美国布鲁金斯学会开展了"人工智能治理"系列研究，提出标准、准则、指南等软法在实际运用中，相比传统立法形式更为灵活、适用性更强，已经成为目前较为常见的人工智能治理方式。美国亚利桑那大学梳理了 2001 年至 2019 年的 634 个人工智能软法项目，其中 90% 发布于 2017 至 2019 年。与硬法相比，软法更灵活、适应性更强，任何组织都可以创建或使用。软法补充或替代硬法已成为最常见的人工智能治理形式。[③] 其中的原因在于：一方面，法律法规的制定周期较长，需要充分凝聚社会共识，在规制人工智能技术方面所能发挥的作用相对滞后；另一方面，反映出各国对于运用具有强约束力的法律工具来规制人工智能的态度相对谨慎的做法，软法形式更具包容性，有利于降低过早规制创新活动带来的消极影

[①]Soft-Law Governance of Artificial Intelligence，（2022-02-20），https：//lsi. asulaw. org/soft-law/。

[②]World Economic Forum：The AI Governance Journey：Development and Opportunities, November 2, 2021,（2021-12-18），https：//www. weforum. org/reports/the-ai-governance-journey-development-and-opportunities。

[③]Carlos Ignacio Gutierrez and Gary Marchant：How Soft Law is Used in AI Governance"，May 2021,（2022-02-20），https：//www. brookings. edu/techstream/how-soft-law-is-used-in-ai-governance/。

响。此外，人工智能的复杂性和"黑箱"性，使得其治理难以被置于已有的法律框架之下，而需通过伦理问题与安全风险治理的"软体系"以促进各方的共同探索。① 电气与电子工程师协会就曾于 2016 年发起"IEEE 关于自治和智能系统伦理的全球倡议"，该倡议涉及 120 多个与人工智能相关的政策、法律和道德问题，由 250 多名参与专家提出建议。② 随着人工智能技术应用进程和安全风险的紧迫程度不断加深，"软治理体系"可能逐渐向更具约束力的"硬法体系"转移，由此针对具体领域的人工智能应用可能会形成较为明确的治理规则。③ 未来需要结合技术标准等软法和法律规则等硬法，探索在人工智能领域软硬法的混合治理，更好发挥各种治理手段的协同作用。

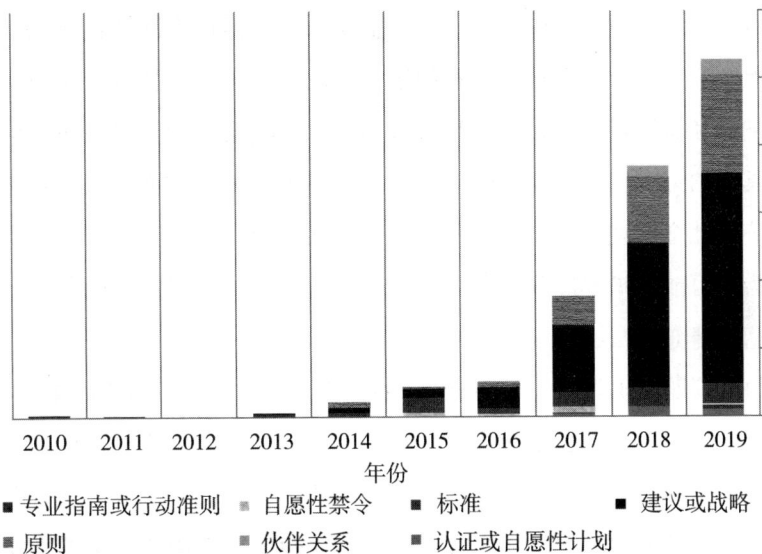

图 5-3　全球人工智能治理中软法类型及数量变化趋势④

---

①贾开、薛澜：《人工智能伦理问题与安全风险治理的全球比较与中国实践》，载《公共管理评论》，2021（1）：126 页。

②IEEE Standards Association Statement of Intention Our Role in Addressing Ethical Considerations of Autonomous and Intelligent Systems, March 2018, （2022-03-11），https：//standards. ieee. org/wp-content/uploads/import/documents/other/ethical-considerations-ai-as-29mar2018. pdf。

③贾开、薛澜：《人工智能伦理问题与安全风险治理的全球比较与中国实践》，载《公共管理评论》，2021（1）：132 页。

④资料来源：Soft-Law Governance of Artificial Intelligence Database, U. S. Arizona State University。

从图 5-3 可以看出，人工智能治理建议和战略、原则等宏观层面的软法数量在增强；而具体的、可操作性的标准、专业指南等细化的指导文件相对增速较慢。这从侧面反映出，全球人工智能治理从原则走向实践面临着诸多现实困难。

三、人工智能治理的现实困境

尽管在原则层面，各国人工智能治理不断趋同，体现对人工智能技术发展的一致性重视，但是针对技术应用层面的治理问题，当前的各类谈判还只是停留在一些特定议题，过于抽象且不具备可操作性。现阶段的道德规范和准则很难在实践中发挥效力，有关技术道德规范的讨论也尚未转化为有意义的行动。[①] 一方面，人工智能技术本身仍在不断迭代更新，技术的发展和应用前景具有很大的不确定性，政策制定者对技术应用所蕴含风险的把握和认知还不成熟，在暂时看不到重大安全风险的前提下，大国对达成具有约束力的人工智能国际规则比较谨慎；另一方面，数字技术对国家经济和社会发展具有全局性和战略性意义，而国际规则具有非中性的特征，为尽可能维护本国利益，大国间围绕数字经济领域的规则制定将会进行长期的博弈。[②]

由于议题不确定性、议题的复杂性和分散化等诸多制约因素的限制，人工智能治理将很难复制核武器、气候变化等传统全球治理领域的已有经验。人工智能治理面临的最大挑战之一是缺乏优先性，由于人工智能仍在发展之中，其影响的程度和实践范围均不太确定，直接和间接的影响将在未来的不同发展阶段显现出来。尽管人工智能在军事应用、技术伦理、网络空间治理等方面受到已有的原则性规范的约束，但实际中具体的可操作性的治理机制并未形成，发挥主要作用的大国之间存在分歧，协调合作难

[①] Anja Kaspersen, Wendell Wallach：We're failing at the ethics of AI. Here's how we make real impact, January 2022,（2022-02-18），https：//www. weforum. org/agenda/2022/01/we-re-failing-at-the-ethics-of-ai-here-s-why/。

[②] 郎平、李艳：《数字空间国际规则建构笔谈》，载《信息安全与通信保密》，2021（12）：17-23 页。

度加大，各国治理模式存在不兼容性，这在一定程度阻碍了人工智能全球治理的发展。

各国都认识到人工智能可能对国家安全带来的脆弱性，但不愿意在国际竞争中落后，而过早遏制本国技术创新的发展。美国智库呼吁美国政府应建立一套反映所谓"民主价值观和利益"的技术规范标准，组建全球新兴技术和数据地缘政治联盟和执行委员会，与跨大西洋盟友形成强有力的合作伙伴关系。① 同时，这些学者呼吁美国在西方国家中率先构建管理人工智能技术应用的规范标准的道德准则，从道德立场上与中国、俄罗斯进行谈判。如今民粹主义、技术民族主义等逆全球化风潮兴起，大国之间在利益诉求和价值观念等方面的差异被放大，针对技术治理恐怕难以形成共同的观念基础，在有效的全球治理体系尚未建立的情况下，人工智能国际治理难达成共识。

一方面，综合性、共识性治理框架缺失。各国难以在某一平台上形成治理的综合性框架，不过针对人工智能的治理进程中也体现了一些共同诉求，但是目前人工智能治理原则性的理念虽取得初步共识，但是具体化的、约束性的国际治理机制尚未形成。人工智能有别于拥核国家与非核国家之间，核与非核爆炸物之间的区别，这使其治理监管问题更为复杂。② 以自主武器系统为例，致命性自主武器系统的研发具有隐秘性，人工智能算法在开发阶段很难进行军用和民用的区分，增加了军控方面的监管和核查难度，③ 给自主武器系统的使用和规制带来严峻挑战。因此相关治理进展主要停留在具体领域的技术规则层面，尚未形成有效的人工智能治理共识，也缺乏宏观、综合性治理框架。

另一方面，治理进程严重滞后。目前讨论和谈判人工智能治理的平台较为分散，人工智能技术很大程度上应用于网络空间中，其治理问题与网

---

①Atlantic Council Geotech Center：Report of the Commission on the Geopolitical Impacts of New Technologies and Data，March 2021，（2021 - 12 - 20），https：//www. atlanticcouncil. org/wp - content/uploads/2021/05/GeoTech-Commission-Report-Full. pdf.

②Kenneth Payne：Artificial Intelligence：A Revolution in Strategic Affairs?，*Survival*，2018，60（5）：pp. 7-32.

③徐能武、葛鸿昌：《致命性自主武器系统及军控思考》，载《现代国际关系》，2018（7）：54-62 页。

络空间治理在很多方面具有相似性，如网络空间治理主体的多元化特征、技术与社会的双重影响、网络空间治理的系统性与全面性以及协调与合作的治理本质等方面①，也是人工智能治理能否获得进展的关键点。与网络空间治理不同，网络空间建立在基础设施之上，仍具有一定的物理基础，网络互联互通需要依托共同的技术标准和通信协议，而人工智能治理仍在探索中，治理议题呈现碎片化，不仅在一国内部对于传统的治理模式提出挑战，而且当前全球的治理机制也无法满足日益增长的治理需求。人工智能应用范围的复杂性意味着难以设计出一套适用于所有情形的公认的技术准则，它的复杂性不仅体现在参与主体和涉及领域的繁杂上，还体现在技术发展的快速和不确定性上。在发展过程中，各类风险问题刚刚逐步显现，人工智能技术走向何处，会造成怎样的后果？目前并没有清晰的认知。

如表 5-1 所示，尽管各类平台都涉及人工智能治理问题，但是这些平台所形成规则的执行力有限，且还无法完全覆盖目前人工智能技术发展对国际安全稳定可能带来的潜在风险类型。此外，从表中的"重要进展和共识"一栏中，可以看出，目前各类治理平台中所取得的进展仍然是初步的。例如，由于美国、俄罗斯等大国的掣肘，对于致命性自主武器管控的讨论进展缓慢，有约束力的治理原则在短期内难以出台。人工智能原则、伦理准则、技术规范等方面一旦形成国际共识后，对于各国人工智能治理实践的传导作用效果也存在不确定性，对于作为人工智能研发重要力量的超级企业的影响力较为有限，针对人工智能对人权影响等包容性发展议题还停留在呼吁阶段，尚无实质性进展。这些都反映出人工智能国际治理在应对人工智能技术可能带来风险中的局限性。已达成的共识性治理原则如何影响各国具体监管举措，以及如何体现在人工智能研发、应用、部署等各个环节，都是国际社会需要共同探索的方向，需要政府、科学家、工程师以及公众等各方的积极参与、讨论和合作。

---

①李艳：《网络空间治理机制探索——分析框架与参与路径》，北京，时事出版社，2018：47-49 页。

表 5-1　人工智能治理的主要国际平台

治理平台	关注议题	重要进展和共识	参与行为体
联合国《特定常规武器公约》致命性自主武器系统政府专家组	致命性自主武器系统（LAWS）控制	在现有国际人道主义法适用于 LAWS 问题，发展、生产和部署 LAWS 的责任在于国家，在无人干预下使用完全致命性自主武器系统是不可接受的等方面达成共识	联合国成员国、国际组织、非政府组织、科研机构等
联合国《禁止化学武器公约》非正式专家会议	致命性自主武器系统（LAWS）管控	讨论致命性自主武器系统的审查程序，以及自主性提升对于国际人道法带来的挑战	联合国成员国和有关国际组织、非政府组织
联合国区域间犯罪和司法研究所、国际刑事警察组织	人工智能用于预防犯罪、执法	加强执法机构间的国际协调，开展人工智能执法应用试点项目，促进人工智能用于打击犯罪交流	联合国成员国以及执法机构、学术界、企业
二十国集团	人工智能发展原则	发布《二十国集团人工智能原则》，倡导以人类为中心、以负责任的态度开发人工智能	各成员国
联合国人权理事会	人工智能对于人权影响	开展算法歧视、偏见等对女性、老年人影响的讨论	联合国成员国
联合国教科文组织	人工智能伦理	教科文组织第四十届会议决定，着手拟定第一份关于人工智能伦理的全球准则性文件	成员国及相关代表
国际电信联盟	人工智能技术标准化及发展政策	举办人工智能造福全球峰会，围绕可信赖、安全和包容性的人工智能发展等议题开展对话	各国政府、企业和学术界
电气与电子工程师协会	人工智能伦理标准	推动人工智能技术标准化，发布《人工智能设计的伦理准则》白皮书，提出五项人工智能伦理准则	政府、企业和技术社群

治理平台	关注议题	重要进展和共识	参与行为体
联合国人权事务高级专员办事处	人工智能与人权	关注数字时代中人工智能等智能化技术对于人的尊严、自主权和隐私权等权利带来的紧迫挑战	政府、企业、技术专家

资料来源：根据相关研究文献和公开资料制作。①

四、人工智能治理困境的制约因素

前文中曾提到，小约瑟夫·奈把信息时代的国家间权力格局描绘成一个复杂的、三维的棋局，其中政治—军事问题位于最高的棋局中，经济问题是中间的棋局，跨域边界和不受政府控制的跨国关系相关的议题在最下方的棋局之中。② 在不同层面的棋局中，权力格局、行为体构成、议程设定的主导力量大不相同。在这样一个"多层次的相互依存"格局中，人工智能已经对不同层次产生了直接或间接的影响。因此，人工智能伦理治理仅仅停留在意愿层面上是远远不够的，如何将伦理原则落实到具体的制度和行动上，是当下人工智能治理的关键性问题。③

大国之间围绕科技的博弈在客观上削弱了网络空间和新兴技术发展的信任基础。各方围绕人工智能军事应用、人工智能伦理规范、人工智能治理原则等议题出台了一系列监管政策和立场文件，也认识到管控人工智能可能对国际战略稳定造成的冲击是重要的全球治理议题，但是从人工智能治理实践来看，由于大国之间的信任基础持续弱化，推动治理进程的意愿不足，对未来人工智能发展所带来的风险管控措施缺失。

一方面，大国之间在人工智能军事化应用、跨境数据传输、信息基础

---

①相关资料来源参见：联合国区域间犯罪和司法研究所网站：http://unicri. it/in_ focus/on/ UNICRI_ Cerntre_ Artificial_ Robotics；联合国教科文组织网站：http://zh. unesco. org/artificial-in-telligence/ethnic；国际电信联盟网站：http://itu. int/en/ITU-T/AI/Pages/default. aspx；联合国人权事务高级专员办事处：https://www. ohchr. org/CH/Issues/digitalage/pages/digitalageindex. aspx。

②小约瑟夫·奈、戴维·韦尔奇：《理解全球冲突与合作：理论与历史》，第 422-423 页。

③吴红、杜严勇：《人工智能伦理治理：从原则到行动》，载《自然辩证法研究》，2021（4）：49-54 页。

设施建设、网络空间治理等方面的治理主张有巨大差异。例如，印度不愿签署大阪 G20 协议，认为限制跨国数据传输可以支持其国内的创业生态系统，保护本国公民的隐私，印度的态度突显了其牵制西方科技巨头"数据殖民主义"的意图。欧盟法院限制数据从欧洲流向美国，原因是担心美国缺乏足够的隐私保护机制。① 中美之间则围绕 5G、数据等各方面爆发了全面冲突。在这种背景之下，没有大国之间的协调合作，全球难以建立有效的人工智能治理体系。

另一方面，人工智能仍处于快速发展阶段，大国凭借先发优势和实力基础，对其大力发展并在军事、情报等安全领域广泛应用，以期享有技术发展的红利。同时，在与核技术、生物技术等军民两用技术治理的对比中，人工智能所带来的大规模破坏性在现阶段并不明显，因此大国限制这一技术发展和扩散的意愿不强。例如，美国的一贯做法是，只有技术造成的攻防平衡被打破，美国政策才会出现转变。以生物技术为例，生物技术被喻为"穷人的核武器"，随着制造生物武器的成本和复杂性降低，美国意识到光靠自己的威慑可能无法保证自身的充分安全。为建立反对生物武器的全球规范和军备控制框架，美国曾宣布放弃开发生物武器。但是在人工智能技术领域，要推动大国做出治理的承诺容易，但是采取真正的实际限制性举措很难。

在人工智能治理进程中，各类行为主体的利益诉求不同，造成了治理进程无法满足现实的需求。即使上文提出的基于伦理准则的软法也仍然缺乏配套的落地机制，面临执行困难的问题。

一是大国的推进动力不强。主要大国是人工智能全球治理的主导力量，在不同领域治理态势的竞争态势激化，势必会进一步加剧人工智能全球治理进程的推进难度。大国合作意愿不高加大了人工智能治理规则的推进难度，面临激烈的大国竞争压力，各大国似乎都不可避免地要研发军用人工智能。面对其带来的巨大战略收益预期，大国也不可能真正放弃发展

---

① Global Data Governance: Concepts, Obstacles, and Prospects, December 2019, (2021-01-05), https://www.newamerica.org/cybersecurity-initiative/reports/global-data-governance/。

和掌握人工智能军事化应用的努力，就目前看，仅仅依靠所谓"国家理性控制和道德约束"来限制人工智能军事化发展的前景不容乐观。特别是部分西方发达国家并不想通过约束性的治理机制限制本国的技术发展，而发展中国家在人工智能治理中的话语权较弱。可以看到，目前主流的人工智能治理理念、研究机构都来自技术强国或大国，这就导致对于一些相关议题的讨论始终无法取得实质性进展。傅莹提出，人工智能武器化是不可避免的，较为可行的做法是要求人工智能武器化发展符合国际法规范。[①] 尽管联合国一直在就相关议题进行讨论磋商，但在短期内很难对军用人工智能实行国际禁令或其他法规。[②] 因此技术上的不确定性和对于规则可能限制自身发展的担忧阻碍了各国在对话和谈判中作出让步。

随着西方"逆全球化"倾向持续演化和升级，大国间相互指责加剧，都在质疑对方实行"技术民族主义""贸易保护主义""技术国家主义"。同时，有的国家认为，确保技术安全和供应链安全是国家安全的重要方面，因此，人工智能治理老问题难以缓解，又涌现出更多的新矛盾。国际体系中主要战略力量针对数字主权的意识不断强化。欧盟接连发布一系列数字领域战略文件，推进实施新的数字化转型战略，强化争夺未来技术主权的战略意图显露无遗。欧盟委员会主席冯德莱恩（Von Der Leyen）认为"在一些关键技术领域实现技术主权还为时不晚"。[③] 西方发达国家从战略高度看待数字领域发展，加剧了竞争程度，降低了谈判和对话的回旋余地，技术领域的压力正在向安全等其他领域传导。科技发展利益目标与国家的整体战略密不可分，围绕人工智能等新技术标准和技术创新的竞争趋于白热化，地缘政治因素在新兴技术治理中的作用急剧扩大。这些竞争压力不可避免地传导转化为新兴技术治理的阻力。

二是治理主体多元，治理内容庞杂。人工智能的多重属性意味着其治

---

①傅莹：《人工智能与国际安全治理路径探讨》，载《人民论坛》，2020（12）：6-7 页。

②Forrest E. Morgan, Benjamin Boudreaux, Andrew Lohn, et al：Military Applications of Artificial Intelligence：Ethical Concerns in an Uncertain World"，March 2020，（2021-03-04），https：//www. rand. org/content/dam/rand/pubs/research_ reports/RR3100/RR3139-1/RAND_ RR3139-1. pdf。

③Ursula von der Leyen：Union that strives for more：My agenda for Europe，（2020-07-18），https：//ec. europa. eu/commission/sites/beta-political/files/political-guidelines-next-commission_ en. pdf。

理过程是复杂且多元的，人工智能的治理主体涵盖国家政府、政府间国际组织、科技企业、技术社群、公民社会等不同来源。涉及政府、企业、科学家、个人等多元化治理主体，各类主体都在积极发声，提出基于自身理解的治理理念，不同主体的价值立场、利益诉求和政策主张都有所不同，多元主体利益诉求的差异化反映在治理机制中产生了对于技术治理理念、技术规制路径的冲突。作为治理客体的人工智能技术本身也处于动态变化之中，相关概念涉及数据隐私、数据安全、算法偏见等不同维度的议题，而且仍在不断衍生出面部识别、自主武器系统、智能算法操控等新的治理议题，这些议题相互交织、相互渗透，反衬出人工智能治理议题的复杂性。在广泛且复杂的治理议题中，参与讨论的多元化主体出于不同的利益诉求，无论是传统领域的新议题和新的治理领域都面临着较大的推进阻力。

人工智能全球治理机制是各国协同开展人工智能治理的合作治理理念的产物，因此人工智能治理带有较强的主观色彩和国家之间的差异性。[1]人工智能治理理念存在深层次差异，人工智能通常涉及各类议题，其不兼容性和差异性涉及网络空间治理、数据治理、数据安全保障、跨境数据流动监管等一系列议题，这些议题影响着人工智能相关治理问题，因此这种治理主张的冲突性也体现在与人工智能相关的多个维度。不同层面的冲突相互重叠交叉，呈现出多维度差异化，能否找准切入点，突破差异化，建立包容性和共识性的治理规则是人工智能全球治理的努力方向和难点。

在网络空间治理方面，联合国信息安全政府专家组（UN GGE）和联合国信息安全开放式工作组（OEWG）双进程的推进进程虽然顺利告一段落。但是美国等西方发达国家在当前网络空间治理秩序中仍占据优势地位，主张网络空间为"全球公域"理念，强调技术发展和效率的重要性，宣扬"互联网自由"论调，为维持网络霸权，反对在网络空间中行使主权。而大多数发展中国家出于自身国家利益，则主张对网络实行一定的监

---

①陈伟光、袁静：《人工智能全球治理：基于治理主体、结构和机制的分析》，载《国际观察》，2018（4）：32页。

管，强调国家的网络主权，注重发挥新兴技术在国家治理、维护社会稳定中的作用。

在数据安全和跨境数据流动方面，金砖国家与西方世界在数字经济和数据治理方面存在巨大的政策分歧，西方国家内部的数据保护政策理念也大相径庭。美国与欧盟、澳大利亚、新西兰和加拿大等地区和国家在跨境数据流动规则方面存在不同意见。[①] 美国倡导较低保护水平的数据跨境流动机制，意图凭借科技企业的市场优势，实现数据向美国企业及美国本国集中，并且通过外资审查、数据监管、供应链安全保护等各类举措防止数据流向"敌对"国家。欧盟致力于打通成员国之间的数据壁垒的同时，设定了严苛的数据跨境流动门槛。[②] 2020 年 8 月，欧洲法院判定欧美达成的用于跨大西洋个人数据传输的"隐私盾"协议无效，美欧之间关于数据安全存在的矛盾尚未缓解。在此背景下，越来越多的国家推行数据本地化政策，本身是在对于数据治理无法达成一致共识的情况下实行的保守政策，但过于严格的数据本地化政策提升了数据跨境流动的成本，对一国数字经济发展带来负面影响，反过来增大了建立全球数据治理规范的难度。

在数据治理方面，有学者认为美国、中国、欧盟存在三种截然不同的模式，美国强调企业对于数据的控制，中国强调政府对数据的控制，欧盟则是赞成在基本权利和价值观的基础上由个人控制数据。[③] 针对数据资源的治理冲突，也是主要大国围绕技术竞争而造成的地缘政治竞争的表现。各国纷纷收紧数据监管措施，特别是对于涉及国家安全的敏感数据是被限制跨境流动的焦点，目前针对哪些数据可以共享而哪些数据不可以共享，仍存在不同意见，限制重要数据跨境流动是应对数据安全风险的防御性举措。

---

①毛维准、刘一燊：《数据民族主义：驱动逻辑与政策影响》，载《国际展望》，2020（3）：21-42 页。

②洪延青：《数据竞争的美欧战略立场及中国因应——基于国内立法与经贸协定谈判双重视角》，载《国际法研究》，2021（6）：70-74 页。

③United Nations Conference on Trade and Development：Digital Economy Report 2021—Cross-border data flows and development：For whom the data flow，August 2021，（2022-01-01），https：//unctad.org/system/files/official-document/der2021_en.pdf。

在人工智能军事化应用方面，以美国、俄罗斯为代表的军事强国认为无人化作战系统能够降低军事行动的残酷性，在反恐等特殊领域有着重要作用，都将智能化军事应用作为军事力量的重点发展方向。在提交给联合国"致命性自主武器系统问题政府专家组"会议的立场文件中，美国认为"新兴技术可以降低平民伤亡风险的能力"[1]，主张鼓励相关先进武器系统方面的技术创新。欧盟以及多数发展中国家明确支持人工智能非军事化，欧盟主要是出于引领人工智能军事化应用规则的考量，以及对俄罗斯的牵制，避免未来成为智能化武器的打击目标的考虑，广大发展中国家则不希望拉大与军事大国之间的差距。

三是现有的治理机制效用不足。虽然治理主体多元化是全球治理的重要特征，非国家行为体、私营部门等都是不可或缺的主体，人工智能全球治理依赖于各方的共同参与。在缺乏合作意愿与大国力推的情况下，人工智能现有治理机制的实际成效不够彰显。大国权力政治的映射导致现有人工智能治理机制效用不足，新兴技术治理的主导权实际上长期处于以美国为主的西方国家的控制之下。美国等西方发达国家注重知识产权保护、网络攻防等问题，而发展中国家则关注技术获取、使用成本、数字鸿沟等问题。人工智能时代，数据的多寡、质量以及对数据的处理和使用能力等，都是财富和权力的重要来源，少部分数据拥有者和大部分数据贫乏者之间的鸿沟难以翻越，多数技术弱国及其企业、民众的利益难以得到保障，合法性不足也加深了各国对于人工智能全球治理机制效力的怀疑。

第四节　人工智能治理与大国竞合态势

目前各国推出的治理理念是依据自身技术的发展阶段，参照本国的价值观、文化传统、社会伦理来制定的，尽管仅仅依靠一种人工智能伦理标

---

[1] 徐能武、葛鸿昌：《致命性自主武器系统及军控思考》，载《现代国际关系》，2018（7）：50 页。

准很难为各国人工智能发展提供指导，但是各国自行制定的人工智能监管标准实际正在成为潜在的技术隔阂和贸易壁垒，如果能够进行国际合作，则有利于克服狭隘的保护主义风险。

一、治理理念表面上的趋同

随着大量人工智能治理规范、准则的出台，各方机构相互借鉴并逐步走向共识，一些共通性的治理理念在广泛范围内取得了共识。根据哈佛大学的一项研究对近年来政府、国际组织、企业以及利益相关方发布人工智能技术治理原则和倡议文件进行梳理，综合分析后认为，当前各方涉及理念集中于八大类，分别是隐私、负责任、安全、透明化和可解释、公正和非歧视、人类可控、专业责任、促进人类价值。[1] 安娜·乔宾（Anna Jobin）等针对发布的各类人工智能道德伦理文件进行了对比研究，通过编码分析 84 份人工智能伦理准则和指南文件，发现透明度、正义和公平、不伤害、责任以及隐私是各类人工智能治理文件最为关注的五项准则。[2] 虽然这些具有一定共识性的治理理念并不能完全覆盖人工智能面临的所有治理需求，性别平等、技术滥用规制、可持续发展以及对于通用人工智能的关注等内容在当前人工智能治理中仍有缺失，[3] 但这些初步共识已经在主要国家发布的人工智能治理理念中均有不同程度的体现，反映了各国针对人工智能等新兴技术发展治理的共同价值和诉求。

聚焦国家层面的人工智能治理实践，中美欧的治理模式是最具代表性和拥有较大影响力的治理路径，因此也最受各方关注。三方在人工智能治理理念层面的共识基础在不断扩大。在治理愿景上，欧盟和美国均提出

---

[1] Jessica Fjeld et al: Principled Artificial Intelligence: Mapping Consensus in Ethical and Rights-based Approaches to Principles for AI", A Report of Berkman Clein Center for Internet & Society, 2020, (2020-08-20), https://cyber. harvard. edu/publication/2020/principled-ai。

[2] Anna Jobin, Marcello Ienca, Effy Vayena: The Global Landscape of AI Ethics Guidelines, *Nature Machine Intelligence*, 2019 (9): pp. 389-399。

[3] Thilo Hagendorff: The Ethics of AI Ethics: An Evaluation of Guidelines, *Minds and Machines*, 2020 (30): pp. 99-120；贾开、薛澜：《人工智能伦理问题与安全风险治理的全球比较与中国实践》，载《公共管理评论》，2021（1）：128 页。

"可信赖人工智能"的概念，美国认为人工智能系统必须是"值得信赖的"，应促进可靠、强大的和值得信赖的人工智能应用来促进公众对人工智能技术的信任，① 欧盟将"以人为本"作为人工智能治理的核心理念。中国提出了"发展负责任的人工智能"理念，确保人工智能安全可靠可控，推动经济、社会及生态可持续发展。因此，在治理的总体方向上具有趋同性。

在伦理准则上，福祉、安全、透明、隐私等关键词是各国共同关注的重点。中国新一代人工智能治理专业委员会提出了增进人类福祉、促进公平公正、保护隐私安全、确保可控可信、强化责任担当、提升伦理素养等6 项人工智能伦理规范，进一步细化了在伦理规范不同方面的具体化要求。欧盟高级人工智能专家组对欧盟"可信赖的人工智能"发展提出 7 项关键要求，分别是人类能动性与监督，技术鲁棒性，隐私与数据治理，透明，多样化、非歧视，社会及环境福祉，问责。欧盟认为，要以欧盟宪法和人权宪章中对人类的基本权利承诺作为基石，确认抽象的伦理准则，在人工智能背景下将伦理、价值观具体化。2020 年 12 月，特朗普政府在《关于在联邦政府中推广可信赖人工智能的行政命令》中提出联邦政府在设计、开发、获取和使用人工智能技术时，必须保护隐私、公民权利、自由和美国价值观，该行政令提出了 9 项基本原则，包括充分尊重美国价值观；目标明确，绩效驱动；确保人工智能应用是准确、可靠和有效的；确保人工智能应用的安全性和弹性；确保其人工智能应用的运行能够被理解；确保在人工智能的设计、开发、获取和使用过程中，明确定义、理解并适当分配人员的角色和责任；确保定期按照这些原则对人工智能进行测试；透明地将其使用人工智能的相关信息披露给适当的利益相关者；加强问责。②

治理理念上的共通性也反映在国际层面的治理规则上，如"负责任"

---

① U. S. Office of Management and Budget, Executive Office of the President: Guidance for Regulation of Artificial Intelligence Applications, November 2020。

② The White House: Executive Order on Promoting the Use of Trustworthy Artificial Intelligence in the Federal Government, December 2020, (2022-02-25), https://trumpwhitehouse. archives. gov/presidential-actions/executive-order-promoting-use-trustworthy-artificial-intelligence-federal-government/。

"可信赖""以人为本"等理念已经上升为人工智能治理的国际共识。2019年6月,G20发布了《负责任地管理可信赖人工智能原则》即包括有类似内容。自2019年11月起,联合国教科文组织启动制定一份全球性人工智能规范性文件(global normative instrument),2020年3月,其任命了24位来自全球的人工智能专家组成的特设专家组起草了文本草案,在广泛征求利益相关方和各成员国政府意见基础上,进行了闭门会议和多轮研讨,于2021年11月第四十一届会议正式通过了《人工智能伦理建议书》(*Recommendation on the Ethnics of Artificial Intelligence*),旨在为贯穿人工智能系统生命期的伦理影响评估奠定基础,为所有人工智能行为者提供伦理指南,引导人工智能技术向着负责任的方向发展。[①] 但也需看到,G20所发布的人工智能原则文件是以经合组织此前发布的人工智能原则为蓝本,其背后还是以西方国家人工智能理念为基础形成的,而联合国教科文组织所形成的人工智能伦理建议内容更加丰富多元,尽管发达国家和发展中国家话语权仍不均衡,但显然具有更广泛的代表性,融入了更多发展中国家的声音。这也表明人工智能治理理念的共识性在不断扩大。

二、治理路径深层次的差异

虽然多数国家在人工智能的发展愿景和规范准则上存在共识,但在具体应用场景的监管导向和规制上,都有各自框架、标准和治理方式,其背后反映了文化多样性和不同价值观之间的差异。背后深层次的考量是各国对人工智能技术巨大发展前景的不同认知,极力避免由他国主导治理,这也造成了表面上趋同的治理理念在走向治理实践的过程中,不同治理路径却出现背离,各方都在推动本国治理规范上升为国际普遍认可的治理方式。同时在技术高速发展过程中,对于吸收他国治理理念转化为本国实践保持克制。目前,在人工智能治理中存在中美欧三种不同的治理路径,在现阶段主要大国达成一致共识的基础还不存在,各种路径之间的治理差异

---

①UNESCO:Recommendation on the ethics of artificial intelligence, November 2021, (2021-11-26), https://en. unesco. org/artificial-intelligence/ethics#recommendation。

明显。

首先，在治理导向上，各方持有各自不同的规制导向。欧盟遵循强监管模式，通过软硬法并施的方式管控人工智能应用可能带来的风险，已经提出了专门监管人工智能的法律提案，推动形成体系化的治理方式。欧盟已经将规范准则作为把握人工智能发展机遇的切入点和突破口，希望在制定人工智能国际伦理准则以及相应评估机制的制定过程中发挥主导作用。[①] 美国则坚持市场化治理方式，尚未从国家层面制定人工智能治理原则和伦理准则，目前只是在国防部、情报机构等部门层面发布了治理原则，联邦贸易委员会提出了促进人工智能技术透明、可解释和公平发展的政策建议[②]，此外更多依靠科研机构、科技企业等私营部门制定人工智能道德规范，鼓励形成自我约束机制。中国统筹发展和安全，推动人工智能技术产业创新发展的同时针对现阶段人工智能带来的安全风险制定了场景化的政策法规和规范性文件，保持了技术发展和保障安全之间的平衡。

其次，在监管方式上，各方基于自身优势在权衡技术发展收益和成本之间的考量不同。美国在人工智能监管层面采用缓慢且分散的模式，目前对于人工智能规制法规还停留在州一级，联邦政府层级仅仅由个别部门发布了框架或者原则。[③] 依托自身在技术研发和产业发展的领先优势，推行较为宽松的监管态度，避免过早过严的监管政策扼杀了技术创新。欧盟则在技术应用的监管方面引领全球风向，其中主要考量也是在中美技术实力占优的情况，希望通过治理规则提升自身的话语权。其他大国多是基于美式"宽松型"的轻监管治理模式和欧盟的"严管型"的重监管模式之间，根据自身国家发展和安全的战略目标，提出符合本国发展的治理主张。欧盟对于人工智能监管针对的是事前损害的监督和预防，因此欧洲特别制定

---

①殷佳章、房乐宪：《欧盟人工智能战略框架下的伦理准则及其国际含义》，载《国际论坛》，2020（2）：28页。

②Andrew Smith：Using Artificial Intelligence and Algorithms，April 2020，（2022-02-25），https：//www. ftc. gov/news - events/blogs/business - blog/2020/04/using - artificial - intelligence - algorithms。

③Meredith Broadbent：AI Regulation：Europe's Latest Proposal is a Wake-Up Call for the United States，May 2021，（2022-02-25），https：//www. csis. org/analysis/ai-regulation-europes-latest-proposal-wake-call-united-states。

了可信人工智能的评估机制，提供了可信人工智能的评估清单，推动相关治理原则落地实施。美国与欧盟、日本等核心盟友之间也面临治理中的理念冲突，在治理力度和理念存在落差，美国和日本对于人工智能发展持有包容和开放的态度，倾向于遵循"无须批准式"的监管逻辑，而英法等欧洲国家更加偏向于"审慎监管"的政策逻辑。① 因此美国模式优先考虑的是首先使用人工智能系统，如果在部署后检测到歧视性使用，则应用事后响应机制，并根据具体情况进行处理。中国的治理方式介于美欧之间，主张采取综合性的敏捷治理方式，动态跟踪关注技术发展现状，鼓励技术创新，及时发现安全风险进行有效监管，推动人工智能技术规范健康发展。

再次，在治理思路上，关注点的不同体现了各国在文化观念上的差异性。中美欧不同的文化习惯、宗教信仰导致对人工智能应用伦理上的具体要求存在差异，对以什么样的标准来落实伦理要求也缺乏共识。② 欧盟制定的人工智能准则以个人权利为基础，持有一种相对悲观的基调，主要目标是保护公民个人免受伤害，因此治理思路上是为人工智能使用设定限制，保证技术发展不会以损害某些人的利益为代价，特别是保护弱势群体和特定人群的权益。中国的治理思路基于目标导向的视角，更加强调促进良好的行为，对于技术发展前景表现出积极乐观的态度。③ 美国在治理思路上与中国较为接近，基于自身在技术创新上的优势地位，在大力促进技术发展的同时兼顾安全治理的实际需求。

最后，在治理重点上，各方背后的逻辑也有所不同。美国倾向于国家安全的逻辑，提出鼓励人工智能领域的创新和增长，要求减少人工智能开发和应用中的障碍，并且保护美国的技术、经济、国家安全、隐私、公民权利和其他美国价值观。因此，与欧盟和中国提出普世性伦理要求相比，

①贾开、蒋余浩：《人工智能治理的三个基本问题：技术逻辑、风险挑战与公共政策选择》，载《中国行政管理》，2017（10）：40-45 页。
②宋黎磊、戴淑婷：《中美欧人工智能治理领域的竞争与合作》，载《当代中国与世界》，2021（4）：66 页。
③Pascale Fung, Hubert Etienne：《第四次工业革命：中国和欧洲能否在人工智能伦理方面找到共同点？》，2021 年 12 月，（2022-02-25），https://cn.weforum.org/agenda/2021/12/zhong-guo-he-ou-zhou-neng-fou-zai-ren-gong-zhi-neng-lun-li-fang-mian-zhao-dao-gong-tong-dian/。

美国强调人工智能要维护美国核心价值，实质上是将美国价值观视为美国优势地位的支柱之一。此外，虽然缺少来自国家层面的人工智能规范标准，但美国国防部、情报界单独发布的人工智能伦理原则或框架，将国防和情报视为取得人工智能领先地位的领域，而且美国人工智能国家安全委员会发布的历次报告都呼吁应针对人工智能在国家安全领域的创新应用作好准备。而相比而言，欧盟和中国则专注于在经济福利领域创造一个可信赖的人工智能和社会凝聚力，因此更加重视技术发展的正义性和公平性，强调要促进人工智能发展不断增进社会福祉。欧盟采用了基于风险的方式对人工智能应用进行分级规制，对于"高风险"的人工智能系统实施事前监管程度。中国针对人工智能在不同场景中可能带来的风险进行了有针对性的监管。

三、治理冲突与大国竞合

主要大国围绕人工智能治理规则的博弈正在成为争夺国际影响力的重要方面，不同的治理主张深植于不同的文化和价值观理念。大国在人工智能治理上的多维度深层次差异可能进一步发展成为治理层面的冲突。鉴于上述对人工智能对抗和合作场景的预测分析，规避人工智能引发大国间冲突升级的首要任务是针对人工智能在国家安全和军事领域应用的规范准则取得广泛的共识，为防止大国冲突画出红线和禁区。

（1）不成熟人工智能技术的过快落地应用可能成为引发大国冲突的风险来源。速度优势是当前大国在人工智能竞争中的主要关切，率先在技术研发或应用上取得突破，有利于获取更大的发展优势。在大国竞争压力下，大国的反应时间更短，大国可能将不成熟的人工智能技术应用到现实之中。在许多技术、法律和伦理问题尚未得到妥善解决时，这种盲目性很可能带来极大的安全风险。

人工智能治理进度严重滞后于发展进度，而且各界对于大国达成人工智能治理共识的可能性普遍持消极态度。有专家提出，当前主要大国没有浪费时间去和联合国等国际组织讨论人工智能的风险抑或是共同制定政策，而是优先发展国内的产业。但是也有观点认为，从当前人工智能军事化的发展水平来看，目前还没有到军备竞赛的程度，今天的竞争更像是一场实验竞赛。虽然人工智能对军事领域产生的颠覆式影响的路径尚不明朗，但在海量情报数据的分析处理、作战决策支撑、无人机等特定领域已经超越传统人力，显现出巨大的发展潜力。各大国竞相制定相关战略和政策，将军事领域应用作为人工智能发展的重点方向，拥有高科技军事力量的国家正在研发能减少人类直接参与的自主作战武器系统。在这种情况下大多数国家将别无选择，如果不实现高水平的自主程度，就有可能面临被拥有"机器速度"的对手打败的危险。人工智能的广泛采用可能会加快军事行动的步伐，使战争超出人类的控制范围，而追求人工智能发展的努力则有可能在人工智能安全中"竞相撞倒"，打破传统的战略平衡。

全球性规则的缺失在一定程度上可能导致大国围绕人工智能发展的无序竞争，激烈的国际竞争可能会导致人工智能技术在伦理、安全等重要方面得不到保证的情况下飞速发展。越来越多的专家认为，人类必须在人工智能军事系统中保持积极控制、随时干预的角色。人工智能威胁所引发的挑战的复杂性超越了传统安全的概念，有机构的调查显示，人们普遍对未来人工智能技术的道德及安全风险表示担忧，一方面，大型企业利用人工智能技术追求利润最大化，忽视了设置人工智能道德规范来为公共利益服务；另一方面，大国之间的技术军备竞赛掩盖了对于技术道德的担忧，各国以不同的方式定义人工智能技术的道德伦理，其背后真正的动力是推动技术的发展，道德标准只是次要目标。[①]

有研究提出，如果大国为了获取先人一步的领先优势而在技术应用中"偷工减料"可能造成灾难性的后果，因为如果将速度置于安全、监督之

[①]Experts Doubt Ethical AI Design Will Be Broadly Adopted as the Norm Within the Next Decade, Pew Research Center, June 16, 2021, (2022-01-05), https：//www. pewresearch. org/internet/2021/06/16/experts-doubt-ethical-ai-design-will-be-broadly-adopted-as-the-norm-within-the-next-decade/#：~：text=Experts%20Doubt%20Ethical%20AI%20Design%20Will%20Be%20Broadly, cite%20the%20difficulty%20of%20achieving%20consensus%20about%20ethics。

上，将会引发一场危险的"逐底竞争"，① 这种观点引发了对于不计后果地加速人工智能等新兴技术应用可能带来威胁的广泛担忧。有学者提出，大国之间人工智能军备竞赛并不是人工智能技术发展带来的主要危险，真正的风险可能是由于国家担心在技术竞争中落后而冒险部署不安全的人工智能系统，对抗中的国家为了赢得优势都选择铤而走险。因此风险不在于技术，而恰恰在于人类本身的选择。② 人工智能的快速扩散将带来极大的不确定性和脆弱性，如果得不到有效控制，可能会成为大国战略竞争的潜在风险来源。因此，人工智能的颠覆性影响很可能与历史上的军事变革带来的风险相似，通过放大现有威胁带来的不确定性、改变威胁的性质和特点、引入新的安全威胁等路径冲击国际战略稳定。③

（2）人工智能造成大国对抗中的误判，增强冲突升级的可能性。人工智能的实际应用情况要么难以核查、要么处于"灰色地带"，难以依靠现有的传统治理机制进行规制。由于大国竞相发展人工智能并广泛应用于战略决策，很难制约其被应用于对抗场景之中。而在缺乏有效规制标准的情况下，人工智能技术将提高无意间加剧危机升级的可能性。

人工智能在商用或者民用领域的应用场景相对单一，并不存在战争中的对抗性，因为商用人工智能系统只是面对消费者，科技公司在技术研发和应用中拥有绝对的信息优势，但是战争是国家间的对抗，可能会出现各类欺骗行为。商用及民用领域许多人工智能在创建之初并没有考虑故意欺骗的问题，但战争场景则是相反的。具体而言，核战争决策与规划驾驶路线、协助安排日程等日常智能决策有着天壤之别。相比之下，战争场景具有天然的对抗性，有着各种办法破坏人工智能系统，这与商用领域人工智能应用场景有着巨大差异。敌我双方的人工智能系统在对抗场景下的快速交互过程中加剧了出现误判的概率，从而使引发非预期事故的可能大大增

---

①Natasha Bajema：AI's 6 Worst-Case Scenarios，*IEEE Spectrum*，January 3，2022，（2022-01-25），https：//spectrum. ieee. org/ai-worst-case-scenarios。

②Paul Scharre：Killer Apps：The Real Dangers of an AI Arms Race，*Foreign Affairs*，May/June 2019，98（3）：pp. 135。

③James Johnson：Artificial Intelligence & Future Warfare：Implication for International Security，*Defense & Security Analysis*，2019，35（2）：pp. 159-160。

加。目前针对非预期事故发生和升级的预防机制还有待建立。

19 世纪末，西方几个大国曾签署了一份国际条约，禁止使用装有武器的飞机，但它们很快就放弃了自我约束，于是在第一次世界大战期间爆发了空战。人工智能的不确定性可能带来战争决策的误判，导致小规模冲突不断升级，甚至最终走向失控。这种不确定性可能来自人工智能本身的算法或者数据所存在的偏差，也有可能来自黑客、信息攻击和数据伪造等敌方有意行为的结果。由于传统威慑理论主要研究是基于对对手的了解，而在人工智能应用驱动的人机混合时代中，威慑涉及许多其他方面的因素，因此这种人机交互的复杂性可能会导致误解、误判和错误计算。

在这种情况下，战略上的误判可能在无意间引发危机升级。风险的高发期容易出现在人工智能形成新的能力初期。有学者提出，人工智能控制的核武器系统在运行速度、数据偏见、系统脆弱性、决策偏差等四个方面加剧了战略平衡的不稳定性。① 它们的脆弱性意味着环境或它们使用的数据的细微变化可能会极大地改变其性能。尽管先进的自主防御武器系统会有效抵御此类攻击，但是也能增强攻击一方的非对称性优势。在当前的地缘政治背景下，人工智能技术本身短期内很难成为使用核武器的决定性导火索。在引发危机或冲突升级方面，地缘政治紧张、缺乏沟通和意图信号不充分等变量的作用与人工智能技术同等重要，甚至更大。但是，人工智能和自主作战系统可能会导致冲突的意外升级和不稳定性危机。人工智能和自主作战系统也有可能降低对手之间的战略稳定性，并在降低军事人员风险的同时，提高使用武力的可能性。此外，人工智能技术越来越多地应用于军事、安全领域，自主武器系统的攻防界限更为模糊，可能引发误判。随着智能化系统的决策时间大幅缩短，为避免陷入被动局面，对手意图不明显、交互规则不确定等因素导致决策者的"时间窗口"进一步缩小，在快速变化的战场条件下，可能倾向于率先发动反击来赢得先机。机器的速度能更快带来更大的先发制人的优势，导致战争逐渐升级的风险大

①James Johnson：Artificial Intelligence in Nuclear Warfare：A Perfect Storm of Instability？，*The Washington Quarterly*，2020，43（2）：pp. 197-211。

大增加。

（3）人工智能治理冲突可能进一步加剧大国间阵营化对立。随着人工智能技术渗透到大国关系的重点领域中，如果大国在人工智能治理中不合作态势持续，人工智能技术本身的"黑箱"性将可能被放大，政治上的相互隔离降低了相互之间开展合作的可能性，会进一步增加不同国家阵营之间的对抗性。

由于目前尚无有效的国际治理规则和标准对于人工智能安全进行规制，虽然有关治理的对话始终在进行，但是实际上，大国还是依据自身的价值观和伦理标准进行人工智能研发和治理。可以看到，治理理念上的趋同并不能掩盖各国在理念路径上的深层次差异，这将对国际战略稳定带来潜在的威胁，人工智能竞争有可能转为地缘政治风险。与传统的工业时代生产技术不同的是，人工智能技术发展本身附带着相当强烈的"技术不可预测性"和"压倒性永久领先"的逻辑假设。[1] 人工智能技术应用于军事能够有效减少军事人员伤亡，降低了战争的成本，从而降低国家战争行为的门槛，促使武力在地区冲突中的吸引力增加，这会反过来促进人工智能武器系统的扩散，加剧各国军备竞赛。[2] 同时，大国也可能面临来自各类非国家行为体的安全挑战。例如，人工智能用于网络攻击可能会给非国家行为体带来非对称性的优势，黑客可以通过逆向破解人工智能软件，在算法模型文件中植入恶意代码来污染开源软件的供应链，还可以通过重置模块后门，在保持人工智能模型正常功能影响较小的同时，实现预设后门的目标。

出于人工智能技术带来不确定性的担忧，大国会更加谨慎地对待其在国家安全关键领域中的运用，在安全利益和经济利益发生冲突时，大国只能倾向于以安全利益为首要关切，选择与政治上具有互信基础的国家进行

---

①余南平：《人工智能革命背景下的大国博弈——以全球价值链的结构变化为分析视角》，载《国际关系研究》，2020（1）：3-25页。

②有一些反对的声音认为人工智能军备竞赛风险仍然存在，但过度宣扬危险和担忧言过其实。各国军方对人工智能的追求，与其说是激烈的军备竞赛，不如说更像是对新技术的例行采用，人工智能军事化发展的颠覆性影响显现尚需时日，正如此前的对计算机、网络和其他信息技术采用的数十年的探索和延续。

合作。政治上的隔阂进一步被相互不兼容的技术标准放大和固化。在此过程中，中美两国将在主导性的技术标准上展开竞争，并在数字世界的不同阵营中发挥着领导作用。[①] 由此推论，未来可能出现的一种情形是：由于技术强国在人工智能领域的持久优势，其他国家为获取技术发展带来的红利只能加入价值观相近的阵营中，而难以采取中立的立场而在两个阵营之间保持平衡。由于阵营之间可能被不同技术规范、安全标准等组成的"数字铁幕"所分割，两个阵营之间的冲突性将大大增强。

在相互依赖且相互连接的全球化浪潮中，国家之间的互动关系很难用某一种单一状态进行界定，大国关系的复杂性体现在既有冲突，也有合作。在人工智能未来可能引发全球治理失序面前，拥有人工智能技术优势的发达国家和人工智能技术落后的发展中国家之间的命运是紧密联系在一起的。[②] 在这方面，中国提出的人类命运共同体理念具有较强的参考和借鉴意见，不仅符合人类共同发展的内在逻辑，同时也为破解全球人工智能发展现实困局提供了可行路径。[③] 人工智能带来的全球性挑战，人工智能的治理需要最大程度关注和规避可能引发的大国间对抗，技术强国特别是霸权国在追求自身发展的同时也要兼顾他国利益，推进人工智能技术应用中考虑到他国的安全关切。因此应开展有广泛代表性的全球对话以明确国家在人工智能时代的行为准则，积极加强国际合作推动人工智能技术发展普惠造福全人类。这也需要借助"共同安全"的理念，制定人工智能国际治理框架，根据不同的风险类型和优先次序，提前应对风险挑战。以人类命运共同体理念为指导，推动人类社会与人工智能技术的和谐发展、安全发展。

---

① Stephen Walt：The Ukraine War Doesn't Change Everything, *Foreign Policy*, April 13, 2022.

② 陈鹏：《人工智能时代的全球治理——基于构建人类命运共同体的视角》，载《观察与思考》，2021（9）：83 页。

③ 张东冬：《人类命运共同体理念下的全球人工智能治理：现实困局与中国方案》，载《社会主义研究》，2021（6）：169 页。

本章小结

本章重点对人工智能对抗和合作场景进行梳理，为人工智能治理的重点领域和方向提供借鉴。从人工智能的四类对抗场景入手，分析发现这些不断出现的新型对抗场景对国际社会中关于人工智能治理的能力提出了严峻挑战。同时，也需要看到人工智能能够为应对全球性危机和挑战提供具有巨大潜力的手段，这既是由于人工智能技术发展本身的挑战性所决定，也是全球性议题需要全球性努力的本质要求。人工智能基础理论研究和技术研发需要各国科学界和产业界在开放的环境中加强合作，在生命科学研究、气候变化应对策略方面，人工智能从宏观预判、监测预警等领域都有着广阔的应用前景，弥合数字鸿沟和助力数字减贫是推动人工智能技术在可持续性发展中发挥更多作用的必要条件。

然而，同其他新兴技术治理一样，人工智能治理存在着治理机制分散、治理体系多元、治理进程滞后、治理的困难程度较高、复杂性和敏感性也更甚于其他领域等问题，在理论层面尚未形成有效的界定。同时，作为新兴技术国际治理的主体，目前主要大国出于自身利益考虑，推进治理进程的动力不强，现有治理平台效用不足，同时人工智能相关治理议题较为庞杂，在缺乏主要大国参与的综合性治理框架的情况下，大国之间针对技术发展主导权的争夺将进一步加剧。在大国竞争回归的国际大环境下，国家对技术的关注点从发展逐步转变为更加关注安全风险。现实权力政治的争夺在人工智能治理进程的进一步投射，治理领域的竞争导致规则规范的不同、相互冲突的标准以至于形成各自不兼容的治理孤岛，这些因素都将造成大国博弈色彩更加浓厚。

不同于基于社会共识的传统立法方式，人工智能的快速发展已经暴露了各国相关立法实践落后的现实——始终无法跟上治理的现实需求。人工智能快速应用所带来的风险外溢甚至是各类对抗场景的显现，这些对抗场景所引发的新的风险往往不能由传统的治理机制所覆盖。这种风险与管控的不匹配使国际社会已经认识到人工智能治理问题的重要性和紧迫性，当前针对人工智能全球治理的呼声日益增多。但是由于技术强国重视部署人工智能发展，意图抢占技术发展先机，往往弱化对于人工智能治理和监管力度。大国是新兴技术治理过程中的重要力量，全球治理也是大国利益矛盾凸显的场所，人工智能等议题已经成为大国博弈的重点领域，大国围绕技术发展主导权的争夺反映在治理层面上。在这一过程中，大国围绕人工智能发展主导权和话语权的争夺与人工智能当前面临的治理困境密切相关，从某种意义上，大国竞争带来的国际政治影响既是治理冲突发生的原因，也是治理冲突的表现形式。当前大国之间的信任基础持续弱化，推动人工智能治理进程的意愿不足，对未来人工智能发展所带来的风险管控措施缺失，凸显了人工智能治理机制供给不足。

目前各国监管政策仅仅停留在原则性的宣示，治理规则的缺乏在一定程度上会加剧人工智能的无序发展。大国之间虽然实现了在治理理念上达成初步共识，但是在治理路径上存在深层次的差异。从人工智能治理对于大国竞合未来走势来看，治理规则的缺失和治理路径的冲突可能会加剧竞争而抑制合作。由于各国的治理规则主张深植于不同的文化和价值观理念，并出于维护自身国家核心利益的考量，多维度深层次的差异可能发展为治理层面的冲突。这种冲突性可能体现在三个方面：其一，不成熟技术的过快应用可能带来大国冲突风险，大国之间担心在竞争中落后而加快人工智能应用，可能放大技术自身的不确定性。其二，人工智能在战争决策中可能造成战略误判，从而提升了冲突升级的可能性。其三，治理冲突可能导致大国间阵营化对立，政治上的不信任进一步降低了阵营之间合作的可能，提高大国之间的对抗风险。因此人工智能时代的全球治理方向应借鉴人类命运共同体理念，加强国家间的交流合作，推动人工智能技术发展惠及全人类。

第六章

人工智能时代的大国竞争

本章尝试运用所构建的人工智能对于大国关系影响机制来分析人工智能发展与大国竞争特点及走势，在人工智能作为新兴技术变革对国际关系产生较大影响的过程中，大国之间战略竞争内涵及特点也在发生着深刻变化。本章基于前文提出的分析框架，分别从位势、规则、创新三个维度对比主要大国在人工智能发展中的优劣势，探讨人工智能技术在大国竞争中的角色和未来影响，提出中国应对人工智能时代大国竞争的对策思考。

第一节　人工智能视域下国际竞争态势

人工智能技术对国家实力赋能作用愈发显著，人工智能正在成为大国战略竞争的重要领域，各国围绕人工智能等前沿技术优势的争夺不断升温。数字技术能力以及相关国际规范的竞争逐步成为大国战略竞争的全新领域。① 就人工智能而言，中美两国是较为公认的全球领先的第一梯队，两国也最有潜力利用人工智能技术大幅提升国家实力，获取人工智能所带来的潜在优势。欧盟、日本、俄罗斯、英国等主要力量也希望通过人工智能技术赋能，以确保自身在国际竞争中的实力地位。因此，本文提出的人工智能时代大国关系的分析框架，为观察主要大国围绕新兴技术发展主导

---

①孙学峰：《数字技术竞争与东亚安全秩序》，载《国际安全研究》，2022 年（4）：8 页。

权的软实力竞争以及竞争趋势走向提供了一种解释视角。

在前文"三位一体"的分析框架中，美国凭借超强技术实力所构建的技术生态体系，已经成为人工智能时代各国促进发展和维护利益的基本背景。在这种背景下，主要大国对于避免核战争毁灭性后果存有基本共识，包括中美竞争在内的大国竞争并不会脱离相互依赖的全球化产业分工体系及贸易体系。基于大国竞争模式的转变以及对技术赋能下国家实力逐步拉大的预期，主要大国互动的焦点日益向以人工智能等新兴技术领域集中，这场以技术领域为核心的大国竞争正在具体呈现为位势之争、规则之争以及创新之争。

一、相互依赖中的位势之争

国际体系的相互依赖是国际竞争格局的大背景，人工智能技术的发展仍在加强各国间的相互依赖，人工智能技术所需要素的高门槛及技术复杂性决定任何一国难以独享技术红利，因此任何一国也无法完全摆脱全球技术生态体系而独立发展。人工智能的技术研发、学术交流、生态构建，都需要来自各国政府、科技企业以及公众共同参与推动。在此背景下，和平与发展仍是时代的主题，大国间大规模冲突可能性较小，但各国对安全的担忧在急剧上升。尤其是在人工智能领域中，高性能训练芯片等核心硬件的可替代性较低，各国普遍选择将其安全化，推动供应链区域化本地化发展，加剧了大国之间的安全竞赛。[①] 各国主动减低对外依赖的敏感性，提升技术领域的战略自主水平，或许并不意味着打破现有的全球技术生态体系；但是，目前针对技术脱钩的预期屡见于美国、欧盟、英国等诸多主要经济体战略政策主流研讨之中，这也表现在科技企业的兼并收购越来越困难，其背后不仅仅是经济利益或者是商业利益，而是国家安全和战略考量。近年来"科技民族主义"、贸易保护主义政策倾向显露，包括人工智能在内的前沿技术已经被大国用来作为地缘政治博弈的工具，其政策背后

---

①赵可金、郎昆：《中美竞争中的供应链安全研究》，载《东北亚论坛》，2022 年（2）：32-33 页。

的主要考量是利用人工智能领域全球技术生态提升本国的竞争力，同时降低对其他国家的依赖性。

因此，在某些意义上，当前全球范围内从制度层面的脱钩或者说产业链重组的出现，恶化了经贸领域全球治理进程，在互联网、大数据和人工智能等技术领域制造了制度分裂。① 有学者提出"人工智能民族主义"（AI Nationalism）概念，面对大国竞争压力的提升，主要国家开始实施保护主义的政策倾向，主要举措包括：向本国专注于机器学习的学术机构提供各类资金支持，通过投资、采购、补贴等形式支持本国领先科技企业，阻止外国公司收购和吸收本国的技术人才，制定法规和标准以促进技术符合自身的价值和利益取向。正因如此，有学者断言，美国国内针对谷歌和亚马逊的反垄断政策不会取得实质性进展，② 因其会损害美国自身的技术竞争力。

在主要大国之中，中美之间战略竞争态势被认为是人工智能领域未来发展中最为关键双边关系，是影响国际竞争格局的关键，美国战略研究者频繁呼吁美国政府应将中国作为人工智能领域"全方位的竞争对手"。从长期看，当前阶段中国是唯一有实力挑战美国人工智能技术优势的国家，有研究论证，在先进科学技术领域，双方合作意愿与相互之间的实力差距存在互动关系，两国的实力差距较大时，双方开展技术合作的意愿较强；反之，随着双方的竞争关系增强，合作意愿将随之降低。③ 美国对中国发起的技术围堵加大了全球技术产业体系的冲突和不确定性，目前欧洲、美洲、澳大利亚等地区和国家主要采取美国的技术标准，亚洲、非洲和中东地区则更多采用中国的技术和标准。④ 例如，在5G领域，如果延续这样的

① 王明国：《从制度竞争到制度脱钩——中美国际制度互动的演进逻辑》，载《世界政治与经济》，2020 年（10）：110 页。

② Ian Hogarth：AI Nationalism，June 2018，（2021-11-15）https：//www. ianhogarth. com/blog/2018/6/13/ai-nationalism。

③ Jonathan B. Tucker：Partners and Rivals：A Model of International Collaboration in Advanced Technology，*International Organization*，1991，Volume 45，Issue 1，pp. 83-120.

④ Ryan Hass，Zach Balin：US-China Relations in the Age of Artificial Intelligence，the Brookings Institution，January 2019，（2021-3-21）https：//www. brookings. edu/research/us-china-relations-in-the-age-of-artificial-intelligence/。

势头，则大概率可能出现相互不联通的两套技术系统，其中一个由美国硅谷的科技企业主导，另一个由中国的科技企业提供支持，[①] 技术标准的脱钩，通常也意味着市场发展的脱钩。当前中美两国都在寻求发展技术的本土能力并减少对外依赖，当今高度集成和全球化的产业链、供应链和价值链都可能会受到威胁。但两国在经济发展、应对气候变化、维护地区安全等议题方面尚有共同利益，走向全面冲突和对抗甚至引发大国战争所带来的高昂经济和政治成本对双方而言都很难接受。

欧盟、英国等更多试图在中美之间保持某种程度的平衡，以实现自身利益最大化。俄罗斯因俄乌冲突被西方实施严格的封锁，短期内难以参与到国际技术产业合作之中。从全球范围内看，以人工智能为代表的前沿技术竞争已经演化上升为至关重要的国家安全问题，所谓的国家安全考量日益成为中美之间人工智能领域正常交流合作的干扰因素。在越来越紧张复杂的国际环境下，西方国家泛化国家安全概念，保护主义氛围日益浓厚。2022 年 2 月，英国政府宣布以国家安全为由干预英伟达收购本土的全球芯片设计公司 ARM，声称担心两大公司合并后会削弱全球市场的竞争力。实际上，围绕以人工智能为代表的前沿技术的大国竞争才是这起收购案最终夭折的深层原因。

在人工智能技术发展的视域下，这种既需要保持独立性又需要依赖全球技术生态的情况，是大国在人工智能时代战略谋划需要重点平衡的两大关键要素。因此，在认识到相互依赖是人工智能未来发展基本背景的同时，也需要看到出现以中美为代表的平行生态体系之间技术脱钩的可能性存在。大国博弈将进一步围绕技术领域展开，在复杂相互依赖之下，综合性谋划发展，现实将考验中美等大国围绕人工智能发展的战略布局。

二、技术领域中的规则之争

鉴于人工智能对于国家实力的广泛赋能作用，在人工智能技术创新发

---

①Eurasia Group White Paper：The Geopolitics of 5G, November 2018, (2022-2-10) https：//www.eurasiagroup. net/siteFiles/Media/files/1811-14%205G%20special%20report%20public（1）. pdf.

展中取得领先的国家将在国家实力提升上获取主导权，并且在国际竞争中获得优势。当前，以中美为代表的主要大国之间的竞争重点日益聚焦技术领域，这不仅是争夺国际体系中的政治影响力，而且是争夺现实和未来优势地位的最深层次结构性力量来源——科技，科技实力使得大国能够制定标准，并引领全球发展方向。① 主要大国围绕人工智能技术发展主导权的竞争，目前倾向于聚焦理念规则层面的"软竞争"。如前文所述，欧盟由于技术硬实力上的相对弱势，选择在人工智能技术标准、伦理规范上发力，意图依托自身国际影响力，先于中美等大国抢抓人工智能规则制定的主导权。与此同时，拜登政府将增强美国技术标准影响力作为外交政策的重点，正在以国家安全标准和所谓的"国际规范"为核心构建起以人工智能技术为轴心的新技术主义意识形态。②

　　国际体系中主要大国在人工智能竞争上的首要领域集中在价值观和影响力，以及由此引申出的在国际秩序之中的全球领导地位的正当性。关于人工智能理念主张的吸引力和影响力也反映了一国在人工智能治理领域的软实力，目前除了在价值观层面的理念之争，在道德规范落地层面的竞争则是更加隐性的竞争。2017 年 10 月，国际标准化组织（ISO/IECJTC1）在俄罗斯召开会议，决定由信息技术联合技术委员会（JTC1）成立人工智能分技术委员会（SC42）负责人工智能标准化工作，拟建立基础标准、计算方法、可信赖性、社会关注四个工作组分别推进人工智能技术的标准化。中美在人工智能技术标准层面的竞争，也体现在国际组织中的技术标准制定中，最终中美两国围绕该委员会领导权争夺导致了不同寻常的妥协结果：人工智能分技术委员会由美国承担秘书处职能，由华为公司的美国员工担任委员会主席，第一次会议于 2018 年 4 月在北京召开。这反映出中美在人工智能领域规则竞争的一个印证。

---

　　①Pak Nung Wong：*Techno—Geopolitics*：*U. S. - China Tech War and the Practice of Digital Statecraft*，New York：Routledge，2022，p11.
　　②邓伯军：《数字资本主义的意识形态逻辑批判》，载《社会科学》，2020 年（8）：23-31 页。

三、实力比拼中的创新之争

在本书构建的分析框架中，关系特征和互动方式两方面体现的是大国竞争的特点和形势，两者都是以实力为基础。只有实力较强的大国在国际竞争中才会拥有更大的话语权和更灵活的对外政策空间。前文对比各国在人工智能技术发展中的资源禀赋，中美相对其他大国形成"双头领先"的局面，并在逐步拉大与其他国家之间的差距。据有关机构预测，到2030年，人工智能将为世界经济增长带来15.7万亿美元的潜在贡献，其中中美两国将有10.7万亿美元的经济收益，占全球的70%。[①] 而对于其他大国而言，力争在人工智能创新链中占据关键位置是重要的战略选择。欧洲、英国、日本、澳大利亚等力量依托西方主导的技术体系，开展人工智能技术创新，以搭车策略提升自身实力。

由于人工智能领域技术涉及面广、门槛高，西方国家在基础理论创新、技术体系完整性、军事化应用、全球化发展等领域保持着较为明显的领先优势，这种优势也体现在美国企业基本垄断了半导体高端设计技术，全球半导体行业都严重依赖美国公司的电子设计自动化工具软件。这些产品和工具经过全球市场的长期验证和打磨，形成了较高的技术壁垒。同时，西方国家依托其传统盟友体系在开展人工智能技术创新合作方面具有明显优势。例如，2021年9月，美欧共同建立的贸易和技术委员会召开首次线下会议，将人工智能作为美欧双方需要协调解决的关键议题，会议公报提出美国和欧盟将开发和实施具有创新性和可信赖性、尊重人权和民主价值观的人工智能系统，探索加强个人隐私保护的人工智能领域合作。在2022年5月召开的第二次峰会上，美欧双方表示在人工智能风险测量、技术互操作、技术的社会影响研究等方面开展深入细化的合作。从技术创新指标来看，美国及其盟友在人工智能联合研究产出成

---

①PwC：Sizing the Prize—PwC's Global Artificial Intelligence Study：Exploiting the AI Revolution，2017，(2021-03-29) https：//www.pwc.com/gx/en/issues/data-and-analytics/publications/artificial-intelligence-study.html.

果的高引用量方面远远超过中国①，这种优势是美国及欧盟技术发展所依赖的重要优势资源。

中国在人工智能领域与美国的实力对比中，总体上居于劣势地位。近年来，中国人工智能领域的突破主要集中在应用层面，依靠互联网业务创新先行优势和超大市场规模优势积累了大量数据和业务场景，在一定程度上取得发展先机，但在高端芯片、核心算法、基础软件模型等基础层面的进展多体现在数量方面，在质量方面仍与美国存在代际差距。高性能处理芯片仍落后于先进水平，中国人工智能核心算法仍依赖于美国企业主导的开源平台进行二次开发，缺乏具有国际影响力的深度学习开源框架，核心技术竞争力有待增强。

第二节　人工智能与美国软霸权的政策逻辑

随着中美在技术领域由优势互补逐步走向正面竞争，美国依托其软霸权在技术领域采取一系列打压措施，遏制中国的技术进步。国内学者张宇燕认为，美国精英层对华问题形成共识，即美国对华政策由"接触"转向"规锁"，"规锁政策"的核心是运用贸易、技术或者国际制度等综合性手段规范中国的行为，锁定中国经济增长，将中国发展限制在无法挑战美国主导权的范围内。② 其中，人工智能无疑是当前以及未来一段时间美对华压制政策的关键领域。

一、以盟友体系为依托，实施对华技术脱钩

由于美国在人工智能技术实力上占据领先优势，因此在围绕人工智能

---

① Ashwin Acharya, Brian Dunn: Comparing U. S. and Chinese Contributions to High-Impact AI Research, January 2022, (2022-03-05) https：//cset. georgetown. edu/publication/comparing-u-s-and-chinese-contributions-to-high-impact-ai-research/.

② 张宇燕、冯维江：《从"接触"到"规锁"：美国对华战略意图及中美博弈的四种前景》，载《清华金融评论》，2018（7）：24-27页。

领域的战略竞争处于攻势，其战略意图主要分为两方面：一方面，主要路径是以联盟体系为基础依托，加强西方国家范围内人工智能技术合作，旨在通过各自优势，共同提升技术发展水平；另一方面，拜登政府执政以来，将出口管制、技术封锁、限制人才交流等脱钩举措重新包装出台，向美国企业对华合作施加各种限制条件，转化为更加"软性"压制手段，以期压缩甚至切断在全球技术生态中中国与其他国家的相互依赖关系，由此阻碍中国的人工智能技术能力提升。其主要政策意图是依靠在全球相互依赖中的非对称性优势，并日益将这种优势"武器化"，迫使盟友和某些伙伴国家选边站队，联合对华人工智能等新兴技术发展实施压制。

美国将技术联盟作为其霸权体系的重要一环，技术创新离不开全球化的产业体系。为了维护技术安全，美国大力推动构建排他性质的"小圈子"，其政策实质是要将技术领先优势限制在以美国为主导的西方阵营之内，而其他竞争对手被排挤到技术创新生态的边缘地区，难以吸收先进技术带来的红利实现发展和进步，其中有潜力的挑战者更是会被精准化针对，受到更为严格的技术封锁。自2019年2月，特朗普签署了《关于维持美国人工智能领导地位的行政命令》之后，美国在机构设置、研发投资、公私合作等方面推出了具体落实举措，体现出特朗普政府充分认识人工智能发展对于维持美国国际领导地位尤其是应对中国快速走向强起来的重要意义。特朗普政府始终将人工智能作为其新兴技术发展战略的重点方向，2020年10月，在《关键与新兴技术国家战略》中，明确以人工智能为代表的先进制造和自动化领域作为美国保持全球领导力关键与新兴技术优先领域之一。美国成立的"中国战略组"在《非对称竞争：应对中国科技竞争的战略》报告中提出，美国技术领先地位是其安全、繁荣和民主生活方式的基础，急需采取政策举措更新强化美国的竞争力，保持美国在关键技术领域的优势。①

美国人工智能国家安全委员会经过两年时间的深入调查和广泛座谈交

---

① U. S. China Strategy Group：Asymmetric Competition：A Strategy for China & Technology, Actionable Insights for American Leadership, Fall 2020, （2021-11-08）, http：//industrialpolicy. us/resources/SpecificIndustries/IT/final-memo-china-strategy-group-axios-1. pdf.

流发布的《最终报告》，作为近年来美国国内最具政治影响力的政策报告，用了 700 多页篇幅，对于应如何整合人工智能相关联盟体系、增强人工智能领域发展能力提出了详尽的建议。① 报告提出加强面向人工智能发展的同盟协作对于维持美国军事、情报以及技术优势至关重要。报告设计了一系列同盟合作方案：在研究方面，建立新兴技术联盟，建立盟国间多边人工智能研究机构；在技术规则方面，主张发起国际数字民主倡议，制定符合西方价值观的隐私保护、网络安全、可靠性等技术规则设计；在市场方面，针对中国企业的数字领域产品服务提供有竞争力的替代产品；在军事方面，加快打造一体化的盟友体系，整合北约、"五眼联盟""四国联盟"等所有领域的同盟体系，加强人工智能系统在军事领域的互操作性。这些建议背后的本质意图是打造面向人工智能时代的美国同盟体系。

这些政策建议不断转化为美国政府的具体政策，逐步实现"落地"。自特朗普时期以来，美国与盟友之间人工智能领域的沟通联合进入快速发展时期，加强了盟友内部在人工智能等领域的技术交流和研究成果共享。在欧洲，2021 年 2 月，拜登在 G7 峰会和慕尼黑安全会议上提出将重振联盟、保卫欧洲，他认为网络空间、人工智能和生物科技是新的关键竞争领域，呼吁包括欧洲国家在内的盟友一道共同制定规则以指导技术发展。② 2021 年 9 月，美欧共同建立的贸易和技术委员会召开首次线下会议，将人工智能作为美欧双方需要协调解决的关键议题，会议公报提出美国和欧盟将开发和实施具有创新性和可信赖性、尊重普世人权和民主价值观的人工智能系统，探索加强个人隐私保护的人工智能领域合作。在技术标准方面，该委员会下设的 10 个工作组之一的技术标准工作组负责加强人工智能等关键和新兴技术的标准制定方面的协作，同时在 5G、海底电缆、云基础设施等敏感和关键领域保持沟通和合作。在 2022 年 5 月召开的美欧贸易和技术委员会第二次峰会上，双方将人工智能作为重点技术领域，表示在人

①U. S. National Security Commission on Artificial Intelligence：Final Report，（2021-03-02），https：//reports. nscai. gov/final-report/table-of-contents/，March 2021。

②The White House：Remarks by President Biden at the 2021 Virtual Munich Security Conference，February 2021，（2021-03-09），https：//www. whitehouse. gov/briefing-room/speeches-remarks/2021/02/19/remarks-by-president-biden-at-the-2021-virtual-munich-security-conference/。

工智能风险测量、技术互操作、技术的社会影响研究等方面开展深入细化的合作。

在亚洲，拜登政府联合日本、印度、澳大利亚搭建了四国机制（QUAD），将关键技术、供应链安全等领域作为重点合作内容，决定设立新兴技术工作组并保持高级别定期会议。[①] 有分析认为，该机制中每个成员国在新兴技术领域都拥有自身独特的优势，技术合作应成为四国机制的核心议程，其中印度有庞大的技术人才基础，澳大利亚有高度发达的数字经济发展优势，日本在机器人、自动化和商业化方面处于领先地位，美国则拥有技术创新优势，相似的民主价值观和人权领域的共同关切能够成为四国合作的重要基础。[②] 此外，美国通过扩大自身对外合作的范围来提升技术实力，在澳库斯（AUKUS）机制下，2021 年 9 月美国同英国、澳大利亚签署了共享人工智能、网络、量子等关键技术信息的协议，探索新兴技术领域广泛协作。

在人工智能军事领域合作方面，美国国防部于 2020 年 11 月，联合澳大利亚、加拿大、日本、英国等 12 国建立国防领域人工智能协作机制，密集举行对话协商，探讨国防领域联合人才培养、数据共享等合作内容，不断拓展参与国家的范围。拜登政府上台以来，大力推动重返国际舞台，开展与西方各国之间围绕人工智能、5G 等数字技术领域对话。美国以北约为依托，推动盟友间在国防军事领域的人工智能合作，2021 年 10 月，北约发布了《北约人工智能战略》，该战略是在《北约 2030 报告》《科技趋势：2020—2040》《新兴与颠覆性技术咨询小组 2020 年度报告》等多份政策报告的基础上对外发布的第一份特定技术领域战略文件，体现了北约对于人工智能在军事领域影响的重视程度，其核心思想是加强 30 个成员国之间人

①The White House：Remarks by President Biden，Prime Minister Modi of India，Prime Minister Morrison of Australia，and Prime Minister Suga of Japan in the Virtual Quad Leaders Summit，March 2021，（2021-03-09），https：//www. whitehouse. gov/briefing-room/speeches-remarks/2021/03/12/remarks-by-president-biden-prime-minister-modi-of-india-prime-minister-morrison-of-australia-and-prime-minister-suga-of-japan-in-virtual-meeting-of-the-quad/。

②Husanjot Chahal，Ngor Luong：How to Make the Quad Truly Quadrilateral，October 22，2021，（2021-12-15），https：//asia. nikkei. com/Opinion/How-to-make-the-Quad-truly-quadrilateral。

工智能创新和推动军事化应用中的密切协作。[①] 为配合战略的实施，北约还发起成立"北约创新基金"，初始投资规模 10 亿欧元，为创新型科技企业提供风险投资，引导各国人工智能产业界力量开展军事技术研发，为北约人工智能系统部署提供支持。战略提出当前科技企业和学术界取代了国防领域成为人工智能发展的主要驱动力，这是与过去 40 年来创新范式的最大区别，军事领域人工智能发展需要吸收依托民用领域的创新能力。

美国把对中国人工智能产业的遏制与中美经贸关系调整相结合，切断关键核心技术的流通与供应，从而对人工智能国际竞争领域的全球价值链加以解构。[②] 在这种精准化打压政策的指导下，拜登政府在先前政策基础上，综合使用了立法、行政、审查等各类措施，逐步推动对中国人工智能领域企业的技术封锁，主要手段分为三个层面：一是市场层面。2021 年 11 月，拜登签署《2021 年安全设备法》，禁止华为、中兴等中国企业在美获取新的设备许可证。同时，还撤销了中国电信设在美国的子公司的运营资质，收紧了对中国企业的封锁力度，基本完成了网络基础设施领域的脱钩。二是贸易层面。2021 年 4 月，美国将中国 7 家超算机构列入"实体清单"，算力是人工智能技术发展的重要基础设施。10 月，美国又将大华科技等 8 家公司拉入贸易黑名单。三是投资层面。2021 年 12 月，美国财政部将商汤科技列入投资"黑名单"，收紧对于中国人工智能领域的管制力度，限制美国投资者对这些公司进行投资。继商汤科技之后，宣布将旷视科技等 8 家公司列入所谓的"军事综合体清单"。美国大力推动这些政策在其盟友和伙伴国家中产生示范效应，利用其盟友体系优势，排挤中国技术产品和服务，巩固人工智能产业链中的不对称依赖优势，扼杀中国人工智能技术发展的活力。（表 6-1）

[①]NATO：Summary of the NATO Artificial Intelligence Strategy, October 22, 2021, (2021-11-15), https：//www. nato. int/cps/en/natohq/official_ texts_ 187617. htm.

[②]李括：《美国科技霸权中的人工智能优势及对全球价值链的重塑》，载《国际关系研究》，2020 (1)：44 页。

表 6-1 美国打压中国人工智能企业和机构情况

时间	受影响企业	美商务部"实体清单"	美财政部及国防部"涉军"清单
2019 年 6 月	中科曙光、天津海光、无锡江南计算所等	√	
2019 年 10 月	大华科技、海康威视、科大讯飞、旷视科技、商汤科技、美亚柏科、依图科技、颐信科技	√	
2020 年 5 月	云从科技、东方网力、深网视界、云天励飞、上海银晨、达闼科技、北京云计算中心等	√	
2021 年 1 月	中译语通、笭筐技术		√
2021 年 4 月	天津飞腾等 7 家超算机构	√	
2021 年 7 月	格灵深瞳、华安泰智能	√	
2021 年 12 月	商汤科技、旷视科技、依图科技、云从科技、大疆、中科曙光、东方网力、立昂技术、美亚柏科		√

二、以标准规范为核心，推动对华体系分化

美国越发将技术领域优势作为不冒核冲突风险打压其他大国的重要手段，2022 年 2 月以来的俄乌冲突中，美国联合西方各国利用法律、行政、金融、舆论、司法等多维度手段发起对俄罗斯科技制裁，短时间内苹果、英特尔、谷歌、甲骨文等几十家美国科技企业配合美国政府的制裁要求，停止对俄罗斯所有的技术供应和商业合作。美国还长臂管理欧盟、中国大陆和台湾地区的科技企业，使其不得向俄罗斯提供美国技术，实质上是美西方对俄罗斯的全面技术脱钩。可以看出，虽然俄罗斯与美国和西方多国未发生正面军事冲突，但是美国及其盟友正在使用以技术为核心的"软霸权"手段，试图钳制俄罗斯的技术进步。俄罗斯在本国技术无法实现自给自足的情况下，经济社会各领域发展将面临"低端锁定"的风险。这种极

限压制政策很有可能被移植到未来对华技术压制政策中，成为对华技术体系分化的预演。

事实上，作为第三次科技革命的策源地，美国在 20 世纪大部分时间始终引领着全球技术的发展方向，为全球技术创新提供了理论基础、技术框架等诸多公共产品，因此美国也在各类技术创新和制定国际标准方面处于优势地位。在前沿技术领域，国际标准制定会落后于技术发展步伐，而美国技术标准上升为事实上的国际标准，它们辅助美国主导的全球贸易体系，促进了全球市场准入门槛的下降，为美国公司提供了拓展海外市场的便利条件，帮助其利用技术优势向他国输出技术产品和服务，在全球化发展中享受到规模经济优势。

在人工智能标准规范方面，美国日益加强与盟友之间的协作和交流，希望以西方价值观为核心，引领全球人工智能技术发展。2020 年 5 月 30 日，美国改变先前政策，正式宣布加入 "人工智能全球合作伙伴组织"（Global Partnership on AI，GPAI），支持法国、加拿大等国引领制定人工智能治理规则的相关主张，其政策转变的实际动力是为了争取西方国家共同限制中国人工智能技术发展。这些举措的实质目的是以人工智能领域的发展生态为目标，推动生态之间依照所谓的国家安全和意识形态划分阵营，希望构建以西方为主导的发展生态重新占据技术发展先机，构筑持久的技术优势。拜登政府上台以来，明确将构建以西方国家为主导的技术联盟作为优先政策议程。通过保持领先的技术优势以支撑维持其霸权地位，修复强化传统联盟关系，充分发挥对华技术竞争的联盟优势。[1] 美国国务卿布林肯在人工智能国家安全委员会组织的全球新兴技术峰会上宣称，美国正在与欧盟、英国、日本、韩国等盟友以及在四国安全对话、七国集团等平台上加强新兴技术合作。美国的目标是建立由国家、公司、大学组成的强大网络，通过共同价值观来设计和部署技术，加强系统的开放和互操作

---

① 凌胜利、雒景瑜：《拜登政府的 "技术联盟"：动因、内容与挑战》，载《国际论坛》，2021（6）：3-25 页。

性，并鼓励思想和言论自由。①

中美之间针对人工智能等新兴技术的治理理念之争的主要动因，源自美国政界、战略界、军界等人士刻意夸大中国人工智能发展所带来技术优势，渲染鼓噪"中国威胁论"。这一论调在客观上并不符合事实，同时在主观上也是对中国人工智能发展战略和政策的有意曲解。然而，在特朗普执政时期就已经在国会两党和美国社会中形成了一股遏制中国技术崛起的战略共识，这一共识在拜登执政期间得到进一步延续。在此背景下，美国刻意夸大突出两国之间在意识形态和价值观方面的不同，以此对内作为黏合不同政治势力的纽带，对外作为拉拢和绑架盟友的工具。美国政府的人工智能战略扩张性在一定程度上忽视了技术的安全性，其对外技术遏制战略也加速了人工智能领域与中国的事实性"脱钩"。在规范性层面，各国人工智能及其技术标准一旦出现分化，将会破坏全球人工智能技术及其标准体系的统一性，从而难以通过合作推动人工智能技术的创新和监管。

目前，美国人工智能战略已经深深打上了所谓美国民主价值观的烙印，成为其向国际推广的最重要方式。② 2021 年，美国国会推出的《2021年战略竞争法案》（Strategic Competition Act of 2021）就提出，要推动盟国和合作伙伴在制定全球规则、规范和标准方面与美国保持一致，认为加强美国与合作伙伴协调技术治理制度对保持美国领导地位的战略经济和安全非常重要。③ 在西方价值观的指引下，美国已经在网络空间国际行为规范、5G、量子、数据保护、打击网络犯罪等领域建立了"小圈子"式的联盟或组织，主要意图是推动西方主导的技术治理理念上升为国际层面的事实规则和标准。拜登政府更加重视技术标准和规则制定，技术治理理念和规则

①Secretary Antony J. Blinken at the National Security Commission on Artificial Intelligence's（NSCAI）Global Emerging Technology Summit, July 13, 2021, （2021-11-18）, https：//www. state. gov/secretary-antony-j-blinken-at-the-national-security-commission-on-artificial-intelligences-nscai-global-emerging-technology-summit/。

②张东冬：《转向"数字霸权"：美国国家人工智能战略及其国际影响》，载《当代世界与社会主义》，2020（5）：158-168 页。

③Meredith Broadbent：AI Regulation：Europe's Latest Proposal is a Wake-Up Call for the United States, May 2021, （2022-02-26）, https：//www. csis. org/analysis/ai-regulation-europes-latest-proposal-wake-call-united-states。

之争将成为中美战略竞争的重要领域，人工智能等的治理将渗透到现有国际技术治理机制之中，中美在价值观上的差异逐步扩大，可能会加剧人工智能等技术发展的意识形态对立，这将制约现有国际治理机制效用发挥实质性的作用。

前文提到，与数字革命必然引发权力分散的普遍观念相反，人工智能将有可能导致或者加强权力更加集中在少数人手中。由于数字经济发展自身的网络效应和规模效应，数字技术促使霸权国越发获取在经济军事和政治领域的集中化权力优势。随着美国大力推动以技术领域为重点的软霸权政策，中美在技术领域的战略博弈将进一步加剧。对于其他国家来说，中美竞争压力外溢使得各国日益采取科技内向化发展的策略，避免对外过于依赖而削弱科技领域的自主性。虽然可以通过"两端下注"来最大限度地规避"站队"风险，但是从本书第三章分析来看，其他国家并不具备独立发展人工智能的必备条件。因此，更多国家可能倾向于中美其中一方，确保发挥人工智能技术潜力的同时，保障自身的战略和安全利益，这将导致国际体系中的"阵营思维"不断强化，造成国际社会的分化撕裂。

三、以技术前沿为重点，巩固对华实力优势

技术领先是美国实力优势和霸权地位的重要基础，借助技术优势打压断供他国是美式"软霸权"的具体表现，因此人工智能创新能力和发展生态是中美之间实力竞争的关键。基于本书第四章对人工智能发展带来实力分野的分析，这种实力分野将推动形成一种"中心—外围"的全球技术秩序，对中美战略竞争的启示在于，美国推动以价值观等为依据在中心区域形成新的技术发展生态，通过盟国间联合研发，维护高技术领域的创新优势，以期维持和强化科技霸权。[①] 在霸权体系的金字塔权力结构中，人工智能技术创新能力成为中国实力提升必须逾越的鸿沟，而鉴于人工智能技术优势也有助于巩固美国的实力优势，中美之间的实力对比有可能出现

---

①唐新华：《西方"技术联盟"：构建新科技霸权的战略路径》，载《现代国际关系》，2021（1）：38-64页。

变化。

为保持人工智能领域发展的领先优势，确保美国霸权体系的超强实力基础，美国把新兴技术领域作为压制中国实现实力增强的重点领域，而其中人工智能是关键性技术。谷歌前首席执行官施密特等科技企业负责人宣称，中美在人工智能领域是全方位的竞争对手，呼吁美国政府加大对人工智能发展的支持力度，这反映了美国产业界对于中国技术实力不断增强的担忧。这种来自私营部门的担忧与美国国家战略逐步靠近，美国国家安全战略调整明显加速转向，特朗普政府认为美国正处于"竞争性的世界"。在国家安全思想泛化的左右下，美国执意推行各种形式的"技术封锁""技术脱钩"甚至是"技术冷战"，通过打压中国技术发展以阻碍中国提升国家实力的努力，从而维护其全球领先地位。

美国的软霸权充分体现在对全球价值链和产业链的掌控力上。2021年9月，美国商务部为解决芯片短缺带来的供应链安全问题，强制要求各国的半导体厂商提交芯片库存和销售数据，尽管中国台湾的台积电和韩国的三星、SK 海力士等企业表示该数据涉及核心商业机密，起初有所抗拒，但最终也因无力承受被美国技术封锁和制裁的压力而被迫妥协。这也体现出尽管美国本国芯片制造产业转移到海外，但是仍然通过源头的关键技术优势控制着全球产业链，最终来自全球 150 多家企业向美国商务部提交了数据。凭借这种软霸权，美国推动全球价值链的结构性调整向着以美国为主导的方向发展，不断强化对人工智能关键核心技术和产业链关键环节的掌控，提升自身在全球价值链中的优势地位。由于科技企业在人工智能研发、生产、应用和治理中发挥着关键作用，其在中美竞争中的作用不断凸显，中国的人工智能企业必然是美国压制政策的重点之一。

拜登上台后延续了这一政策取向。针对中国人工智能发展关键领域，美国启动更加有针对性的遏制政策。中美科技一体化程度远远超出想象，完全脱钩几乎不可实现，同时也会对美国带来附带损害，美国学者萨姆·萨克斯（Samm Sacks）提出的"小院高墙"理念逐步成为主流策略，即推动选择性的脱钩策略而非笼统性全面脱钩。① 这种策略要求通过制定关键新兴技术和基础技术目录，对关键的半导体制造设备实行有针对性的出口管制，并利用美国高端芯片不断增长的市场需求，影响日本、荷兰等设备制造商，使其与美国严格的对华管制政策保持一致。同时增强监控关键技术领域的竞争对手的投资来源，提高对中国公司人工智能等敏感技术投资的披露要求。②

从这一角度来看，美国动用国家意志和力量阻拦中国攀登高科技高峰的根本动力在于巩固捍卫美国的科技霸权。③ 近年来，中美之间围绕以人工智能、5G、量子为代表的技术博弈加剧，与香港问题、南海问题、台湾问题等传统热点问题交织，凸显技术议题的重要性，也增加了其复杂性。这一趋势在拜登执政以来得到了加强，美国在以人工智能为核心的新兴技术领域加大对华防范力度，已经成为美国各界的一致共识，这场竞争远远超过了传统意义上的所谓意识形态和价值观冲突。

第三节 关于中国应对策略的思考

人工智能是引领这一轮科技革命和产业变革的战略性技术，具有溢出带动性很强的"头雁"效应。在移动互联网、大数据、超级计算、传感网、脑科学等新理论新技术的驱动下，加上经济社会发展对信息技术的需求旺盛，人工智能加速发展，呈现出深度学习、跨界融合、人机协同、群智开放、自主操控等新特征，正在对经济发展、社会进步、国际政治经济

①Working Group on Science and Technology in U. S. -China Relations of UC San Diego, "Meeting the China Challenge: A New American Strategy for Technology Competition", November 2020, （2021-04-05）, https：//asiasociety. org/sites/default/files/inline-files/report_ meeting-the-china-challenge_2020. pdf。

②U. S. National Security Commission on Artificial Intelligence, "Final Report", （2021-03-02）, https：//reports. nscai. gov/final-report/table-of-contents/, March 2021。

③魏南枝：《世界的"去中心化"：霸权的危机与不确定的未来》，载《文化纵横》，2020（8）：49 页。

格局等方面产生重大而深远的影响。① 中国对本轮人工智能发展的认识是充分的、清晰的，在人工智能对大国关系走势影响的评估基础上，中国需坚持总体国家安全观，充分认识人工智能技术对国家发展和国家安全带来的机遇和风险，其中既包括国际体系层面的间接风险，又包括中美战略竞争的直接风险。着眼于人工智能时代大国竞争的内在逻辑和发展态势，从体制机制构建、治理理念谋划、能力体系打造等方面，加强战略部署，做好全方位准备。

一、兼顾短期和长远，建立协同性的推进机制

人工智能技术快速迭代的特点和大国竞争复杂的国际环境相叠加，对中国的人工智能战略布局提出了严峻挑战。从短期看，面对美国在人工智能领域日益加码的压制政策，中国需要坚持全球视野来谋划人工智能创新发展，通过提升科技原始创新能力实现高水平的自立自强。从长期看，作为未来智能化社会发展的基础性技术，人工智能具有较长的回报周期，需要将人工智能技术发展纳入国家中长期科技发展规划、科技治理规则等战略中，通过国家力量持续的资源投入，确保人工智能等新兴技术领域的竞争力。

第一，加强国家战略层面的统筹部署和推进。人工智能对于国家安全、经济发展、社会治理、外交等领域影响复杂多元，美国、欧盟成员国、英国、日本等国家地区都致力于加强资源整合，建立了高级别咨询委员会为高层决策提供有力支撑。中国针对人工智能发展和治理形成了较为合理的部门分工，但推进机制较为分散，统筹力度仍需进一步加强，对于人工智能带来的综合性和复杂性影响的应对能力有待提升。有国外研究认为，中国形成了不同部门牵头的人工智能治理路径，虽然各部门监管的关注点不同，各自从算法治理、技术治理、技术道德规范等角度针对人工智能安全风险进行管控，但是如果缺乏协调可能会导致不同部门之间难以避

---

① 中共中央党史和文献研究院：《习近平关于网络强国论述摘编》，北京，中央文献出版社，2021：119 页。

免的竞争。[1] 需要从战略层面加强新兴技术安全发展的统筹协调力度，为应对国际竞争新形势，开展前瞻性布局，防止不同部门之间协调不畅造成监管空白或是过度遏制技术创新活力。面向技术发展的不确定性，需要加强政策举措的跟踪评估和动态调整，提升政策出台和实施的时效性和有效性。

第二，遵循技术客观发展规律，构建有利于创新的推进机制。新兴技术发展越来越遵循"赢者通吃"的规律，拥有先发优势的国家可能率先搭建以自己技术为基础的生态体系，进一步巩固先发优势。中国人工智能领域从过去的赶超型创新到当前日益作为引领者的创新有着本质区别，引领型创新则是在摸索中前进，跨越创新"死亡之谷"的成本高昂且过程艰难，因此需要制定适合人工智能技术特点的发展战略和推进策略。著名经济学家吴敬琏认为，"两弹一星"类和信息技术为代表的技术类别具有不同的特性，在发展过程中需要尊重技术发展的客观规律。在人工智能等信息技术发展中，如果夸大"两弹一星"中的独立自主和人定胜天因素，不计成本、闭门造车式的发展则有可能陷入过度社会动员的风险。相比之下，"两弹一星"类型技术是在相对封闭的环境中解决"有没有"的问题，而作为信息技术代表的人工智能兼具了军用技术和民用技术的特点，即需要在不断的开放中解决"好不好"的问题。需要推动形成良性循环的产业生态体系，实现自我造血功能，维持技术的持续创新和迭代。

第三，促进各方协同协作，汇聚推动技术发展的合力。需要加强人工智能技术各环节的一体化布局，加强各类主体之间的协同。在军民融合方面，人工智能民用级和军用级应用存在较大的差距，背后的人工智能数据集、算法库、智能化判定分析模型等具有较大的行业差距和技术要求差距，需要鼓励领先企业和科研机构深度合作，发挥民用领域在创新驱动中的重要作用。促进国防科技领域供需对接，持续推动人工智能技术创新和成果转化。在政企协同方面，大型科技企业是推动人工智能技术发展和应

---

① Matt Sheehan：China's New AI Governance Initiatives Shouldn't Be Ignored, January 2022, （2022-01-28）, https：//carnegieendowment. org/2022/01/04/china - s - new - ai - governance - initiatives - shouldn - t - be - ignored - pub - 86127。

用的重要力量，需要完善数据安全、算法安全、个人隐私保护等法律规范，厘清各方数据安全职责边界，为企业数据资源开发利用、探索人工智能发展新模式新业态提供指引。在区域协作方面，探索构建全国一体化人工智能算力网络，面对人工智能对于大算力的实际需求，实现各地区算力随需分配，避免重复建设和资源浪费。在行业探索方面，充分发挥中国的海量数据资源优势，优先在政府、金融、医疗等领域推动数据共享和利用，建设高质量的公共数据集，支撑数据安全有序流动，进一步释放数据价值，为人工智能技术发展提供有力支持。

二、平衡国内和国际，形成系统性的治理理念

"科技是发展的利器，也可能成为风险的源头。要前瞻研判科技发展带来的规则冲突、社会风险、伦理挑战，完善相关法律法规、伦理审查规则及监管框架。"[1] 人工智能治理问题引起各大国的关注，大国之间治理理念差异越发难以调和，需要防止人工智能治理竞争导致技术体系的分化，导致技术竞争成为大国冲突的风险源和导火索。需要注重对外应对策略的灵活性和有效性，从国内和国际两个层面，制定和完善人工智能道德伦理和安全隐私标准，合理引导技术健康发展。同时，发展和丰富国内治理实践，形成具有吸引力的中国方案，为人工智能国际治理贡献中国方案，提升前沿技术领域的软实力。以人类命运共同体理念为指引，倡导建立包容性的人工智能国际治理体系，为人工智能领域合作创造良好的国际环境。

第一，形成具有中国特色的技术治理方案。当前各国都在探索基于本国发展实际的人工智能治理理念，西方国家、机构和企业纷纷提出一系列人工智能治理的原则、标准、法案等，具有全球影响力的治理准则均来源于美欧，如美国提出的阿西洛马人工智能原则（Asilomar AI Principles），欧盟提出人工智能治理法案，其中不可避免内嵌着西方价值观、伦理标准

---

[1]《习近平：在中国科学院第二十次院士大会、中国工程院第十五次院士大会、中国科协第十次全国代表大会上的讲话》，2021 年 5 月 28 日，（2022-03-04），http://www.gov.cn/xinwen/2021-05/28/content_ 5613746. htm。

和监管理念。中国新一代人工智能治理专业委员会发布《新一代人工智能治理原则——发展负责任的人工智能》，将"负责任"作为核心理念，明确了人工智能治理框架和行动指南、设计开发原则、相应的伦理规范、安全要求等。2021年12月，中国向联合国《特定常规武器公约》第六次审议大会提交了《中国关于规范人工智能军事应用的立场文件》，就规范人工智能军事应用提出了解决思路，文件提出应秉持共同、综合、合作、可持续的全球安全观，倡导各国积极寻求共识，在人工智能领域践行构建人类命运共同体理念。这些理念、原则、文件都为解决人工智能治理难题进行了尝试性探索，提出了具有中国特色和中国智慧的技术治理理念，同时坚持积极的态度推动人工智能规制与科技探索相协调，规范风险和鼓励创新并重，可借鉴包容审慎监管方式，加强风险管控的同时要防止陷入"伦理陷阱"，为人工智能健康发展提供了理念指引。

第二，积极参与人工智能相关国际治理议程，加强对人工智能治理的影响力。尽管大国权力竞争干扰人工智能国际治理取得实质性进展，但是人工智能治理对话是大国间明确分歧和达成共识的必经之路。需要制定安全有效的技术管理目标，积极管控人工智能可能带来的安全风险。针对人工智能军事化可能带来的紧迫性议题，加强在具体的人工智能应用所带来的安全隐患和伦理问题的国际对话和合作，凝聚国际治理共识，推动各国为人工智能武器系统应用画出红线，避免因技术议题摩擦加剧大国冲突。在技术治理的关键领域"不失声"，重视中国叙事和中国逻辑，在国际社会上积极发出中国声音，宣传中国人工智能技术创新活动和技术应用成效，抵制西方社会有失公允的指责和抹黑行为。积极倡导和推动人工智能治理考虑到广大发展中国家和中小国家的发展需求和利益，帮助这些国家跟上技术发展步伐，与大国同步获取技术发展红利，提升应对技术风险的能力，促进智能化技术发展成果惠及更多人口。

第三，提升人工智能相关数字领域国际规则制定话语权。目前人工智能的发展竞争也是治理话语权之争，技术治理讨论通常将特定技术问题与价值观绑定在一起。受西方压制以及监管政策差距等因素影响，中国人工智能企业目前尚难以获得国外用户数据，海外拓展受限制约中国在全球人工智能技术发展中的布局。中国企业拥有巨大的市场和丰富的实践经验，需要及时提炼相关定义和新问题、新概念和新规则，这有助于中国更好地参与到全球治理规则的制订进程之中。为打破美西方构建人工智能发展的"小圈子"，应支持推动传统国际电联、国际标准化组织、联合国教科文组织等多边平台在人工智能技术标准制定中发挥主导作用，倡导技术标准制定应征求和吸纳更多发展中国家的声音和诉求。将人工智能作为数字经济国际合作的重点，在 G20、APEC 等机制下全面了解各方人工智能议题的立场，宣传推广中国治理理念和治理方案。鼓励研究机构、高校、专家学者等与西方国家人工智能机构开展"二轨"对话，阐介中国的人工智能发展理念，交流推广中国人工智能发展和安全治理理念。

三、统筹发展和安全，打造创新型的能力体系

基于人工智能发展生态的全球化特点，"御敌于国门之外"的传统安全理念很难适用于人工智能时代的安全发展，一国无法在所有技术环节中保持领先，因此，必须在开放中发展，以发展促安全，通过融入全球产业链实现产业升级。目前中国人工智能发展呈现出高端依赖、中端争夺、低端混战的基本态势，高端化技术需求无法得到有效满足。需要以传感器、智能芯片、基础算法等重点技术的安全可控发展为目标，构建形成有利于技术创新的能力体系。

第一，培育提升原始创新能力。中国工程院院士徐匡迪曾发出"徐匡迪之问"——中国有多少数学家投入到人工智能的基础算法研究中？在当前的国际形势之下和中美战略竞争加剧的现实环境，中国的人工智能发展需要打破"拿来主义"的怪圈。有关研究提出中国智能产业的 77% 分布在应用层，在核心算法和底层理论方面，中国开源代码的专业性水平不高、竞争力不强。人工智能技术具有发散性、非线性、复杂性等特点，创新周期长、难度大且风险高。需要聚焦技术创新和产业发展的基础层面，加强人工智能芯片、人工智能算法等研发的支持力度，鼓励人工智能基础软硬件的国产化适配。发挥新型举国体制的优势，引导国内的龙头企业和优势

厂商开展联合攻关，汇集产学研发展的合力，尽快掌握关键核心技术，提升应对西方技术压制政策的能力。

第二，提升产业链关键节点的韧性。从美国种种在技术领域的制华举措来看，对中国的较大威胁之一就是针对人工智能发展生态的遏制。这将可能造成中国无法获取全球性人工智能优势资源的支持，自主发展替代品周期过长。关键核心技术往往是复杂且综合性的技术，其研发创新仅仅依靠单一主体很难完成，需要得到良性的创新生态的支撑，由政府、高校、企业、科研院所等不同主体相互协作、联合攻关，最终实现技术不断迭代更新。中国人工智能技术仍然建立在美国的基础理论和技术体系之上，人工智能科研成果多是回答国外提出和定义的研究问题，在人工智能基础理论方面的贡献和探索十分有限。目前人工智能企业的创新更多仍是在国外技术基础上的"增量创新"，在高性能人工智能专用芯片、深度学习框架、基础软件中间件等方面上高度依赖美国企业。针对影响人工智能产业安全的"卡点""堵点"，需要引导产学研用、产业链上下游相互支持、联合研发，在共性关键技术等方面实现突破，培育良性产业生态。

第三，打造适合技术发展特点的人才培养体系。人工智能是一个高度人才密集型的领域，特别是人工智能从原理性研究走向工程化阶段，需要大量的工程化人才支撑人工智能技术走向落地，解决现实世界的实际问题。在这一过程中，人工智能向各行业渗透落地无法通过修改几个参数就能上线的阶段，需要既懂人工智能又了解行业需求的复合型人才。针对人工智能技术发展方向不确定性、路线分散化等特点，需要支持国内外顶尖人工智能科学家开展前沿理论探索和技术验证，培育广布局高端化的科研队伍。瞄准人工智能产业前沿，引导加强高校与企业之间的人才联合培育，建立多渠道实用化的人才培养模式。引导开展企业与高校开展多种形式的人才联合培养，大力培育行业急缺的芯片、算法、技术架构等方面的人才。

第四，提升重点产业国际竞争力，打造高水平的开放发展新格局。坚持以开放促发展，面对人工智能技术前沿领域，确保产业链、价值链和供应链自主可控、安全稳定，构建技术创新与管理创新的容错机制，提高科技产出效率，加速科技成果向现实生产力转化，增强关键技术可替代进口的能力。加强国际科技交流合作，及时提炼国际科技合作的成功模式，研究国际科技合作的机理和路径。积极拓展国际合作空间，依托人工智能世界级会议活动，牵头组建全球性科技产业发展联盟，提升技术发展话语权。通过建立有利的创新、监管、税收和知识环境，吸引国际基金和拥有技术的国际公司进行科研与创新投资。在标准化、评估等方面加大投入，进一步推进行业标准与国际标准一致，消除非关税贸易壁垒，促进创新环境改善。

第五，提升全民运用人工智能等新兴技术的能力和素养。此次新冠疫情暴露出了不同人群在数字化进程中存在的巨大鸿沟，各类人群在运用人工智能等新兴技术中的数字素养差距较大。生活在数字化程度高的地区，通过政府服务的线上办理，人们的工作生活受疫情的影响相对较小。数字化水平较高的行业能够实现从业者在家中办公。年轻人对数字化工具接受度和熟悉度更高，更容易在疫情中利用网购满足自身各种生活需求。同时，数字素养较低的人群、弱势群体在疫情防控中面临很多现实困难。在数字化基础较弱的国家和地区，宽带质量和使用成本等基本条件限制了运用数字化手段应对疫情的能力。[①] 随着智能化时代的到来，国家间和地区间的人口数字技能之间的鸿沟可能更加明显，需要将人工智能作为全民数字素养提升的重点任务，为全面把握智能化机遇、提升国家智能化时代的创新竞争力奠定基础。

本章小结

中美战略竞争是长期全面的竞争，以人工智能为核心的新兴技术已经成为两国博弈的重点领域。人工智能技术发展日益呈现出迭代速度快、垄

---

①United Nations Conference on Trade and Development, The COVID‐19 Crisis: Accentuating the Need to Bridge Digital Divides, （2020‐07‐19）, https://unctad.org/en/PublicationsLibrary/ dtlinf2020dl_en.pdf。

断性强和领域融合性突出的显著特点，将对技术创新模式、产业管理方式、参与主体角色等各方面不断提出变革需求，而技术的垄断性和跨领域性特点，对国家的资源协同调配能力提出更高的要求。与所有大国一样，中美都认识到人工智能可能带来的颠覆性影响的巨大潜力，两国在人工智能时代的竞争将是一场战略谋划能力、技术创新能力、标准规则引领能力的综合性竞赛。

在新的形势之下，本研究构建的人工智能对大国关系影响机制的分析框架为认识人工智能时代的中美关系提供了新视角。两国在防止大规模的直接对冲和对抗上仍存有共识。在合作中竞争、在竞争中合作将是中美关系的主旋律，其中人工智能等新兴技术领域的竞争程度将进一步加大。随着人工智能技术的应用推广，中美人工智能领域竞争将突出体现在技术标准和规则引领上的争夺。从中美竞争态势看，在技术发展方面，中国的优势集中于数量层面但仅限于国内市场，而在基础理论、技术布局、技术积累、生态构建等方面仍然处于劣势。在数据资源方面，中国占据一定规模优势，但也存在一定的隐忧。在人才合作方面，由于西方各国逐渐抱团形成人工智能发展的小圈子，中国今后越发难以通过对外合作获取智力资源，人才领域差距可能被放大。由于中国人工智能发展仍然依赖美国为主导的全球技术生态，这些短板将成为中国提升人工智能技术创新能力的现实阻力。由于美国拥有人工智能技术的先发优势，能够通过"软霸权"压制中国运用人工智能技术提升国家实力战略的实施，这既会在短期内对中国人工智能发展带来直接冲击，从长期来看也将遏制中国追赶美国霸权的实力基础。由于人工智能所带来的技术依附和路径依赖，中美所引领的两大技术体系可能会引发人工智能的发展和应用出现阵营分化。

通过对美国软霸权运用的分析可以看出，美国在看待中国对美国领导地位的挑战中，将中国人工智能等技术领域的挑战看作是又一次的"斯普特尼克"（Sputnik）时刻[1]，其背后的主要战略考量是希望通过重

---

[1]1957年，苏联将斯普特尼克一号人造卫星发射上天，造成美国社会的极大震动，认为苏联技术实力对美国国家安全和领导地位带来巨大的冲击。"斯普特尼克"危机被美国用于形容对手科技发展对美国带来的威胁和紧迫感。

振美国在科技创新中的新一轮领先优势，压制中国的追赶势头，重塑在国际体系中的主导地位。在这一战略思想指引下，一方面，美国以价值观为纽带联合西方各国加快构建人工智能领域国际技术联盟，强化西方在人工智能领域技术创新的优势和产业生态中的主导地位；另一方面，由于中国人工智能技术发展在基础理论、技术路线方面仍建立在西方技术基础之上，在高性能芯片、深度学习框架、开源软件等关键基础技术依赖全球技术产业生态。美国意图采取精准化的脱钩策略，重构以西方为主导的封闭式的生态，阻碍中国通过参与全球技术产业生态获取先进技术能力。中美围绕人工智能领域的竞争上升至治理理念、标准规范层面，在意识形态存在深刻差异的情况下，双方在标准规范层面的差异可能进一步引发技术体系的撕裂。

针对美国压制政策以及所带来的发展挑战和安全风险，中国应充分认识到，随着人工智能巨大的发展潜能的释放，以及其对国家实力强大赋能作用的显现，美国在人工智能领域的对华打压政策具有长期性、复杂性等特性，人工智能日益成为影响中美战略竞争的重要因素之一。基于软霸权的政策逻辑，美相关政策将有别于传统硬实力竞争政策，"软性"遏制政策虽具有隐蔽性，但其威胁性毫不减弱，无法掩盖其背后意图，即在大国竞争中达到"不战而胜"的战略目标。因此，在应对策略上，需要兼顾短期目标和长远目标，建立协同性的体制机制，加强面向未来技术发展的前沿布局，提升原始创新能力，积极争夺占据技术发展的突破点和制高点；统筹国内和国际两个大局，制定和完善人工智能道德伦理和安全隐私标准，为国际化发展奠定理念和制度优势，增强中国模式的吸引力和感召力，以中国实践为全球人工智能技术发展提供借鉴；统筹发展和安全，从技术、产业、人才等各方面构建一体化的能力体系，力争在人工智能等前沿技术领域实现高水平的科技自立自强，提高运用国际创新资源的水平，不断提升应对美国软霸权打压的实力。

结　语

　　自 2010 年以来，在全球范围内兴起的人工智能发展高峰进入"平台期"，但在这一过程中，人工智能技术也在不断积累沉淀向各领域落地渗透，其广泛的赋能效应的释放速度并未减缓。人工智能作为当前最具潜力和发展空间最大的新兴颠覆性技术代表，已经成为各国高度关注的议题。在这一背景下，本研究综合技术研究视角和国际关系研究视角，来考察人工智能对大国关系影响机制。先从技术发展层面，基于对人工智能技术演进态势、应用现状和发展趋势的客观判断，对其作为国家实力要素重要组成部分，以及对其他实力要素赋能提升的路径进行归纳，通过人工智能视域来观察和推断国际实力格局的变化趋势；进而上升至国际关系层面，从战略认知、战略实施、战略评估等方面，分析大国人工智能布局态势，对人工智能影响下大国关系的关系特征、互动方式和实力分配进行总结提炼，提出了人工智能时代大国关系的分析框架。在此基础上，本研究还对人工智能条件下大国博弈场景进行前瞻性预测，结合人工智能治理维度大国博弈，展望了大国竞合走势。最后聚焦人工智能在当前及未来中美战略竞争中的角色和作用，引入对中国应对策略的战略思考。

　　本研究以人工智能与大国关系为研究对象，围绕人工智能对国家实力作用机制、人工智能对国际格局影响趋势、人工智能与大国竞合关系、人工智能治理走向等关键性问题进行探索回答。着眼人工智能技术发展的现实态势和未来趋势，进一步发展了软实力、软霸权等概念，试图在已有研究成果的基础上，构建和描绘人工智能时代大国关系的发展图景。

　　第一，本研究以人工智能技术发展态势的客观判断作为研究论证的基础，系统分析人工智能对于不同国家实力要素的影响路径，说明人工智能加剧数字权力集中化的趋势和原因。通过要素类型、要素性质两个维度分析，阐述技术因素对于所有实力要素都带来不同程度的影响，其在塑造提升国家实力中的重要性日益显现，所占比重和影响力都在不断增大。参照此前变革性技术要素影响形式并结合人工智能自身特点，通过对比，选取科技、数据、经济、网络、军事等影响较为直接明显的领域，分析人工智能对这些领域赋能的作用机理。分析发现，人工智能能够为分析、处理海量的数据资源提供技术手段，因此一国如果掌握人工智能就能够在数字化时代具备领先的技术手段，而能够获得技术红利的国家实质上就形成了新的权力中心。人工智能改变了大国对于核心利益的认知和维护核心利益的行为方式，大国之间博弈日益转向以技术实力为代表的软实力竞争。因此，技术强国基于对技术发展要素的掌控，以及占据技术生态的优势地位，拉大与其他国家的实力差距。从国际体系层面看，这种趋势将促进权力优势进一步向技术霸权国集中，加强国际格局的等级化，而以人工智能为核心的技术垄断优势成为霸权国实施软霸权的支撑力量，日益成为其霸权护持的重要基础。

第二，本研究对美国、欧盟成员国、俄罗斯、日本、英国、中国等大国和地区的人工智能战略进行了详细的横向对比，以此为基础评述了不同大国之间在战略认知和实施的异同点和优缺点，并对人工智能竞争的基本态势进行了评估。评估发现，当前人工智能的颠覆性效应为世界主要大国所认识，纷纷将人工智能作为国家发展的战略重点方向。主要大国基于国家利益的现实需求，确定了务实可行的战略定位、路径策略和规制导向，其主要目标为在人工智能技术发展中获得最大的优势。为加强国家人工智能战略的落实，各国普遍从研究基础设施、研发资源投入、体制机制保障、产业生态优化、顶尖人才培育等多方面加强战略实施的保障举措。通过对各国战略实施评估对比，尽管大国在技术发展方面占据优势地位，但是大国间仍然存在一定差异性。从当前发展态势看，中美处于第一梯队，对于其他国家领先优势明显，欧盟成员国、俄罗斯、英国等大国和地区基于自身资源禀赋优势，选择适合自身的人工智能发展路径，意图尽快获取人工智能带来的技术红利。各国围绕人工智能领域的竞争不断上升，这种竞争压力也不可避免地传导到大国关系互动之中。

第三，在对于人工智能技术应用态势和主要大国在人工智能方面战略进行深入分析的基础上，本研究建立了一个人工智能对大国关系影响机制的分析框架。本研究对比借鉴已有对于大国关系的理论解释，借助软实力和软霸权等理论视角，从关系特征、互动方式、实力分配三个相互联系的因素探索构建人工智能对大国关系的影响机制的分析框架，进一步揭示人工智能将对国际关系尤其是其中大国间关系带来影响的逻辑路径和变化轨迹。一是在关系特征方面，提出全球化相互依赖关系仍然是技术发展的基础环境，当前经济全球化下的技术生态体系所催生的相互依赖关系在不断演进，技术议题政治化、安全化趋势改变了传统上对于相互依赖关系的认知，各国将追求战略自主性与依赖全球环境实现发展两类目标并重，"软性竞争"逐渐成为大国间博弈的主要形式。二是在互动方式方面，以人工智能为重要代表的技术议题已经成为大国关系关注的关键领域，针对技术优势的争夺可能引发"极限竞争"，围绕实力、规则、理念等竞争越发激烈，各国希望以自身的价值理念来引导人工智能技术发展，强大的话语权优势为霸权国掌控人工智能技术发展方向提供了手段，同时这种优势也能够成为牵制和压制其他国家技术发展的壁垒。三是在实力分配方面，技术发展促使实力格局变化是人工智能对国际关系带来的较为直接的影响方式，较高的技术门槛逐步拉大国家间的实力差距，实质上将催生一种"中心—外围"的实力分野，处于外围的发展中国家只能依附于中心国家提供的领先技术实现自身发展，很难通过传统的劳动力成本优势实现经济发展阶段的追赶，可能面临被"永久边缘化"的风险。

第四，本研究前瞻性地对人工智能条件下的大国博弈场景进行了推测，并引入对人工智能治理机制的讨论。由于缺乏有效的治理框架和手段，针对人工智能应用在军事对抗、网络战以及心理战等领域可能产生的风险管控存在缺失，这些对抗场景可能引发难以预料的冲突风险。同时，本研究认为大国博弈也存在加强人工智能合作的实际需求，在人工智能理论突破和技术研发中跨国性长期合作提供了重要的相互学习借鉴的渠道，在针对生命科学研究、应对气候变化、弥合数字鸿沟等全球性挑战中，也存在大量的急迫的合作诉求。在此基础上，本研究归纳三类人工智能风险类型和治理需求，从治理主体、治理维度、治理方式等方面，总结梳理了人工智能治理的现状。然而，由于各国担心在国际竞争中落后而过早遏制本国技术发展水平，当前人工智能治理进程的推进动力不强，治理平台效用不足。同时人工智能相关治理议题较为庞杂，在缺乏主要大国参与的综合性治理框架的情况下，人工智能国际治理机制实践面临诸多困境。面向治理实践的现实困境，本文对比中国、美国、欧盟在人工智能治理理念和路径的异同，发现尽管全球人工智能治理理念逐步走向趋同，负责任、安全、透明、公平、隐私等共识性理念为各方所接受，但在理念背后的治理路径、监管模式、治理思路、治理重点上仍存在深层次的差异。在人工智能技术可能引发全球治理失序风险下，人工智能技术"黑箱性"可能会放大大国间政治上的分歧，引发大国间竞争加剧。为应对这种风险，各方应借鉴中国提出的人类命运共同体理念，追求自身发展的同时强调共同安全，兼顾他国合理关切，加强国际对话合作，促进各国共同发展，推动人工智能技术成果造福全球。

第五，本研究针对人工智能视域下大国竞争趋势及国际竞争格局变化，运用构建的"三位一体"分析框架对主要大国竞争态势进行了研究。可以看出，人工智能时代中美之间的战略竞争将集中于位势之争、规则之争和创新之争三个方面。面向人工智能时代大国竞争格局变化特点及趋势，有针对性地提出中国应注重增强以技术实力为核心的软实力，同时从战略部署、产业发展、基础研究等方面，提出了中国应对人工智能时代大国竞争的思考。

诚然，人工智能技术尚处于不断演进过程中，必将对各国政治经济各领域带来深刻影响。本研究限于研究议题和作者水平，只从宏观层面聚焦于大国关系的变化进行观察和阐述，加之技术变量对于国际政治影响往往存在一定的滞后性，人工智能与国际关系之间的作用影响需要持续跟踪关注，以下问题有待后续进一步探索研究。

一是关注非国家行为体的作用，尤其是科技巨头企业、顶尖科学家团体、技术社群等非国家行为体，在不同场景下的行为选择也将对国家间关系带来影响，这种智能化时代的影响与网络化时代必然存在诸多不同。非国家行为体与国家行为体之间既有矛盾，又有共同利益，如何运用非国家行为体服务于大国竞争成为主要战略力量共同面临的议题，需要进一步挖掘补充对于非国家行为体角色和作用的认识。

二是人工智能技术发展推动军事、经济力量在一定程度上跟一国的人口基础脱钩，因此掌握先进技术关键环节的中等国家可能成为人工智能发展的受益者，其在技术能力可能会转化为国力提升上的优势，中等国家战略取向将可能对大国之间战略态势产生重要影响。因此，中等国家在人工智能发展中的影响及其国际地位的变化，值得进一步深入讨论。

参考书目

一、中文书目

（一）中文著作

1. 董青岭：《大数据与机器学习：复杂社会的政治分析》，北京：时事出版社，2018 年版。

2. 方滨兴：《人工智能安全》，北京：电子工业出版社，2020 年版。

3. 高奇琦：《人工智能 Ⅱ：走向赛托邦》，北京：电子工业出版社，2019 年版。

4. 郭锐：《人工智能的伦理和治理》，北京：法律出版社，2020 年版。

5. 国务院发展研究中心国际技术经济研究所：《人工智能全球格局：未来趋势与中国位势》，北京：中国人民大学出版社，2019 年版。

6. 李巍：《制度之争：战略竞争时代的中美关系》，北京：社会科学文献出版社，2017 年版。

7. 李艳：《网络空间治理机制探索——分析框架与参与路径》，北京：时事出版社，2018 年版。

8. 李勇坚、张丽君等：《人工智能：技术与伦理的冲突与融合》，北京：经济管理出版社，2019 年版。

9. 刘伟：《追问人工智能：从剑桥到北京》，北京：科学出版社，2019 年版。

10. 尼克：《人工智能简史》，北京：人民邮电出版社，2017 年版。

11. 庞宏亮：《21世纪战争演变与构想：智能化战争》，上海：上海社会科学出版社，2018年版。

12. 石海明、贾珍珍：《人工智能颠覆未来战争》，北京：人民出版社，2019年版。

13. 孙海泳：《科技创新与国际关系》，北京：时事出版社，2021年7月版。

14. 吴明曦：《智能化战争——AI军事畅想》，北京：国防工业出版社，2020年版。

15. 徐曦：《机器70年：互联网、大数据、人工智能带来的人类变革》，北京：人民邮电出版社，2017年版。

16. 尹丽波：《工业和信息化蓝皮书：人工智能发展报告（2019—2020）》，北京：电子工业出版社，2020年版。

17. 之江实验室：《探路智慧社会》，北京：中国科学技术出版社，2021年版。

18. 中国人工智能2.0发展战略研究项目组：《中国人工智能2.0发展战略研究》，杭州：浙江大学出版社，2018年版。

19. 中国现代国际关系研究所：《信息革命与国际关系》，北京：时事出版社，2002年版。

20. 周志华：《机器学习》，北京：清华大学出版社，2016年版。

（二）中文译著

1. 阿米塔·阿查亚：《美国世界秩序的终结》，袁正清、肖莹莹译，上海：上海人民出版社，2017年版。

2. T. V. 保罗：《软制衡：从帝国到全球化时代》，刘丰译，上海：上海人民出版社，2020年版。

3. 安妮-玛丽·斯劳特：《棋盘与网络：网络时代的大战略》，唐岚、牛帅译，北京：中信出版社，2021年版。

4. 保罗·肯尼迪：《大国的兴衰》，陈景彪译，北京：国际文化出版公司，2006年版。

5. 保罗·沙瑞尔：《无人军队：自主武器与未来战争》，朱启超等译，北京：世界知识出版社，2019 年版。

6. 杰瑞·卡普兰：《人工智能时代：人机共生下财富、工作与思维的大未来》，李盼译，杭州：浙江人民出版社，2016 年版。

7. 凯西·奥尼尔：《算法霸权：数学杀伤性武器的威胁》，马青玲译，北京：中信出版集团，2018 年版。

8. 兰德尔·施韦乐，《麦克斯韦妖与金苹果——新千年的全球失序》，高婉妮、邓好雨译，上海：上海人民出版社，2021 年版。

9. 劳伦斯·莱斯格：《代码 2.0：网络空间中的法律》，李旭、沈伟伟译，北京：清华大学出版社。2007 年版。

10. 雷·库兹韦尔：《人工智能的未来》，盛杨燕译，杭州：浙江人民出版社，2016 年版。

11. 卢克·多梅尔：《算法时代——新经济的新引擎》，胡小锐、钟毅译，北京：中信出版社，2016 年版。

12. 罗伯特·基欧汉、约瑟夫·奈：《权力与相互依赖》，3 版，门洪华译，北京：北京大学出版社，2002 年版。

13. 罗素、诺维格：《人工智能：一种现代的方法》，殷建平、祝恩、刘越等译，北京：清华大学出版社，2013 年版。

14. 斯图尔特·罗素：《人工智能新生：破解人机共存密码——人类最后一个大问题》，张羿译，北京：中信出版社，2020 年版。

15. 特伦斯·谢诺夫斯基：《深度学习》，姜悦兵译，北京：中信出版社，2019 年版。

16. 王维嘉：《暗知识：机器认知如何颠覆商业和社会》，北京：中信出版社，2019 年版。

17. 西蒙·莱克、理查德·内德·勒博：《告别霸权！全球体系中的权力与影响力》，陈锴译，上海：上海人民出版社，2017 年版。

18. 小约瑟夫·奈、戴维·韦尔奇：《理解全球冲突与合作：理论与历史》，10 版，张小明译，上海：上海人民出版社，2018 年版。

19. 约翰·伊肯伯里：《美国无敌：均势的未来》，韩召颖译，北京：北京大学出版社，2005 年版。

20. 约瑟夫·巴-科恩、大卫·汉森：《机器人革命：即将到来的机器人时代》，潘俊译，北京：机械工业出版社，2015 年版。

21. 小约瑟夫·奈：《权力大未来》，王吉美译，北京：中信出版社，2012 年版。

22. 詹姆斯·巴拉特：《我们最后的发明：人工智能与人类时代的终结》，闾佳译，北京：电子工业出版社，2016 年版。

23. 詹姆斯·多尔蒂、小罗伯特·普法尔茨格拉芙：《争论中的国际关系理论》，5 版，阎学通、陈寒溪等译，北京：世界知识出版社，2003 年版。

24. 莫伊塞斯·纳伊姆：《权力的终结：权力正在失去，世界如何运转》，王吉美、牛筱萌译，北京：中信出版社，2013 年版。

25. 尤瓦尔·赫拉利：《人类简史：从动物到上帝》，林俊宏译，北京：中信出版社，2014 年版。

26. 巴里·布赞、乔治·劳森：《全球转型：历史、现代性与国际关系的形成》，崔顺姬译，李佳校，上海：上海人民出版社，2020 年版。

27. 卡萝塔·佩蕾丝：《技术革命与金融资本——泡沫与黄金时代的动力学》，田方萌等译，北京：中国人民大学出版社，2007 年版。

28. 玛格丽特·博登：《人工智能：人工智能的本质与未来》，孙诗惠译，北京：中国人民大学出版社，2017 年版。

29. 尼尔·弗格森：《广场与高塔：网络、阶层与全球权力竞争》，周逯、颜冰璇译，北京：中信出版社，2020 年版。

30. 尼克·波斯特洛姆：《超级智能——路线图、危险性与应对策略》，张体伟、张玉青译，北京：中信出版社，2015 年版。

31. 苏珊·斯特兰奇：《国家与市场》，2 版，杨宇光等译，上海：上海人民出版社，2012 年版。

32. 维克托·迈尔-舍恩伯格、肯尼斯·库克耶：《大数据时代：生活、工作与思维的大变革》，盛杨燕、周涛译，杭州：浙江人民出版社，2013 年版。

（三）中文期刊、论文

1. 保建云：《大数据、人工智能与超级博弈论——新时代国际关系演变趋势分析》，载《国家治理》，2019（11）：19-33 页。

2. 陈琪、朱荣生：《为何担心人工智能冲击国际安全》，载《人民论坛》，2020（8）：124-127 页。

3. 陈伟光、袁静：《人工智能全球治理：基于治理主体、结构和机制的分析》，载《国际观察》，2018（4）：23-37 页。

4. 董青岭：《机器学习与冲突预测——国际关系研究的一个跨学科视角》，载《世界经济与政治》，2017（7）：100-117 页。

5. 封帅：《建构人工智能国际关系研究的中国视角》，载《国际关系研究》，2021（6）：51-75 页。

6. 冯玉军、陈宇：《大国竞逐新军事革命与国际安全体系的未来》，载《现代国际关系》，2018（12）：12-20 页。

7. 傅莹：《人工智能对国际关系的影响初析》，载《国际政治科学》，2019，4（1）：1-18 页。

8. 高奇琦：《全球善智与全球合智：人工智能全球治理的未来》，载《世界经济与政治》，2019（7）：24-48 页。

9. 郭泽林、陈琪：《人工智能技术发展对国际政治格局的影响》，载《人民论坛·学术前沿》，2020（12）：88-91 页。

10. 黄忠：《人工智能与未来十年的国际关系》，载《当代世界与社会主义》（双月刊），2019（6）：37-46 页。

11. 季志业：《大国关系调整态势：美国强化霸权地位》，载《现代国际关系》，2019（2）：6-9 页。

12. 贾开、薛澜：《人工智能伦理问题与安全风险治理的全球比较与中国实践》，载《公共管理评论》，2021（1）：122-134 页。

13. 贾珍珍、刘杨钺：《总体国家安全观视域下的算法安全与治理》，载《理论与改革》，2021（2）：135-148 页。

14. 贾子方、王栋：《人工智能技术对战争形态的影响及其战略意义》，载《国际政治研究》（双月刊），2020（6）：36-59 页。

15. 郎平：《大变局下网络空间治理的大国博弈》，载《全球传媒学刊》，2020（7）：70-85 页。

16. 李恒阳：《美国人工智能战略探析》，载《美国研究》，2020，34（4）：94-114 页。

17. 李峥：《总体国家安全观视角下的人工智能与国家安全》，载《当代世界》，2018（10）：18-21 页。

18. 刘冲、邓门佳：《新兴生物技术发展对大国竞争与全球治理的影响》，载《现代国际关系》，2020（6）：1-10 页。

19. 刘国柱、尹楠楠：《美国国家安全认知的新视阈：人工智能与国家安全》，载《国际安全研究》，2020（2）：135-155 页。

20. 刘胜湘、陈飞羽：《大国竞争关系生成与传导机制论析——兼论美苏冷战与中美战略竞争的比较》，载《当代亚太》，2021（5）：4-38 页。

21. 刘杨钺：《技术变革与网络空间安全治理：拥抱"不确定的时代"》，载《社会科学》，2020（9）：41-50 页。

22. 鲁传颖、约翰·马勒里：《体制复合体理论视角下人工智能全球治理进程》，《国际观察》，2018（4）：1-19 页。

23. 庞珣：《全球价值链中的结构性权力与国际格局演变》，载《中国社会科学》，2021（9）：26-46 页。

24. 阙天舒、张纪腾：《美国人工智能战略新动向及其全球影响》，载《外交评论》，2020（3）：121-154 页。

25. 阙天舒、张纪腾：《人工智能时代背景下的国家安全治理：应用范式、风险识别与路径选择》，载《国际安全研究》，2020（1）：4-38 页。

26. 任琳、孙振民：《经济安全化与霸权的网络性权力》，载《世界经济与政治》，2021（6）：83-109 页。

27. 孙学峰：《数字技术竞争与东亚安全秩序》，载《国际安全研究》，2022（4）：1-26 页。

28. 王桂芳、王南：《美国网络联盟发展及其对我国的影响》，载《中国信息安全》，2019（9）：39-41 页。

29. 王悠、陈定定：《迈向进攻性现实主义世界？——人工智能时代的国际关系》，载《当代世界》，2018（10）：22-26 页。

30. 吴雁飞：《人工智能时代的国际关系研究：挑战与机遇》，载《国际论坛》，2018（6）：38-44 页。

31. 夏立平、田博：《论国际新智缘政治的范式与影响》，载《同济大学学报（社会科学版）》，2020，31（6）：53-63 页。

32. 徐能武、龙坤：《联合国 CCW 框架下致命性自主武器系统军控辩争的焦点与趋势》，载《国际安全研究》，2019（5）：108-132 页。

33. 阎学通：《超越地缘战略思维》，载《国际政治科学》，2019（4）：3-6 页。

34. 余南平：《人工智能革命背景下的大国博弈——以全球价值链的结构变化为分析视角》，载《国际关系研究》，2020（1）：3-25 页。

35. 俞晗之、王晗晔：《人工智能全球治理的现状：基于主体与实践的分析》，载《电子政务》，2019（3）：9-17 页。

36. 张力：《对当前网络与信息技术的发展及新工业革命的思考》，《现代国际关系》，2017（12）：7-10 页。

37. 张一飞：《冷战思维的新科技包装：〈人工智能如何重塑全球秩序〉评析》，载《当代美国评论》，2019（1）：85-96 页。

38. 支振锋：《互联网全球治理的法治之道》，载《法制与社会发展》，2017（1）：91-105 页。

39. 周琪：《高科技领域的竞争正改变大国战略竞争的主要模式》，载《太平洋学报》，2021，29（1）：1-20 页。

二、英文书目

（一）英文原著

1. Aral，Sinan：*The Hype Machine*：*How Social Media Disrupts Our Elections*，*Our Economy*，*and Our Health—and How We Must Adapt*，Penguin Random House，2020.

2. Broussard：*Meredith*，*Artificial Unintelligence*：*How Computers*

Misunderstand the World. Cambridge, MA: MIT Press, 2018.

3. Bucher, Taina: *IF···THEN: Algorithmic Power and Politics*, Oxford University Press, 2018.

4. Din, Allan M. edited: *Arms and Artificial Intelligence: Weapon and Arms Control Applications of Advanced Computing*, Oxford University Press, 1987.

5. Foer, Franklin: *World without mind: the existential threat of big tech.* New York: Penguin Press, 2017.

6. Ford, Martin: *Rise of the Robots: Technology and the Threat of a Jobless Future*, Basic Books, 2015.

7. Frankish, Keith, William M. Ramsey ed. , *The Cambridge Handbook of Artificial Intelligence*, Cambridge University Press, 2014.

8. Frey, Carl Benedikt: *The Technology Trap: Capital, Labor, and Power in the Age of Automation*, Oxford: Princeton University Press, 2019.

9. Galloway, Scott: *The Four: The Hidden DNA of Amazon, Apple, Facebook, and Google*, New York: Portfolio/Penguin, 2017.

10. Girasa, Rosario: *Artificial Intelligence as a Disruptive Technology: Economic Transformation and Government Regulation*, the Palgrave Macmillan, 2020.

11. Heim, Jacob L. , Benjamin M. Miller: *Measuring Power, Power Cycles, and the Risk of Great - Power War in the 21st Century*, RAND Corporation, 2020.

12. Herrera, Geoffrey: *Technology and International Transformation: The Railroad, the Atom Bomb, and the Politics of Technological Change*, Albany: State University of New York, 2006.

13. Horowitz, Michael C.: *The Diffusion of Military Power: Causes and Consequences for International Politics*, Princeton University Press, 2010.

14. Hudson, Valerie M. ed.: *Artificial Intelligence and International Politics.* New York: Routledge, 1991.

15. Jeremy Rabkin：*Striking Power*： *How Cyber*， *Robots*， *and Space Weapons Change the Rules for War*， Encounter Books，September 2017.

16. Kissinger，Henry，Eric Schmidt，Daniel Huttenlocher：*The Age of AI*： *and Our Human Future*， London：John Murray，2021.

17. Lipsey，Richard：*Economic Transformations*： *General Purpose Technologies and Long Term Growth*， Oxford University Press，2005.

18. Markus Dubber，Frank Pasquale，Sunit Das ed.：*The Oxford Handbook of Ethics of AI*， Oxford University Press，2020.

19. Masakowski，Yvonne R. ed.：*Artificial Intelligence and Global Security*： *Future Trends*， *Threats and Considerations*， Emerald Publishing，July 2020.

20. Owen，Taylor：*Disruptive Power*： *The Crisis of the State in the Digital Age*， New York：Oxford University Press，2015.

21. Payne，Kenneth：*Strategy Evolution and War*： *From Apes to Artificial Intelligence*， Washington，DC：Georgetown University Press，2018.

22. Scharre，Paul：*Army of None*： *Autonomous Weapons and the Future of War*， New York：W. W. Norton & Company，2018.

23. Singer，Peter，Allan Friedman：*Cybersecurity and Cyberwar*： *What Everyone Needs to Know*， Oxford University Press，2014.

24. Tegmark，Max：*Life* 3. 0：*Being Human in the Age of Artificial Intelligence*， Alfred A. Knopf，2017.

25. Tellis，Ashley J. ，Janice Bially，Christopher Layne，et al：*Measuring National Power in the Postindustrial Age*， RAND Corporation，2000.

26. West，Darrell M. ，John R. Allen：*Turning Point*： *Policymaking in the Era of Artificial Intelligence*， Brookings Institution Press，2020.

27. Wright，Nicholas D. ed.：*Artificial Intelligence*， *China*， *Russia*， *and the Global Order*， Air University Press，2019.

（二）英文期刊论文

1. Acemoglu，Daron，Pascual Restrepo：*The Wrong Kind of AI？ Artificial*

Intelligence and the Future of Labour Demand.： *Cambridge Journal of Regions, Economy and Society*，（2020，13（1）：pp. 25-35.

2. Ayoub, Kareem, Kenneth Payne：*Strategy in the Age of Artificial Intelligence*，*Journal of Strategic Studies*，2016，39（5-6）：pp. 793-819.

3. Chesney, Robert, Danielle Citron：*Deepfakes and the New Disinformation War - The Coming Age of Post - Truth Geopolitics*，*Foreign Affairs*，Jan/Feb 2019，98（1）：pp. 147-155.

4. Drezner, Daniel W：*Technological Change and International Relations*，*International Relations*，2019，33（2）：pp. 286-303.

5. Farrell, Henry, Abraham L Newman：*Chained to Globalization*：*Why It's Too Late to Decouple*，*Foreign Affairs*，Jan/Feb 2020，99（1）：pp. 70-80.

6. Gill, Amandeep Singh：*Artificial Intelligence and International Security*：*The Long View*，*Ethics & International Affairs*，2019，33（2）：pp. 169-179.

7. Goldfarb, Avi, Jon R. Lindsay：*Prediction and Judgment*：*Why Artificial Intelligence Increases the Important of Humans in War*，*International Security*，2022，46（3），pp. 7-50.

8. Gurkaynak, Gonenc, Ilay Yilmaz, Gunes Haksever：*Stifling Artificial Intelligence*：*Human Perils*，*Computer Law & Security Review*，2016，32（5）：pp. 749-758.

9. Hagendorff, Thilo：*The Ethics of AI Ethics*：*An Evaluation of Guidelines*，*Minds and Machines*，2020（30）：pp. 99-120.

10. Harari, Yuval Noah：*Who Will Win the Race for AI? China and the United States are Leading the Pack and the Laggards Face Grave Dangers*，*Foreign Policy*，2019（231）：pp. 52-54.

11. Horowitz, Michael C. , Sarah E. Kreps, et al：*Separating Fact from Fiction in the Debate over Drone Proliferation*，*International Security*，2016，41（2）：pp. 7-42.

12. Horowitz, Michael, *Artificial Intelligence*, *International Competition*, *and the Balance of Power*. *Texas National Security Review*, 2018, 1（3）：pp. 36-57.

13. Jensen, Benjamin, Christopher Whyte, et al：*Algorithms at War*： *The Promise*, *Peril*, *and Limits of Artificial Intelligence*, *International Studies Review*, September 2020, 22（3）：pp. 526-550.

14. Johnson, James：*Artificial Intelligence in Nuclear Warfare*： *A Perfect Storm of Instability*? *The Washington Quarterly*, 2020, 43（2）：pp. 197-211.

15. Kello, Lucas：*The Meaning of the Cyber Revolution*： *Perils to Theory and Statecraft*, *International Security*, 2013, 38（2）：pp. 7-40.

16. Lin-Greenberg, Erik：*Allies and Artificial Intelligence*： *Obstacles to Operations and Decision-Making*, *Texas National Security Review*, 2020, 3（2）：pp. 57-76.

17. Mohamed, Shakir, Marie-Therese Pny, et al：*Decolonial AI*： *Decolonial Theory as Sociotechnical Foresight in Artificial Intelligence*, *Philosophy & Technology*, 2020（33）：pp. 659-684.

18. Payne, Kenneth：*Artificial Intelligence*： *A Revolution in Strategic Affairs*?, *Survival*, 2018, 60（5）：pp. 7-32.

19. Ripsman, Norrin M.：*Globalization*, *deglobalization and Great Power politics*, *International Affairs*, 2021, 97（5）：pp. 1317-1333.

20. Roff, Heather：*Artificial Intelligence*： *Power to the People*, *Ethics & International Affairs*, 2019, 33（2）：pp. 127-140.

21. Scharre, Paul：*Killer Apps*： *The Real Dangers of an AI Arms Race*, *Foreign Affairs*, 2019, 98（3）：pp. 135-144.

22. Wu, Wenjun, Tiejun Huang, et al：*Ethical Principles and Governance Technology Development of AI in China*, *Engineering*, 2020, 6（3）：pp. 302-309.

（三）英文网络文献

1. Allen, Greg, Taniel Chan：*Artifical Intelligence and National Security*,

the Belfer Center for Science and International Affairs of Harvard Kennedy School, 2017, (2020−08−20), https：//www. belfercenter. org/sites/default/files/files/ publication/ai%20NatSec%20−%20final. pdf。

2. Cummings, M. L., Heather M. Roff: *Artificial Intelligence and International Affairs: Disruption Anticipated*, The Chatham House Report, 2018, (2020−08−05), https：//www. chathamhouse. org/publication/artificial −intelligence−and−international−affairs。

3. Dafoe, Allan: *AI Governance: A Research Agenda*, A Report of Future of Humanity Institute, University of Oxford, 2017, (2020−08−20), https：// www. fhi. ox. ac. uk/wp−content/uploads/GovAI−Agenda. pdf。

4. Daniels, Matthew, Ben Chang: *National Power After AI*, Center for Security and Emerging Technology, July 2021, (2021−09−05), https：//cset. georgetown. edu/Publication/national−power−after−ai/。

5. Engelke, Peter: *AI, Society, and Governance: An Introduction*, the Atlantic Council, March 2020, (2021−03−01), https：//www. atlantic-council. org/wp−content/uploads/2020/03/FINAL−AI−POLICY−PRIMER− 0220. pdf。

6. Fatima, Samar, Gregory S. Dawson, Kevin C. Desouza, et al: *Winners and Losers in the Fulfillment of National Artificial Intelligence Aspirations*, October 2021, (2022−01−15), https：//www. brookings. edu/blog/techtank/ 2021/10/21/winners−and−losers−in−the−fulfilment−of−national−artificial−intel-ligence−aspirations/。

7. Fjeld, Jessica et al.: *Principled Artificial Intelligence: Mapping Consensus in Ethical and Rights − based Approaches to Principles for AI*, A Report of Berkman Clein Center for Internet & Society, 2020, (2020−08−20), https：//cyber. harvard. edu/publication/2020/principled−AI。

8. Heumann, Stefan, Nicolas Zahn: *Benchmarking NationalAI Strategic*, 2018, (2020−08−05), https：//www. stiftung−nv. de/sites/default/files/ benchmarking_ ai_ strategies. pdf。

9. Horowitz, Michael C. et al: *Artificial Intelligence and International Security*, The Center for a New American Security Report, (2020-08-28), https://www.cnas.org/publications/reports/artificial-intelligence-and-international-security。

10. Horowitz, Michael C., Lauren Kahn, et al: *Policy Roundtable: Artificial Intelligence and International Security*, June 2020, (2021-03-04), https://tnsr.org/roundtable/policy-roundtable-artificial-intelligence-and-international-security/#_ftnref92。

11. International Telecommunications Union: *AI for Good: Global Impact*, ITU News Magazine, 2020, Volume 2, (2020-08-05), https://www.itu.int/en/myitu/Publications/2020/06/15/09/01/ITU-News-Magazine-No2-2020。

12. Hunter, Andrew, Lindsey R. Sheppard, et al: *Artificial Intelligence and National Security: The Importance of the AI Ecosystem*, Center for Strategic and International Studies Report, 2018, (2020-08-15), https://www.csis.org/events/artificial-intelligence-and-national-security-importance-AI-ecosystem。

13. Komaitis, Konstantinos, Justin Sherman: *US and EU tech strategy aren't as aligned as you think*, May 2021, the Brookings Institution, (2022-02-25), https://www.brookings.edu/techstream/us-and-eu-tech-strategy-arent-as-aligned-as-you-think/#cancel。

14. Marcus, Gary: *The Next Decade in AI: Four Steps Towards Robust Artificial Intelligence*, (2021-03-05), https://arxiv.org/abs/2002.06177, February 2020。

15. Scott, Ben et al.: *Artificial Intelligence and Foreign Policy*, 2018, (2020-08-05), https://www.stiftung-nv.de/sites/default/files/AI_foreign_policy.pdf。

16. Stanford University Human-Centered Artificial Intelligence: *AI Index Annual Report*, March 2021, (2021-03-20), http://aiindex.stanford.edu/wp-content/uploads/2021/03/2021-AI-Index-Report_Master.pdf。